21世纪经济管理新形态教材·旅游管理系列

酒店房务运营与管理
面向企业数字化转型的思考与探索

曲 波 ◎ 主 编
江金波 魏 卫 ◎ 副主编

清华大学出版社

北京

内 容 简 介

本书是国家级一流本科课程"酒店房务运营与管理"的配套教材。相比于该课程目前线上视频等学习资源，本教材具有以下特点：教材编写视角具有创新性，以塑造学生面向未来酒店企业数字化转型所需的知识与能力作为教材编写的切入点、落脚点与思考点；教材知识体系系统性，从贯穿顾客全程经历的酒店企业运营与管理的前、中、后台，看待酒店企业房务工作的逻辑与内容；教材内容与时俱进，适当拓展了该课程目前同类教材的知识框架与内容体系。总体而言，本教材与线上学习资源相互补充、相得益彰，为学生掌握基础性理论与创新性知识奠定坚实基础。

教材从企业数字化转型相关内容开篇，进而层层递进至酒店企业数字化转型、酒店企业房务运营与管理相关关键领域。教材面向旅游管理类学生，不仅仅注重学生专业知识的学习与积累，同时也注重强化学生与技术对话能力的积累与提升。

本书封面贴有清华大学出版社防伪标签，无标签者不得销售。
版权所有，侵权必究。举报：010-62782989，beiqinquan@tup.tsinghua.edu.cn

图书在版编目（CIP）数据

酒店房务运营与管理：面向企业数字化转型的思考与探索/曲波主编. —北京：清华大学出版社，2022.11
21世纪经济管理新形态教材. 旅游管理系列
ISBN 978-7-302-61123-3

Ⅰ．①酒… Ⅱ．①曲… Ⅲ．①饭店-客房-经营管理-教材 ②饭店-客房-商业管理-教材 Ⅳ．①F719.2

中国版本图书馆CIP数据核字(2022)第111976号

责任编辑：左玉冰
封面设计：汉风唐韵
责任校对：王荣静
责任印制：沈　露

出版发行：清华大学出版社
　　　　网　　址：http://www.tup.com.cn，http://www.wqbook.com
　　　　地　　址：北京清华大学学研大厦A座　　　邮　编：100084
　　　　社 总 机：010-83470000　　　　　　　　　邮　购：010-62786544
　　　　投稿与读者服务：010-62776969，c-service@tup.tsinghua.edu.cn
　　　　质 量 反 馈：010-62772015，zhiliang@tup.tsinghua.edu.cn
　　　　课 件 下 载：http://www.tup.com.cn，010-83470332
印 装 者：三河市龙大印装有限公司
经　　销：全国新华书店
开　　本：185mm×260mm　　印　张：17.5　　字　数：350千字
版　　次：2022年11月第1版　　　　　　　　　印　次：2022年11月第1次印刷
定　　价：59.00元

产品编号：090883-01

前言

酒店业，这个传统、古老却又异常具有人情味、时尚、高雅的行业，在信息化、数字化、智能化高速发展的今天，也面临着前所未有的挑战与机遇。挑战既来自行业本身的竞争力与吸引力保持，也来自行业外相关或不相关领域的跨界竞争。企业正处在重要转折点，技术的影响程度足以改变企业整个运营模式。正在经历数字化转型的酒店企业都深有体会，如何实现恰到好处的顾客与员工体验，面临巨大的挑战与压力。满足顾客对产品和服务交付的期望，已经变成了最基本的"门槛"标准，品牌酒店企业还必须展示出某种与众不同之处，设计出能够产生亲密度和信任感的顾客体验。酒店业面临的挑战，也是所有"传统"服务业面临"尴尬"的缩影。每个行业、每个行业中的企业、每个企业中的人，如若不想被社会发展所迭代掉，就必须清楚自己在社会、企业中的独特价值与不可替代性。教材的编写过程，也正是基于这些思考，力图在守正中创新，在创新中不断适应未来发展与变化趋势。

首先，从旅游业为人民提供美好生活的视角看待产业、企业发展与功能。我国旅游业是伴随着改革开放逐步发展壮大的，未来也必将为国家发展战略贡献力量。结合学科专业特色与优势，深度挖掘提炼课程知识体系蕴含的思想价值和精神内涵，课程思政内容潜移默化融入教材相应章节、知识点，科学合理拓展教材广度和深度。其次，从数字化转型视角看待酒店企业运营与管理。不仅仅站在目前酒店企业运营管理与成功实践基础上，更多是站在基于技术的数字化转型背景及与其他行业对比视角，客观、动态、科学地看待酒店企业未来发展与核心竞争力形成。再次，从顾客全程经历视角看待酒店企业房务相关工作。房务不仅仅是酒店企业的一个部门或功能，更是涉及顾客全程经历体验的起点、过程与终点。最后，从跨学科人才培养视角看待未来酒店企业人才需求。跨界、技术+管理，已成为未来企业人才需求的核心诉求之一。旅游业的人才培养，应是多学科、多领域知识融合的结果。

编者
2022 年 5 月

目录

第1章　数据驱动的企业数字化转型 ·· 1
　1.1　企业数字化转型及数字化本质 ·· 1
　1.2　企业数字化转型的组织变革 ·· 8
　1.3　企业数字化转型成功关键问题 ······································· 16

第2章　旅游业中的独角兽与犀牛企业 ·· 19
　2.1　"独角兽"和"犀牛" ·· 19
　2.2　独角兽企业的特征 ··· 21
　2.3　独角兽企业的优势与颠覆式创新 ····································· 24
　2.4　商业模式创新 ··· 30
　2.5　独角兽企业的社会责任与可持续发展 ································· 35

第3章　我国酒店企业数字化转型进程与发展 ·································· 38
　3.1　我国酒店业现状 ··· 38
　3.2　我国酒店业数字化转型进程与阶段 ··································· 42
　3.3　我国酒店企业数字化转型现状与挑战 ································· 44
　3.4　酒店企业数字化成熟度模型 ··· 49
　3.5　酒店企业数字化运营环境构建 ······································· 54

第4章　企业信息系统发展及演进 ·· 57
　4.1　企业信息系统现状 ··· 57
　4.2　聚焦中台 ··· 63
　4.3　中台组织架构 ··· 68
　4.4　数据中台 ··· 73

第5章　酒店管理系统 PMS 现状及未来发展趋势 ······························· 85
　5.1　酒店管理信息系统 PMS 概述 ·· 85
　5.2　PMS 未来发展趋势 ·· 91
　5.3　酒店企业选择不同 PMS 系统考虑要点 ······························· 95
　5.4　PMS 功能与定位再审视 ·· 101

第6章　数据的解释、转换和可视化分析 ···································· 104
　6.1　数据可用性 ·· 104

6.2 数据可达性 108
6.3 数据准确性 112
6.4 数据可分析性 116
6.5 数据敏捷性 119

第 7 章 数据驱动的酒店企业文化创新 124
7.1 酒店企业文化创新 124
7.2 酒店企业文化的数字化转型 130
7.3 酒店企业数字化文化战略 135

第 8 章 数据驱动的酒店企业组织结构创新 146
8.1 数字化转型与组织结构创新 146
8.2 组织结构演进与变革 151
8.3 酒店企业传统组织结构面临的挑战 155
8.4 酒店企业数字化转型与组织结构创新 156
8.5 数字化转型与组织创新政策建议 160

第 9 章 酒店企业数据化业务运营体系构建 164
9.1 数据化运营 164
9.2 业务和数字化融合的关键诉求 167
9.3 敏捷性与酒店企业数据化业务体系 170
9.4 敏捷性酒店企业数据化业务体系构建 173

第 10 章 基于场景的酒店企业房务服务与运营设计 192
10.1 场景 192
10.2 基于数字化改革视角的场景分析 203
10.3 场景理论视域下的酒店企业服务与运营设计 207

第 11 章 基于属性的酒店企业房务产品定价与销售 215
11.1 基于属性的销售模式 215
11.2 ABS 模式理论溯源与探究 219
11.3 ABS 模式成功实践与酒店业应用 226

第 12 章 酒店企业房务产品数字化营销策略 236
12.1 数字化营销概述 236
12.2 旅游业顾客行为洞察 245
12.3 酒店企业数字化营销策略 250

参考文献 264

第 1 章

数据驱动的企业数字化转型

本章学习目标:
1. 理解企业数字化转型的概念与内涵。
2. 理解不同视角的企业数字化转型阶段及各阶段特征。
3. 理解企业数字化转型成功要素。
4. 分析目前酒店企业旅企数字化转型现状。

1.1 企业数字化转型及数字化本质

新一轮科技革命和产业变革迅猛发展,世界正处在一个从工业时代向信息时代加速转型的大变革时代。全球物质经济发展已经从增量阶段进入存量阶段,资源、能源和环境的刚性约束日益增强,只有深入推进信息技术和实体经济深度融合,全面加速数字化转型,促进以物质生产、物质服务为主的经济发展模式向以信息生产、信息服务为主的经济发展模式转变,大力发展数字经济,才能改造提升传统动能,培育发展新动能,开辟全球更加广阔的新发展空间。物质经济具有典型的规模经济效应,而数字经济具有典型的范围经济效应。数字化转型的核心要义是要将基于工业技术专业分工取得规模化效率的发展模式逐步转变为基于信息技术赋能作用获取多样化效率的发展模式。

旅游业体现了人们对美好生活的向往,也是市场经济发展的重要助推力。旅游业的数字技术应用,更多的是为了优化旅游体验服务、提升运营效率,无论是酒店、景区还是交通服务,都因为数字技术的参与而焕发生机。酒店中的智能支付、自助入住与退房服务,景区中的智能检票、自助售取票,机场、机上服务中的自助服务、自助值机功能,在酒店、景区、机场、机上服务等领域,数字技术应用较好。酒店、景区、机场与机上服务内的数字技术应用,对消费者体验提升效果显著,并为这些企业产品与服务提供了更大溢价空间。

但相较于其他行业而言,旅游业数字化转型的进程还是相对缓慢的,大部分旅游细分领域的数字化转型还处在起步阶段，距离全面数字化依然是任重道远。尽管各类数字技术的投入应用不仅为企业提高了运营效率，也提升了消费者的体验满意度，但是高昂的人力、物力、财力的投入及较长的回报周期，始终也是旅游企业在数字化转型路上不得不面对的痛。

1.1.1 企业数字化转型的定义

关于企业数字化转型的定义，业界不同企业有不同的理解与侧重（图1.1）。学术界对数字化转型的定义及其涵盖范围也还缺乏共识。相关文献中的数字化转型的定义，存在术语不明确、循环使用术语、混淆概念及其影响等问题。数字化转型的定义，应该清晰地说明分析单位、转型范围、转型过程及预期结果。基于这一视角的理解，企业数字化转型可以理解为，企业在数字化转型过程中通过信息、计算、沟通和连接技术的组合，重构产品和服务、业务流程、组织结构、商业模式和合作模式，旨在更有效地设计企业商业活动的过程，从而帮助企业创造和获取更多价值。这一定义包含三个要素：数字技术、转型范围、转型结果。

Microsoft	数字化转型	• 客户交互	• 赋能员工	• 优化运营	• 产品转型
IBM	数字化重塑	• 数字化 内部人员与流程	• 数字化转型 面向客户的业务流程	• 数字化重塑 产品服务与用户体验创新	
HUAWEI	数字化转型	通过新一代数字技术的深入运用，构建一个全感知、全连接、全场景、02HUAWEI数字化转型全智能的数字世界，进而优化再造物理世界的业务，对传统管理模式、业务模式、商业模式进行创新和重塑，实现业务的成功			
Alibaba	数智化转型	• 基础设施云化 • 运营数据化	• 触点数字化 • 决策智能化	• 业务在线化	

图 1.1 不同企业对数字化转型的定义

资料来源：李剑锋. 企业数字化转型的本质内涵和实践路径[J]. 石油科技论坛，2020，39(5)：4.

数字化转型的目的是价值创新，即为企业创造新的价值；数字化转型的驱动力是数字技术，其他驱动力带来的企业变革不能算是数字化转型；转型的对象是业务，转型的本质是变革；数字化转型作为企业发展战略，不是短期的信息化项目，而是一个长期过程。数字化本质上是一次社会效率的大提升，而其中的关键就是数据和算法。数据将成为新的"石油"，成为未来社会最重要的资产。

同时要把数字化转型和改革区分开。改革通常由高层决策驱动，从组织变革入手，进而带动业务调整；数字化转型正好相反，是由数字技术驱动，由于业务转型，带动组织开展与业务相适应的调整。数字化转型的实质是改变生产力，进而带动生产关系的变革。

1.1.2 企业数字化转型基本要素

1. 数字组件

数字组件是指能够向用户提供特定动能和价值的硬件或软件，是新产品或服务的组成部分，包括数字配件、应用程序和媒体内容等，如电子芯片、智能手机 App、智能手表。数字组件是可编程、可寻址、可感知、可通信、可记忆、可追踪和可关联的，这些特性使得新功能以极低的成本快速地添加到各种数字产品中，使得企业的互联和智能成为可能。

2. 数字基础设施

数字基础设施是指提供通信、协作或计算能力以支持数字创新或数字创业的数字技术工具和系统，如云计算、数据分析、在线社区、社交媒体。数字基础设施通常可定义为社会或组织运行所需的基本物流和组织结构，被视为由多种技术组成的社会技术系统。数字基础设施是企业数字能力的基础，推动企业整体流程再造和能力重构，加强了企业与客户、合作伙伴之间的互动，促进了一系列共同创造活动。由此可见，企业数字化转型能否成功取决于企业能否开发强大且价格合理的数字基础设施。

3. 数字平台

数字平台是指企业利用信息和通信技术促进用户之间交互（包括商业交易），并利用网络效应实现价值创造和价值获取。数字平台使得企业更好地管理信息和整合资源，在企业的价值主张中发挥着核心作用，并改变企业获取竞争优势的方式。大企业可以通过协调内部丰富资源、发展关键能力来开发和部署自己的数字平台，中小企业则可以依赖于第三方平台（如阿里巴巴）开展业务。在数字时代，企业更频繁地访问共享的数字平台（如亚马逊）来补充其业务和 IT（互联网技术）资源。比如，数字平台使企业通过分析平台生成的数据，来感知顾客偏好并与顾客保持密切联系。由此，数字平台的采用已经成为一项涉及企业内部核心资源和惯例的战略决策。

1.1.3 企业数字化转型理论框架

企业数字化转型是管理新现象，学者们探讨了企业数字化转型的动因、过程和结果、战略、技术应用和评估等主题。企业数字化转型更是一项复杂的系统工程，亟须系统而全面的理论框架揭示企业的数字化转型，从而助力理论和实践创新。学者们基于对已有文献的系统性综述，结合"输入–过程–输出"模型（I-P-O 模型）、社会技术系统理论和动态能力框架，构建了企业数字化转型的理论框架（图 1.2）。

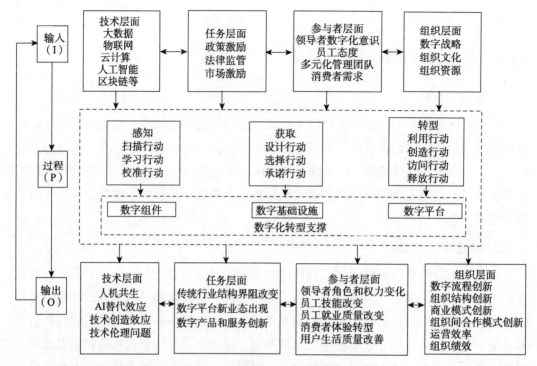

图 1.2　企业数字化转型理论框架

资料来源：吴江，陈婷，龚艺巍，等．企业数字化转型理论框架和研究展望[J]．管理学报，2021,18(12)：1875.

1. 企业数字化转型的输入因素

基于社会技术系统理论，从技术、任务、参与者和组织四个层面梳理与归纳企业数字化转型的输入因素（I）。

技术层面的输入包括以大数据、物联网、云计算、人工智能、区块链等为代表的数字技术应用。信息技术作为通用赋能技术，不仅代表着一类新兴技术，催生一个个快速增长的新兴产业，关键是能够加速推动"硬件"日益标准化和"软件"日益个性化，引发传统创新体系、生产方式、产业结构等发生系统性重构。

任务层面的输入包括政策激励、法律监管和市场激励。首先，数字经济政策对企业数字化转型具有激励作用。其次，法律法规和基础设施条件对企业经营起到监管与干预作用。最后，数字技术的发展颠覆了企业经营市场，降低了企业进入市场的壁垒，使行业竞争方式发生巨大变化。

视频 1.1　习近平总书记重要文章《不断做强做优做大我国数字经济》

参与者层面的输入包括领导者数字化意识、员工态度、多元化管理团队和消费者需求。首先，在数字化转型背景下，企业领导者需具有数字化转型意识，从而更好地应用数字化技术。其次，员工态度是企业数字化转型管理措施能否成功的影响因素。再次，多元化管理团队是企业成功实现数字化转型的必要因素。

最后，数字经济背景下，消费者行为正在改变。消费者可通过多种媒体渠道与企业和其他消费者进行积极而轻松的沟通，促使企业开展数字化转型。

组织层面的输入包括数字战略、组织文化、组织资源。首先，数字战略是企业利用数字技术创造价值的组织战略，是推动数字化转型的必要条件。其次，支持性的组织文化是企业能否成功实现数字化转型的重要因素。最后，企业数字化转型面临的环境复杂性使得组织资源对企业数字化转型至关重要。

2. 企业数字化转型的过程

基于动态能力框架，从感知、获取和转型三个阶段梳理和归纳企业数字化转型的过程（P）。

（1）感知，指企业识别、开发和评估与客户需求相关的技术机会、环境变化或内部决策的过程。在数字经济时代，企业需通过多种方式洞察环境变化，并将其作为战略实施的一部分。比如，企业使用物联网平台收集、整合需求和资源相对分散情况下的数据，从而提升对当前需求的满足水平和现有资源的利用效率。

在此阶段，企业将采取以下三个行动：①扫描行动，企业努力探索市场，从内部和外部来源（如客户、供应商）收集信息，并筛选相关信息以发现潜在机会。扫描行动强调大数据分析和人工智能的重要性以及感知战略规划中以客户为中心的方向。②学习行动，获取新知识、讨论新想法，以及与他人（如新合作伙伴）互动。学习行动有助于管理者提升数字化技能和知识水平，从而抓住客户需求和数字技术带来的机遇，推动企业数字化转型。③校准行动，企业在探索特定机会、完善先前行动并预计未来行动的影响后，做进一步感知的过程。当企业构建了数字化转型路径后，一旦新的外部触发因素出现，企业就需要感知机会并调整行动。

（2）获取，指企业调动资源应对感知阶段确定的需求和机会，并从中获取价值。企业根据已确定的机会采取行动，决定将进行哪些具体变革。在此阶段，企业将采取以下三个行动：①设计行动，指为规划和设计新的结构而采取的行动，这些结构包括产品架构、组织边界、内部流程和商业模式。当设计企业结构时，管理者必须使其结构具有敏捷性特征，从而能应对未来的需求变化。②选择行动，指在适合组织设计的方案或其他能抓住机会的方案中进行选择的组织行为，包括在提供新产品、过程、服务或商业模式的供应商和平台中进行选择。企业的数字化转型是差异化的，受到企业所处行业、企业规模、企业技术、资金支持和企业人力资源保障等因素的约束，因而企业数字化转型必然面临着选择行为。③承诺行动，指企业关于如何实施设计方案的决定，以及关于合作伙伴、服务、过程、商业模式选择的具体行动。例如，Yeow 等研究的案例公司批准 5 年计划并实施非互相蚕食的数字 B2C（"商对客"，即直接面向消费者销售产品和服务的商业零售模式）战略，就是承诺行动的一个例子。

（3）转型，是通过持续的资源和组织结构战略性更新来支持企业，以确保在快速变化的环境中作出响应。此时企业数字化转型的重点是高度整合资源，以及开发新资源。在此阶段，企业将采取以下四个行动：①利用行动，指企业将现有资源（特别是可替代资源）用于新的用途。②创造行动，指创造新的资源和过程。比如，创造新的分销渠道和新的客户价值，从而开发新的数字化商业模式。③访问行动，指利用外部资源补充企业现有资源。在数字经济时代，企业可通过数字平台获取相关信息和资源。④释放行动，涉及舍弃已有资源。例如，裁减员工或移除不利于新的数字战略实施的资源。

3. 企业数字化转型的输出结果

基于社会技术系统理论，与输入因素相对应，从技术、任务、参与者和组织四个层面梳理和归纳企业数字化转型的输出结果（O）。

（1）技术层面的输出，包括人机共生、AI（人工智能）替代效应、技术创造效应和技术伦理问题。首先，数字技术的应用使企业员工更加便利地参与产品设计、生产和改进，促使人机共生的工作方式产生。其次，通过机器学习的不断迭代，AI 模型使以往难以被模仿和替代的工作被替代，产生 AI 的就业替代效应。再次，技术进步促进新行业和新领域产生，创造出新的就业岗位。最后，无处不在的大数据分析对用户行为的监控，带来隐私安全问题，企业必须考虑数据广泛性和可用性相关伦理、道德和法律。

（2）任务层面输出，包括传统行业结构界限改变、数字平台新业态出现及数字产品和服务创新。首先，企业数字化转型使行业结构的界限越来越模糊。其次，企业数字化转型促使基于数字平台的新业态出现。最后，数字技术的发展促进了数字产品和服务创新。

（3）参与者层面输出，包括领导者角色和权力变化、员工技能改变、员工就业质量改变、消费者体验转型、用户生活质量改善等方面。首先，越来越多的企业设立首席数字官职位，这一职位被认为更能判断企业数字化转型的需求变化。同时，企业数字化转型会削弱领导者权力。企业数字化转型削弱了高管权力，增强了基层权力，从而诱使组织向下赋权。其次，企业数字化转型促使并帮助员工利用数字技能解决日益复杂的业务问题。与此同时，企业数字化转型给一部分员工带来工作不安全感，提升了部分员工的就业质量。最后，企业的数字化转型改善了用户的生活质量。

（4）组织层面输出，包括数字流程创新、组织结构创新、商业模式创新、组织间合作模式创新、运营效率以及组织绩效提升。首先，企业利用数字技术重构业务流程，并重构企业价值链，从而提升运营效率和组织绩效。其次，企业利用数字技术增加组织结构敏捷性，打破部门间壁垒，能够更快地响应客户需求并留住客户。再次，企业应用智能化数据分析快速获取消费者需求，从以产品为中心的商业模式转变为以服务为中心的商业模式，改变了企业创造价值和获取价值的方式。最后，企业数字化减少了市场摩擦和企业间信息不对称，提高了组织间合作透明度，企业从独立的实体转变成与合作伙伴建立共生关系的组织。

1.1.4 数字化本质

如何认识"数字化"，以及如何认知"数字化生存"，确实不是一件易事。数字化首先是一个技术概念，是指把模拟数据转化成由 0 和 1 表示的二进制代码。此外，数字化也是一个代际概念，即工业时代到数字时代的转换。数字化转型的本质是在数据+算法定义的世界中，以数据的自动流动化解复杂系统的不确定性，优化资源配置效率，构建企业新型竞争优势。数字化的本质特征包括连接、共生和当下三个方面。

1. 连接——连接大于拥有

以智能手机为代表的移动技术具有两个特性：随身而动和随时在线。人们需要的是即时性连接体验。即时性连接体验帮助人们更便捷地获得价值感，也因此推动了基于互联网的商业模式快速迭代与倍速增长。今天的人们已经习惯于通过在线连接获取必需的信息与资源，如电影、音乐、出行等，人们不再为拥有这些东西而付出，反而更希望可以通过连接获得这一切，因为后者更便捷、成本更低、价值感受更高。

2. 共生——现实世界与数字世界融合

数字化通过连接和运用各种技术，将现实世界重构为数字世界，现实世界与数字世界融合是数字化的第二个本质特征。学者们也用"数字孪生（digital twin）"的概念诠释这一特征。简单来说，数字孪生就是对真实物理系统的虚拟复制，复制品和真实品之间通过数据交换建立联系，人们可以借助这种联系观测感知虚体，并由此动态体察实体的变化，数字孪生中的虚体与实体融为一体。正如数字孪生般，数字化正将现实世界重构为数字世界，这种重构不是单纯的复制，更包含数字世界对现实世界的再创造，这意味着数字世界通过数字技术与现实世界相连接、深度互动与学习、融为一体，共生并创造出全新的价值。

3. 当下——过去与未来压缩在当下

数字化技术是关于连接选择的问题，选择与谁连接，选择何时连接。用道格拉斯·洛西科夫的观点来看，"数字化时间轴不是从一个时刻过渡到另一个时刻，而是从一个选择跳到另一个选择，停留在每一个命令行里，就像数字时钟上的数字一样，直到做出下一个选择，新的现实就会出现在眼前"。由此可见，数字技术所带来的冲击已经不再是变化带来的，而是由变化的速度带来的。这也是为什么人们觉得在数字化时代，变化与迭代剧烈，更迭与颠覆频繁。因为数字化本身就是把过去与未来都压缩在当下，使其以更大的复杂性、更多的维度交织在一起。不仅仅是变化，变化本身的属性也发生了改变，也就是人们对时间价值的理解发生了改变。这就意味着，"保持竞争优势的时间变短了，这不仅仅发生在科技领域，而且遍布所有产业"。

数字化的三个本质特征"连接""共生""当下"，可被用于区分工业时代与数字化时代，是二者在根本上的不同之处。在工业时代，企业资源和能力是实现战略的关键要素，企业通过一系列努力获取资源、提升能力，构建核心竞争力。在数字化时代，通过"连接"与"共生"，企业的资源和能力不再受限于企业自身，而有了很多向企业外部获得的可能性。从这个意义上来讲，企业核心竞争力的关键是理解"当下"的价值和意义，寻求更大范围的资源与能力的聚合，"连接"成为实现企业战略的关键要素。

可以通过一个产品累积到 5 000 万用户所需时长的变化感受数字化技术带来的时间价值的改变。财经图表网站对近现代以来的重要发明做了一个盘点，统计了各种发明的用户数量达 5 000 万所需的时长。大家读读扩展阅读 1.1，看看你们发现了什么。

扩展阅读 1.1 达到 5 000 万用户需要多长时间？

如此高的用户数量增长速度势必带来行业中不同企业发展态势格局的转换，改变了三个与企业相关的最重要事项：企业寿命、产品生命周期及争夺顾客的窗口时间。这三个时间都在缩短，换个角度说，企业所做的任何事情都需要时间标签。

1.2 企业数字化转型的组织变革

数字化是通过先进科技与信息技术对企业经营方式的根本性改变，是企业运用数字化技术重塑战略、流程、组织和模式的全过程。企业推进数字化转型的核心，是通过构建数据处理与运用的能力，形成全新的价值创造体系，进而形成强大的市场拓展与控制能力。

1.2.1 企业数字化转型阶段

关于企业数字化转型阶段的研究，学者们从不同视角出发，形成了不同的阶段说，这里阐释以下有代表性的观点。

（1）根据 Centric Digital 撰写的《商业新模式：企业数字化转型之路》一书中对数字化转型阶段的描述，按照转型价值，转型阶段主要分为朦胧期、反应期、进展期、沉浸期、成熟期五个阶段（图 1.3）。

①朦胧期的企业，不具备基础的数字化元素，内部几乎没有使用任何数字化或信息化管理软件，外部从互联网也无法查询到企业的营销信息。但是企业本身已经感受到数字化对自身经营的影响。

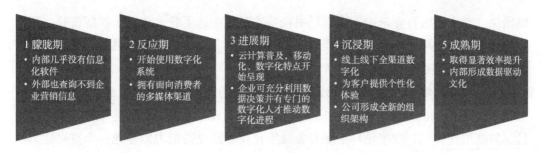

图 1.3 数字化转型阶段

②处于数字化转型反应期的企业，已经初步具备一些数字化基础。企业内部开始使用数字化管理工具，如 CRM（客户关系管理）、HRM（人力资源管理）相关的管理软件，企业对外已经有了自己的网站、微信公众号、企业微博等渠道，传递信息给消费者。该阶段企业的数字化处于初步阶段，并不能满足数字化运营的全部要求。

③由于 SaaS（软件即服务）等云计算部署模式的普及，企业的数字化开始依赖于云服务。企业内部的数字化动作凭借云计算或云服务能够完成，关于企业内部运营和客户相关的数据已经积累与沉淀，这个阶段的企业能够更加充分利用数据进行市场和客户研究。企业已经开始有专业的数字化人才跟进或推进企业数字化进程。企业经营中的部分环节开始实现数字化，并取得阶段性成果。对于企业而言，此时的主营产品和服务没有大的变化，但在产品或服务的营销方式上已经有了很大的变化，移动化、数字化的特点开始显现。

④如果一家企业已经形成了自身的数字化生态，涵盖网站、移动终端、社交媒体、电子商务平台等媒介，能够形成覆盖线上、线下的全渠道数字化，同时基于自身数字化平台，从数字化运营中能够尽可能为客户提供个性化的服务体验，企业内部的组织架构和商业模式也逐步完成调整，那么此时的企业数字化转型进入沉浸期。该阶段的企业已经有较为成熟的数字化转型团队，能够根据业务和客户导向目标，制定战略和运营规划。随着支持转型的职能、专业、模式、流程和系统逐渐成型，公司形成全新的组织架构。

⑤数字化转型成熟期的企业，已经能够实现数字化运营的要求，企业运营过程中效率提升显著，企业内部形成数据驱动文化。企业决策由数据驱动，数字化转型效果能够在财务数据、市场数据方面得到体现，数字化转型达到前期目标。从横向看，企业的数字化水平和运营能力处于行业内领先水平。

从目前中国酒店业数字化转型发展的现状来看，根据石基公司《2021年中国酒店业数字化转型趋势报告》的分析，中国酒店业整体依然处于"反应期"的阶段，部分领军企业已经进入"沉浸期"。反应期的基本特征在于，企业已经具备初步的数字化基础，表象的体现主要集中在营销数字化方面，直接的体现在于线上营销渗透率的持续增加。对于酒店行业来说，新冠肺炎疫情本身也加速了线上渗透，如短视频、直播等各种线上玩法层出不穷，极大程度地丰富了酒店营销渠道矩阵。然而，酒店业数字营销生态的构建并不完善。

（2）数字化转型（digital transformation）是建立在数字化转换（digitization）、数字化升级（digitalization）基础上，进一步触及公司核心业务，以新建一种商业模式为目标的高层次转型。数字化转型是开发数字化技术及支持能力以新建一个富有活力的数字化商业模式（图1.4）。数字化转型表明，只有企业对其业务进行系统性、彻底的（或重大和完全的）重新定义——而不仅仅是IT，而是对组织活动、流程、业务模式和员工能力的方方面面进行重新定义的时候，成功才会实现。

图1.4　三个不同阶段的"数字化"内涵及案例

资料来源：陈劲，杨文池，于飞. 数字化转型中的生态协同创新战略——基于华为企业业务集团（EBG）中国区的战略研讨[J]. 清华管理评论，2019(6)：23.

"数字化"对应的两个英文词"digitization""digitalization"具有明显的逻辑区分度。digitization反映的是"信息的数字化"，根据高德纳（Gartner）的IT Glossary给出的解释：digitization 指的是从模拟形态到数字形态的转换过程（the process of changing from analog to digital form），如从模拟电视到数字电视、从胶卷相机到数字相机、从物理打字机到Word软件，其变革的本质都是将信息以"0-1"的二进制数字化形式进行读写、存储和传递。相比而言，digitalization强调的是"流程的数字化"，高德纳的词条将其定义为运用数字技术改造商业模式、产生新的收益和价值创造机会（the use of digital technologies to change a business model and provide new revenue and value-producing opportunities），例如企业资源计划（ERP）系统、客户关系管理系统、供应链管理（SCM）系统等都是将工作流程进行了数字化，从而倍增了工作协同效率、资源利用效率，为企业创造了信息化价值。

然而，"数字化转型"在英文中的对应词既不是"digitization"，亦不是"Digitalization"，而是另一个有区分度的词组"digital transformation"或"digital business transformation"，高德纳给数字化转型下的定义是，开发数字化技术及支持能力以新建一个富有活力的数字化商业模式（the process of exploiting digital technologies and supporting capabilities to create a robust new digital business model）。因此，数字化转型完全超越了信息的数字化或工作流程的数字化，着力于实现"业务的数字化"，使公司在一个新型的数字化商业环境中发展出新的业务（商业模式）和新的核心竞争力。

举一个例子来说明这三个数字化阶段的区别：一个自行车制造企业引入财务电算化工具，将以前的手工记账变为电脑记账，就是实现了 digitization（数字化转换）；若其进一步引入 ERP 系统，以财务运作为核心形成集预算决算、合规内控、财务报表、人员管理、成本分析等为一体的企业流程管理 IT 系统，则算是完成了 digitalization（数字化升级）。然而，到目前为止，公司的主营业务和商业模式并没有出现根本性变化。不

扩展阅读1.2 两个成功实现数字化转型的真实案例：亚马逊和苹果

过，当公司意识到数字经济带来新的商机，发展共享单车业务，依托数字化技术实现了从"卖单车"到"单车分时租赁"的商业模式转型，此时才算达到核心业务的 digital transformation（数字化转型）。扩展阅读1.2展示了两个成功实现数字化转型的真实案例：亚马逊和苹果。

（3）从企业运行的系统构成观察，数字化转型可分为四个阶段。一是数据形成，其标志是经营业务实现在线化，如生产、流通、财务、销售业务一体化等；二是数据系统化集成，往往通过网络数据集成实现业务系统模型化；三是构建数据支撑应用平台，数据最大效用在于产生潜在价值与新功能，需要着力挖掘数据和拓展应用渠道；四是数据驱动与控制，企业通过数据应用能够找到革新之处，进而控制数字化成本，清除障碍并提高数字化系统运行成效。从沿革看，企业数字化不是全新的战略布局与安排，而是信息化战略的延展与提升，它更强调数字技术对企业经营管理模式的改造与数字生态系统的构建。通过数字化改造提升企业对数据处理与运用能力，进而实现降本增效、增强企业与市场及客户关联的战略目的，是本轮信息化革新的核心要义。

（4）基于数据要素发挥驱动作用的不同，数字化转型共分为五个发展阶段，即初始级发展阶段、单元级发展阶段、流程级发展阶段、网络级发展阶段、生态级发展阶段。

第一，处于初始级发展阶段的企业，在单一职能范围内初步开展了信息（数字）技术应用，但尚未有效发挥信息（数字）技术对主营业务的支持作用。①发展战略中尚未明确或初步提及信息（数字）技术应用相关内容，尚未制定信息（数字）技术应用相关的专项规划。②打造了新型能力，但尚未有效建成主营业务范围内的新型能力。③初步开展了信息（数字）技术应用，或初步开展了基于信息（数字）技术的（系统性）解决方案策划与实施。④管理模式为经验驱动型，各项业务活动主要由管理人员根据经验作出决策。⑤尚未实现基于数字化的业务创新。

第二，处于单元级发展阶段的组织，在主要或若干主营业务单一职能范围内开展

了（新一代）信息技术应用，提升相关单项业务的运行规范性和效率。①在发展战略或专项规划中明确提出了数字化的内容，目标定位主要是提升业务规范性和运行效率，数字化内容纳入了部门级年度计划和绩效考核。②能够运用（新一代）信息技术手段支持单一职能范围内新型能力的建设、运行和优化，所形成的新型能力主要在相关单项业务中使用。③面向单一职能范围内新型能力建设、运行和优化，开展了必要的设备设施改造，应用（新一代）信息技术手段和工具，开展了相关单项业务优化和职能职责调整，基于单一职能范围内及相关单项业务数据采集开展了单元级数据建模等。④管理模式是职能驱动型，能够基于单一职能范围内或相关单项业务数据开展辅助管理决策。领导重视并积极推动（新一代）信息技术应用，设置了专门团队开展（新一代）信息技术应用与运维，建立了单项应用与运维制度等。⑤主要或关键单项业务实现数字化，形成了（新一代）信息技术手段和工具支持下的业务运行模式。

第三，处于流程级发展阶段的组织，在业务线范围内，通过流程级数字化和传感网级网络化，以流程为驱动，实现主营业务关键业务流程及关键业务与设备设施、软硬件、行为活动等要素间的集成优化。①以实现业务综合集成为核心制定了数字化转型专项战略规划，已在战略层面认识到数据的重要价值，并将数字化转型年度计划和绩效考核纳入组织整体发展规划和考核体系。②完成了支持主营业务集成协同的流程及新型能力建设，且新型能力的各能力模块可被该流程上相关业务环节有效应用。③面向流程级能力建设、运行和优化，构建了传感网级网络，集成应用IT软硬件资源，开展了跨部门、跨业务环节、跨层级的业务流程优化设计和职能职责调整，基于主要设备和各业务系统数据采集和集成共享，构建并应用了系统级数字化模型。④管理模式为流程驱动型，能够开展跨部门、跨业务流程的数字化集成管理，由组织决策层和专职一级部门统筹推进数字化转型工作，形成了流程驱动的数字化系统建设、集成、运维和持续改进的标准规范和治理机制。⑤在组织关键业务均实现数字化基础上，沿着纵向管控、价值链和产品生命周期等维度，主要或关键业务实现了业务集成融合。

第四，处于网络级发展阶段的组织，在全组织范围内，通过组织级数字化和产业互联网级网络化，推动企业内全要素、全过程互联互通和动态优化，实现以数据为驱动的业务模式创新。①制定了以数字企业为核心内容的发展战略，在发展战略中明确将数据作为关键战略资源和驱动要素，加速推进业务创新转型和数字业务培育。构建数字企业成为组织年度计划的核心内容，并建立了覆盖全员的绩效考核体系。②完成了支持组织全局优化的网络级能力建设，实现了新型能力的模块化、数字化和网络化，能够在全企业范围内进行按需共享和应用。③建设了数字企业的系统集成架构，业务基础资源和能力实现平台化部署，支持按需调用，OT网络与IT网络实现协议互通和网络互联，基于企业内全要素、全过程数据在线自动采集、交换和集成共享，建设和应用企业级数字孪生体模型。④管理模式为数据驱动型，实现了覆盖企业全过程的自组织管理。建立企业级数字化治理领导机制和协调机制，形成了数据驱动的数字企业治理体系，实现了数据、技术、流程和组织四要素的职能协同、动态优化和互动创新。⑤基于主要或关键业务在线化运行和核心能力模块化封装和共享应用等，实现了网络化协同、服务化延伸、个性化定制等业务模式创新。

第五，处于生态级发展阶段的企业，在生态组织范围内，通过生态级数字化和泛在物联网级网络化，推动与生态合作伙伴间资源、业务、能力等要素的开放共享和协同合作，共同培育职能驱动型的数字新业务。①制定了以构建共生共赢生态系统、发展壮大数字业务为目标的组织发展战略及生态圈发展战略，在发展战略中明确将数据作为驱动创新的核心要素，开展职能驱动的生态化运营体系建设，制定了覆盖整个生态圈主要合作伙伴的战略全过程柔性管控机制。②完成了支持价值开放共创的生态级能力的建设，能够与生态合作伙伴共建开放的能力合作平台和开放价值生态，实现生态级能力认知协同、按需共享和自优化。③建立了组件化、可配置、开放灵活的智能云平台，组织内OT网络、IT网络以及组织外互联网实现互联互通，企业已成为社会化能力共享平台的核心或者重要贡献者，与合作伙伴共同实现生态基础资源和能力的平台部署、开放协作和按需利用。④管理模式为智能驱动型，员工成为组织的合伙人，形成了以生态伙伴命运共同体为核心的价值观和组织文化。⑤形成了以数字业务为核心的新型业态，数字业务成为企业主营业务的重要组成部分，发挥生态圈创新潜能，开辟实现绿色可持续发展的广阔空间。

1.2.2 企业数字化转型过程中组织变革特征

（1）企业发展内在驱动能力得到极大提升。数字要素主导地位形成，打破企业由传统劳动力、资本、技术要素驱动的路径依赖，向新型数据要素驱动方式转型，企业开拓市场的能力将主要在数据收集、整理及运用等方面得到体现。

（2）企业组织构架发生重大变化。传统科层式管理将逐渐被扁平化自组织模式取代，企业管理效能提升，基层组织与员工创造力释放，企业经营决策与执行力得到极大增强，市场洞察与反应能力更为及时与强大。

（3）企业决策方式发生根本性变化。数字化与智能化系统形成的市场决断机制，将取代凭经验认知与决断的决策模式，企业领导者作用更多体现在数字化思维培养与发展路径选择，以更为合适的企业组织架构，形成企业数字化转型的高效通路。新的决策方式有助于企业实现创新主体的多元化与协同化。

1.2.3 企业数字化转型的驱动力

1. 数字技术驱动的企业管理组织变革

数字技术驱动企业生产变革，进而推动企业管理组织变革，大数据等新技术的出现为企业变革提供了有利条件，企业数字化转型的过程实质是从"工业化管理模式"向"数字化管理模式"的变革。通过将数字技术引入现有企业管理架构，推动信息结构、管理方式、运营机制、生产过程等方面发生系统性重塑，客观上要求企业打破传统工业化管理情形下的路径依赖，改变原有的企业管理思维逻辑。数智时代下，组织数字化变革不仅对现有企业组织管理范式提出了新命题，也推动了企业结构、治理结构、内部管控、运营机制发生根本性变革。

组织惰性理论指出，组织想要建立新的运营模式和实现重构，需要以克服组织惰性为前提。组织惰性的克服则需要打破组织惯性，颠覆组织现有利益分配格局。建立组织结构、运作新秩序是组织实现重构和彻底式变革的关键。一般来说，大型制造业企业数字化转型往往规避组织结构问题，在企业数字化进程中多实施渐进式组织变革，极少触动既有利益分配格局，更多从组织生产流程中思考如何应用数字化技术，保持盈利等。相较之下，中小企业具备由组织内部变革推动实现数字化转型的基因，因为其组织体系简单，组织模式尚未成熟，组织惯例仍处于形成过程中，存在新的组织结构或者组织形式取代原有组织结构或者组织形式的巨大可能。

当前，数字化转型企业有两个典型特点：平台化与开放性。传统企业发现，进入数字经济时代后，以往的科层制组织模式逐渐显现出对外不能适应快速市场变化，对内不能适应员工自主性、自发性的管理需求的问题，而互联网科技领域取得显著成效的平台型组织逐渐焕发出生命力。很多传统企业开始了平台化组织模式的探索。企业组织形态从科层制向平台化发展，平台通过链接不同的商业活动参与方，为双方或多方提供相互交流、促成交易的中间产品或服务的经济活动。平台化带来了企业规模的极速扩张，同时信息技术及产品间的互补性、网络正效应等技术经济特征决定了开放式的创新和发展成为信息技术产业商业模式创新的重要特点。开放性商业模式意味着企业充分利用企业自身资源和外部可组织资源向客户提供并实现其价值主张，包括企业经营资源开放共享、生产服务紧密协作以及价值利益合理分配和共享。

2. 用户价值主导驱动的企业管理变革

数字孪生系统将物理世界完整地映射到数字化空间。在这里，用户摆脱了物理环境的束缚，能够从多个渠道接收实时的市场信息，与任何企业的任何生产环节进行直接对话，获得所需要的产品、服务。数字世界的微妙之处在于，它在很大程度上实现用户和企业之间的权力平等。用户的个性化得以释放，参与生产活动的热情显著提高，不断从需求端倒逼生产活动改变，"以用户为中心"的理念也从一句营销口号真正转变为企业经营的价值判断。毫不夸张地讲，在数字经济时代，只有用户才能定义企业，也只有用户才能成就企业。2019年，爱彼迎（Airbnb）全球用户数量超过5亿，爱彼迎通过为房屋所有者和出行者建立在线连接，实现闲置房源共享，利用虚拟现实（VR）技术和增强现实（AR）技术较好地向用户展示了房屋信息。这种共享模式为房屋所有者创造了获得闲置资产收益的机会，也为出行者提供了便捷、经济的居住体验，实现了交易双方及第三方平台的价值共赢。

得益于云计算及相关辅助性技术的升级与完善，企业能够以较低成本在多个维度快速聚集海量用户数据。然而，仅仅拥有数据仍然无法建立牢固竞争优势。企业还必须能够从实时数据中快速、持续挖掘出稳定边际价值，并且在较短时间内体现到产品、服务供给中。对实时数据的快速采集和高效挖掘，加剧了企业间在价值创造上的竞争，直接结果就是产品更新换代的速度增快。用户价值决定了企业存在价值，在国际品牌公司发布的《2019全球百大最有价值品牌》中，微软、苹果、亚马逊、谷歌的品牌价值位列前四位，四者在用户信任、数据驱动、价值创造、多方协作等方面均有良好表现，其企业价值也恰恰都跻身于全球前四位之列（图1.5）。

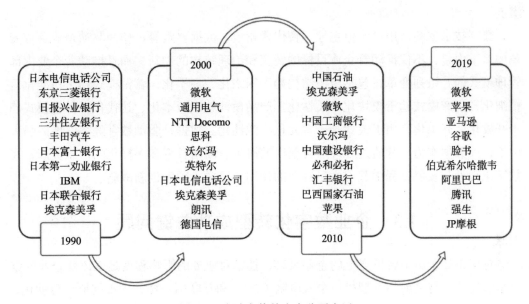

图1.5　全球市值前十大公司变迁

资料来源：戚聿东，肖旭. 数字经济时代的企业管理变革[J]. 管理世界，2020，36(6)：138.

3. 替代式竞争是市场运行的基本特征

数字经济浪潮下，市场不断淘汰低效、无效用户价值供给的企业过程中，完成自我更新与升级。海量数据为企业业务流程优化及标准化提供了条件，也增加了维持竞争优势的难度。与那些将互联网技术仅仅作为办公工具的企业相比，能够将互联网技术用于提高核心竞争力的企业，在市场竞争中往往获得更多的竞争优势。将新技术与实体经济深度融合，不仅有利于加快传统产业的质量变革、效率变革、动力变革，而且为企业对接全球技术标准、提升国际竞争力奠定了基础。新技术在企业运营中的全面应用，要求企业对内部各项职能活动作出适应性调整，不断提高价值创造与供给效率。

4. 数字化转型的关键驱动要素是数据

数据是继土地、劳动力、资本、技术之后的第五大生产要素，其核心关键作用首先是作为一种信息沟通的媒介，通过数字化转型推动基于数据的信息透明和对称，提升企业综合集成水平，提高社会资源的综合配置效率。其次，随着区块链等技术的发展，数据也已成为一种新的信用媒介，通过数字化转型推动基于数据的价值在线交换，可提升数字组织价值创造能力，提高社会资源的综合利用水平。再次，用数据科学重新定义生产机理，数据还将成为知识经验和技能的新载体，以数据模型承载知识技能，通过模块化、数字化封装和平台化部署，支持社会化按需共享和利用，赋能新技术、新产品、新模式、新业态蓬勃发展。最后，通过数字化转型推动基于数据模型的知识共享和技能赋能，提升生态组织开放合作与协同创新能力，提高社会资源的综合开发潜能。

数字技术驱动、用户价值主导、替代式竞争、数据要素等，作为驱动企业管理变革的多重力量，不仅推动着企业目标的转变和治理结构的创新，而且推动着企业内部管理模式的一系列变革，包括组织结构趋于网络化、扁平化，营销模式趋于精准化、精细化，生产模式趋于模块化、柔性化，产品设计趋于版本化、迭代化，研发模式趋于开放化、开源化，用工模式趋于多元化、弹性化。数据是驱动数字经济发展的强大引擎，大数据作为一种通过处理后可获得的海量、高增长率和多样化的信息资产，在数字化转型与发展过程中起着举足轻重的作用，已融入国家创新战略。

1.3　企业数字化转型成功关键问题

对于正处于历史转折点上的企业来讲，技术对业务的影响程度足以改变企业的整个运营模式。与之前的大型机、个人电脑（PC）和互联网一样，人工智能、自动化、物联网（IoT）、区块链和第五代移动通信技术（5G）等呈指数级发展的新技术之间交汇融合，产生了重塑业务模式、运营流程、工作方式的力量。根据 IBM 商业价值研究院的研究，这种新一代企业模式被称为"认知型企业"。企业数字化转型的目标，可以理解为"认知型企业"的形成。许多企业着力创建业务平台，旨在巩固竞争优势，建立差异化特色。这些平台必须由外而内地进行大规模的数字连接，并由内而外地充分利用认知技术。所有企业正在努力成为科技公司和"平台"公司。它们积极寻找新的竞争优势来源，并打破行业边界，参与新的、开放的生态系统。成功的认知型企业具备三大要素，开创性平台战略、智能化业务流程、人性化企业体验（图1.6）。认知型企业凭借深入的技术洞察、全新的能力，采用呈指数级发展的新技术，构建数字化企业文化，建立新的领导力。成功数字型企业构建，需要对专业能力、思维模式和工作方式作出必要改变。

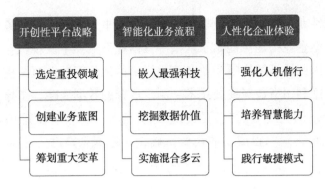

图 1.6 认知型企业九大行动领域

资料来源：IBM 商业价值研究院. 构建认知型企业：九大行动领域[R]. IBM Services，2020：5.

1.3.1 业务平台

开创性业务平台是取得成功最基本的要素，是企业业务战略的集中体现，也是企业应对未来变革所需确定的投资优先顺序和变革计划的"指北针"。这些平台非常聚焦、关键、有影响力，能够帮助企业提升竞争地位、塑造新角色、开拓跨行业新机会。

1.3.2 业务流程

智能化业务流程是扩展的端到端流程或前端到后端流程，这些流程通过大规模技术应用，在全新业务平台上，实现客户体验和企业效益。企业需要识别出前台、中台以及后台中能够帮助建立差异化竞争优势的最重要业务流程和相关价值池。一旦明确这些业务流程，便可应用一系列呈指数级发展的技术，充分利用目标数据威力，在重塑的混合云 IT 基础架构中通过新一代应用赋能这些业务流程。

1.3.3 企业体验

认知型企业最重要的元素也许是人性化企业体验。归根结底，以技术为中心的新时代，只有充分利用了技术力量的"人性化体验"，才能发挥差异化优势。"体验"的概念正从客户层面扩展到为客户服务的员工、企业本身乃至整个生态系统层面。以人为本的设计在业务平台、业务流程以及底层系统中日益凸显其重要性。

企业必须确定选择哪种开创性业务平台作为未来竞争力的核心，这是成为认知型企业的重要先决条件。此外，随着企业对数据潜力的探索逐渐深入，以及广泛应用差异化技术，也可能会呈现新的战略。一旦作出选择，必须选定重投领域。企业还必须确定业务架构，了解所选平台对运营模式的影响，并采用整体转型和管控方法，指导和协调转型过程中不断出现

扩展阅读 1.3 工业 4.0：数字化时代的制造业

的新情况。开创性业务平台能否成功,取决于支撑平台的智能化业务流程的质量和差异化水平。认知型企业构建可能始于从某个具体业务流程中发现机会,为发挥平台潜力打开突破口。因此选择解决哪个业务流程后价值池的问题,至关重要。这些业务流程需要大规模合理利用指数级发展技术,制定适合的数据战略,指导业务流程重新设计,同时选择合适的应用与混合云架构。人机偕行、使用新技能和拥抱新文化是平台战略和业务流程转型取得成功的重要基础,必须深思熟虑,这也是最难持续变革的方面。

即测即练

自学自测　扫描此码

第 2 章

旅游业中的独角兽与犀牛企业

> **本章学习目标：**
> 1. 从独角兽企业与犀牛企业的对比中理解颠覆式创新的概念、意义与实现路径。
> 2. 结合独角兽企业特征，理解独角兽企业优势。
> 3. 理解独角兽企业承担社会责任的内容与影响。
> 4. 理解旅游业中独角兽企业及其成功实践。

与正处于数字化转型中的企业相比，有一类企业自诞生就是数字化的，这类企业中成功的企业被称为独角兽企业，传统成功的大企业则被称为犀牛企业。独角兽企业本身就是颠覆式创新的实践者和受益者，犀牛企业在数字化转型的过程中，不断寻求颠覆式创新的机会、路径与方法。颠覆式创新包括技术创新与商业模式创新。基于互联网的商业模式创新集中体现在大数据正以各种方式和路径影响着企业的商业生态，已经成为企业商业模式创新的基本时代背景。独角兽企业正是这种基于大数据商业模式创新的集中体现。旅游业中的犀牛企业也正在通过持续的技术创新、商业模式创新等实践，进行着数字化转型，力图构建基于开创性平台战略、智能化业务流程、人性化企业体验的成功数字化企业，与爱彼迎（Airbnb）、缤客（Booking.com）、携程等"独角兽"企业同台竞技。

2.1 "独角兽"和"犀牛"

2.1.1 走近独角兽企业

独角兽企业是信息技术进步和创新全球化的产物，以技术创新和商业模式创新为代表的颠覆式创新改变着产业及发展，孕育出发展新活力。独角兽企业最早由 Cowboy Ventures 的创始人兼风险投资家艾琳·李（Aileen Lee）于 2013 年在一篇科技媒体报道中提出。独角兽企业，是指那些爆发式增长、稀少、被投资者"热捧"的创业企业，其衡量标准是创业 10 年左右，企业估值超过 10

视频 2.1 独角兽企业

亿美元。目前有 Tech Crunch、CB Insights、Digi-Capital、华尔街日报、财富杂志等多家研究机构发布独角兽企业榜单。人们常用独角兽企业来形容发展前景看好的初创企业。独角兽企业一般引领着产业变革的方向，能带来全球产业的颠覆。

尽管业界和媒体关于独角兽企业的讨论已经比较多，但是由于数据缺乏，关于独角兽企业的严谨学术研究相对非常少。数字经济时代，随着互联网基础设施建设的完善，采用平台型商业模式的企业具备聚集（cluster）以及网络效应（network effect）优势，能够快速获得高增长机会。根据 Mc Kinsey 的研究，全球软件以及线上服务公司的成长速度最快，前者得益于技术的快速发展与更迭，后者得益于商业模式创新，特别是平台型商业模式的兴起。因为平台具备聚集以及网络效应优势。依托信息技术、计算机技术，"独角兽"企业催生了一些新兴行业或原创性新行业。这些新兴行业包括互联网教育、云服务、房产服务、新媒体、大数据、企业服务、旅游、软件应用、社交等。独角兽企业超高增速、超高估值背后的作用机制，对于理解数字经济时代的企业成长机制和估值规律具有重要意义。

爱彼迎作为住房共享模式的发起者之一，颠覆了传统住宿市场的运营方式，其全球化发展的步伐在各国兴起了共享住宿的新浪潮，大多住房共享商业模式都脱离不了爱彼迎的理念和运营模式。爱彼迎整合全球闲散房源，致力于为用户打造房源租赁社区。用户可以通过在线上网站或者利用手机软件，在平台上发布或搜索房源信息，并达成交易。爱彼迎的商业模式不同于传统酒店行业，其通过构建 C2C（customer to customer，个人与个人之间的电子商务）的商业模式致力于为消费者提供一种类似于家的住宿体验。这类商业模式借助平台个体用户提供的各类住宿房源，致力于满足不同收入水平消费者的消费需求以及个性化定制化的消费场景。受到爱彼迎在全球业务发展的启发，中国本土也出现了类似于爱彼迎的共享住宿企业，如小猪短租、途家网、美团民宿等。爱彼迎代表了一种创新的住宿产品，全球大多数游客都曾使用过爱彼迎住宿产品，爱彼迎对酒店行业产生了很大影响。近几年来，短租平台越来越受到旅游者的喜爱，而传统酒店的市场份额有所下降。爱彼迎与传统酒店之间有一些相似之处，但彼此间也具有自己的特色，爱彼迎和传统酒店之间具有一定程度上的替代性。

视频 2.2　3 分钟读懂爱彼迎

2.1.2　走进犀牛企业

现代数字独角兽企业的对立面、竞争对手是哪些企业？不是那些效率低下、增速缓慢、行动笨拙的公司，而是那些不仅企业规模大而且取得了成功的企业。它们拥有卓越的运营力、强大的供应链、积极的员工和忠诚的客户。这些企业具有好的运营绩效，每年都在增长，但不是如独角兽企业般指数型增长。这些企业被称为犀牛企业。

"犀牛"这种强大的企业，是现代经济的中坚力量。犀牛企业是根据经典战略理论演化发展而来的企业组织，遵循长期的、精心设计的战略，同时密切监测战略的实施情况。从人力资源到市场再到产品，一切都处于渐进和不断改进过程中。同时也正是这套理论确定的多层次的等级制度拖慢了决策速度，在一定程度上忽视现实生活中的客户。犀牛企业多从投资机会出发，然后为自己的产品寻找市场。尽管犀牛企业拥有强大的实力和丰富经验，但在独角兽进入其市场的时候，似乎有点应对困难了。

独角兽企业是数字原生企业，犀牛企业是具有传统优势并面临巨大数字化挑战的各行业大型企业。独角兽企业具有先天的数字思维能力，犀牛企业经历的数字化转型压力与挑战、危机与机会并存。

扩展阅读 2.1　为什么多数企业的数字化转型都失败了？

2.2　独角兽企业的特征

2.2.1　独角兽企业的类型

根据企业提供产品或服务的特点，可将企业按照不同业务类型分为四种：产品型企业、方案型企业、平台型企业、生态型企业。生态型企业、平台型企业是"独角兽"的主流。

（1）产品型企业，业务扩张往往需要成比例的资源投入，其成长一般呈现出线性的特点，很难获得高估值。因此产品型的"独角兽"企业尤其不易，且基本都有一个相同特征：能推出变革性的"爆品"，在某个领域做到极致，进而通过口碑相传、粉丝拥护等实现业务爆发。产品型企业的竞争优势一般取决于是否掌握核心技术。令人尖叫的颠覆性产品才能带来爆发，迅速成为行业的"领头羊"。依靠"爆品"的爆发很容易遇到成长"天花板"，被模仿或被替代的风险很高，只有真正有创新能力，能够持续推出"爆品"才能持久发展。单一产品的价值有限，通过打通上下游，向解决方案提供商转型，是提高利润和竞争力的有效途径。但在信息化时代，产品型企业更应该考虑将产品终端化，逐渐积累数据资源向平台型企业转型。

（2）方案型企业，成长的最大瓶颈在于方案的可复制性问题，需求个性化太突出，难以大量复制，业务需逐个拓展。目前，依靠强大的资源整合能力，以很"重"的模式构建竞争门槛的方案型企业较多，但这种模式在新经济环境下更多解决的是获取项目的问题，没有解决项目的可复制性问题，也难以实现爆发性成长。太空探索技术公司获得高估值的关键在于解决了火箭的回收重复利用问题，快速、低成本的太空运输方案形成了可复制性。罗计物流爆发成长的关键是通过整车资源经纪实现与物流需求的快速匹配，进而实现物流解决方案的快速可复制。解决可复制性问题，并不是要想办法消除需求的个性化，而是要找出个性化需求中的共性，更关键的是要将解决方案尽可能模块化、标准化，从而可以低成本、快速地复制。同时在标准化的过程中，应尽量尝试向平台化转型，将标准化的部分通过平台运作提高效率。

（3）平台型企业可分为三类：①作为纯粹的第三方平台，服务于平台交易的参与方，为求解决行业的痛点，提升服务的效率，类似于"裁判"。如淘宝等。②自身业务的平台化，借助互联网通过平台渠道服务更多的用户，如酒仙网、芒果 TV 等。③搭建平台的同时也作为服务商在平台上提供服务，兼任"裁判"和"运动选手"，如百度外卖等。三类平台型企业中，作为纯粹第三方平台的企业平台属性最强，往往由于定位清楚、模式"轻"而能够在很短时间内爆发；而兼具"裁判"和"运动选手"的平台，两个领域所需的资源能力差异大，容易出现定位不清以及模式过"重"问题，少数经过较长磨合期走向正轨，更多的则走向消亡。

平台型企业的核心是商业模式创新，基于信息化使业务扩张边际成本接近零。但平台的生命力取决于其是否具有自成长的能力。首先，业务模式必须是基本不需要运营人员参与，基于规则使得参与各方自行在平台就可以完成，这是平台自成长的根源。其次，平台必须是多赢的规则，能够给参与各方带来好处，才能黏住老用户并带来新用户，这是自成长的动力。大数据时代，平台型企业最大的价值将来源于海量数据的积累、挖掘和应用。能否基于数据资源优势，逐渐构建业务生态是其下一步转型突破的关键。新经济创业企业应更多以平台的思维构建业务模式，充分利用其低成本快速触及用户的优势，尽量成为平台的一部分或者构建新的平台。

（4）生态型企业，无生态，不长久。新经济环境下，市场变化前所未有，原有的模式可能瞬间就被颠覆。出于健康成长的考虑，越来越多的独角兽企业选择联合用户、伙伴、供应商等构建一个独立、完整的生态圈，业务间彼此关联、深耕用户、消除风险。已经有一批企业的生态初步成型，如阿里巴巴（淘宝、天猫、支付、菜鸟网络、大数据及云服务等）。还有一批企业正在向生态企业转型。也有产品型企业正在尝试生态化转型如大疆创新（智能硬件生态），解决方案型企业向生态化转型的如旷视科技（人工智能生态）。生态型企业构建的关键在于以用户为核心、以一个杀手级的业务为基础，围绕其逐步布局关联业务，补充业务生态，甚至可以有战略性长期亏损的业务，如阿里为整个生态的健康，尽管连续亏损仍然大力布局菜鸟网络。每个业务在生态中有特定位置，只要生态整体健康，不求都能获利。生态的健康不仅体现在不断有新用户的加入，还体现为生态中新业务的不断衍生，进一步增强用户黏性。企业构建生态的前提是围绕用户将各业务打通，使用户的数据可以共享和深挖，因此只有信息化、数据化很强的企业才可能构建生态，这也是很多大型企业看似业务复杂多样但实际上却不是生态型企业的原因。换句话说，未来所有的企业都应该是数据化的企业。每个领域中有创新意识领先的企业都在尝试生态化转型发展，无生态、不长久。因此创业企业在创业初期就应该有数据的思维和生态思维，提早布局。

"商业生态系统"一词最早是在1996年由美国经济学家穆尔提出的，意即与自然界一样，商业界也具有各种各样的生态系统，每家企业都有可能构成商业生态系统中的一环，其命运不仅受自身因素的影响，也受所在生态系统的制约。"独角兽"企业即如此，它以互联网乃至整个TMT（科技、媒体和通信）行业为载体打造商业平台，通过协调整合网络中的各种资源，形成一个高效共赢的组织生态系统，以满足市场对产品的多样化和个性化需求。

2.2.2 独角兽企业特征

综观全球及中国的独角兽企业，大致有以下特点。

（1）独角兽企业开辟了一条创造客户价值的新途径。在这一过程中，它们深入地重新思考整个商业模式，而不仅仅考虑产品，把用户体验作为工作重点。

（2）独角兽企业依靠轻资产运营模式，只要有可能，它们会利用现有的资源和基础设施。

（3）独角兽企业数量整体呈指数式增长趋势，市场渗透率增长得非常快。这主要反映在独角兽企业数量和质量的快速成长上。数量呈现指数型态势增长，年轻科技型人才成为主要创始人。从整个行业来看，在过去9年里，独角兽企业年均增加29家，年均发展速度达到198%。之所以具有快速成长特征，除了新兴行业所具有的大容量、快速成长等特征外，还有其他两个重要原因：其一，独角兽企业创始人普遍具有极高的创业激情。目前全球独角兽企业创始人的平均年龄在30～45岁，前50位创始人在创办企业时的平均年龄为31.7岁；其二，这些创始人均拥有良好的教育背景，能够在复杂的经济和技术变革环境中洞察和把握未来的商机。

（4）跨界融合，即跨越不同领域、行业和文化的融合。

（5）颠覆性，即处于新兴行业或行业上升期，通过创造新的需求或以更好的方式满足该行业快速成长。

（6）自成长，即行业的用户能够以足够低的成本或足够方便的状态获得独角兽企业所提供的产品或服务，以至于独角兽企业能构建满足自成长基本条件所对应的商业模式。

（7）创新创业生态环境成为其形成的主要条件，空间分布集聚态势明显。从国别而言，全球独角兽企业主要集中在美国和中国。

这些特征结合在一起，形成了一个非常独特的运营环境：独角兽似乎很容易能作出创造，有巨大的动力去尝试创业。这些个特征也带来了前所未有的紧张竞争，在竞争中幸存下来的公司相当少。在艾琳·李的统计中，0.07%（1 500个中有1个）由风投资助的初创企业能发展成独角兽。

2.2.3　独角兽企业成长规律

（1）独角兽企业有其自身特有的诞生规律。良好的创新创业生态是独角兽企业诞生的基础。

（2）独角兽企业有其自身特有的成长规律。这个成长规律不仅体现在时间上，也体现在空间上。在时间上，独角兽企业的数量和规模呈"指数式"增长，其主要在于独角兽企业在向市场提供独特价值的基础上借助平台孵化和裂变衍生进行"催生"的结果。在空间上，独角兽企业不仅具有行业和地域集聚特征，且具有较强的总部根植性。

（3）独角兽企业的大量诞生和快速成长往往预示着新技术的产生和新经济的来临。从上述分析可知，一方面，以创新驱动为特征的大量科技型独角兽企业已占据独角兽群体的主体，这种现象的产生是以人才集聚为基础的；另一方面，独角兽企业的涌现往往契合技术周期的变动并表示新技术、新经济的到来。

2.3　独角兽企业的优势与颠覆式创新

2.3.1　独角兽企业的优势

随着科学技术发展及顾客需求变化速度的加快，企业颠覆性创新作为企业打破传统生产方式的重要途径，独角兽企业的出现是企业颠覆式创新的集中体现。从颠覆性商业模式和颠覆性技术创新两方面入手，深刻识别有关创新模式，借助互联网平台，充分形成互联网思维，利用互联网重构企业商业形态，以客户为中心，围绕客户需求进行商业模式创新，并在此过程中，不断促进技术的改革与发展。

1. 创新模式，为顾客创造更多价值

由于不存在折中妥协，独角兽企业不会在外围市场浪费时间。它们直击主流客户，其往往是最赚钱的客户，如旅游经验丰富的游客、常常坐出租车的用户或热爱读书的读者。在任何商业模式发展过程中，都会出现一个时间点，在这个时间点，如果不能通过改进商业模式的一部分，把这一部分模式发展得更好，就等于急剧恶化了它的另一部分。商业中最重要的矛盾恰恰是关于顾客价值和利润的：如果你为顾客提供更多的服务，你的经济就会承受不了；如果你为自己留下足够多的钱，你的顾客就会明显地对你感到不满意，进而离开你。

以亚马逊为例，看看它是如何解决这一矛盾的。对于大众市场，亚马逊提供了非常有吸引力的价格。对于读书爱好者，亚马逊几乎提供了无限的选择，而且有强大的搜索服务。亚马逊甚至提供了能搜索到更多书的工具——"推荐"和"同行选择"。在后端，亚马逊消除了一个关键的成本因素，即书店。亚马逊把展厅放到了网上，提供了一个供全世界使用的展厅。通过这种方式，亚马逊解决了"矛盾"，既保证了价值等式的两边（价格和选择），又为自己保留了足够的利润。

看看其他的独角兽企业，同样的模式解决了行业限制为客户创造价值的关键矛盾。建造和运营酒店是复杂且昂贵的，最好通过标准化来管理。但人们在旅行时，往往看重具有个性化的、像家一样舒适自在的居住体验。爱彼迎则通过共享住宿解决了这一矛盾，成为世界最大的住宿业经营者之一。独角兽企业不仅争夺终端市场，还重新调整了整个价值链——为每一个参与者提供更高水平的服务。

2. 整合价值链，为顾客创造更多价值

独角兽遵循的是一种倒置的逻辑。首先，把"价值链"完美整合起来，然后向顾客提供无法拒绝的产品和服务。这也被称为"最简化可行产品"（minimum viable product，MVP），即在产品开发的每一个阶段，都要给客户和其他利益相关者（包括供应商）提供尽可能多的价值。对于供应商而言，独角兽企业的承诺也促使他们在生产和物流方面具有更加积极与开放的态度。

犀牛企业以资产为导向的方式往往导致客户只能获得"部分价值"。独角兽企业从一开始设计他们的业务，就为顾客提供了完整的最终价值。这对市场具有颠覆性影响，不仅意味着结构的变化，还可能导致行业利润的下降。研究表明，以独角兽企业为代表的数字化竞争，使一个细分市场的价值下降高达30%。这种下降对犀牛企业的打击很大，它们发现自己的商业模式分崩离析，无法支付维护资产的高额固定成本。相比之下，独角兽的商业模式是轻资产的，二者的竞争基础不同。

3. 嵌入最强科技，为顾客创造更多价值

"数字革命"其实就是"网络革命"或"连接革命"。不仅全球的人有越来越多的机会连接，现在各种各样的设备也加入其中。人类网络和"物联网"融合在一起，产生了"万人万物互联网"。在这个大规模互联的世界里，人们和设备进行各种类型的交易，包括商业交易。数字技术可以用极低的成本处理大量交易。这就开辟了全新市场，那些被传统企业忽视的市场，即"长尾"市场。在传统的商业中，成功的策略是找到并获得一批消费最多的客户，抓住"市场的大头"。当每笔的交易成本很高时，这种策略是最合理的。但当交易成本降低且很低时，"长尾"市场的重要性则凸显。虽然他们对特定产品的人均消费少，但加起来代表着可观的数量。数字技术赋能使得每笔交易成本降低，打开了许多市场的"长尾"，实现了盈利。

生活中的方方面面都能感受到数字化的力量，它对个人、生活环境和市场都有深刻的影响。独角兽企业通过数字化有效地降低了五个关键成本，即产品开发成本、客户获取成本、运营成本、资本成本和风险成本。独角兽企业获得成功的关键，正是数字平台。数字世界的特殊性创造了强大的优势，物理世界可能异常拥挤，而线上市场则与之不同。线上市场可以无限扩大规模，处理交易时不会让其他客户等待，而且人们可以从世界任何地方进入线上市场。这也就为独角兽企业三个主要特征之一的指数型增长奠定了基础。独角兽企业与犀牛企业的对比见表2.1。

表 2.1 独角兽企业与犀牛企业的对比

差别领域	犀牛企业	独角兽企业
产品开发成本	投入高，竞争的关键领域	成本低，经常外包
客户获取成本	成本差异小，经常外包	投入高，竞争的关键领域
运营成本	固定成本所占比率较大	变动成本所占比例较大
资本成本	成本高，小企业这类成本会更高	所有企业，不论规模，这类成本差异多数都小
风险成本	成本高，小企业这类成本会更高	所有企业，不论规模，这类成本差异多数都小

资料来源：奥洛夫斯基，克罗夫金. 从犀牛到独角兽：传统企业如何实现数字化转型[M]. 彭相珍，周雁洁，译. 北京：中译出版社，2021.

2.3.2 独角兽企业的独特做法

独角兽企业有什么不同的做法呢？主要有八个方面：游戏规则、现金流、运营、组织、强势的决策、客户价值、愿意变化、稳健发展（图2.1）。

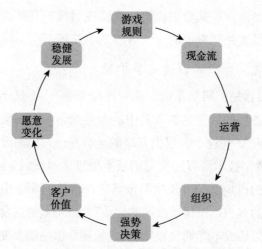

图 2.1 独角兽企业八个优势形成良性循环

资料来源：奥洛夫斯基，克罗夫金. 从犀牛到独角兽：传统企业如何实现数字化转型[M].
彭相珍，周雁洁，译. 北京：中译出版社，2021.

（1）独角兽企业利用集中资源和借力生长开展有效运营。专注客户价值，业务流程的终点就是通过给客户提供一些他在别的地方永远得不到的东西，让客户能以极小的成本获得卓越的质量。在追求建立客户价值的过程中，独角兽懂得借力生长：使用别人的基础设施，最好是免费的，或者至少是价格很低，然后在此基础上出售服务。当然，实施起来没有那么容易，一般企业不会提供自己的资源供其他企业利用。

（2）独角兽企业建立精简且敏捷的组织。专注于几件重要的事情，就可以建立起精简且敏捷的公司。独角兽企业将个人决策和数字决策结合起来，将一切可以自动化的东西自动化，把通过长时间讨论才能作出决策的模式变成相当直接的数据驱动决策模式。并不是所有的事情都可以用数据驱动这种方式来决定，了解这些领域，并尽可能保持其紧凑性至关重要。数字化企业着力构建"扁平化"的敏捷组织结构。

（3）独角兽企业多强势决策，承担风险并获得回报。一个好的决策有两个基本特征，一是有效，即正确，二是及时。强势决策是弱势决策相对应的概念，弱势决策并非不好，但独角兽企业会更倾向于作出强势决策，并承担风险。在典型的独角兽企业中，大家都有一种感觉，就是在承担风险后，公司里的每个人都没有多少东西是输不起的，但却有可能获得很多收获。管理者的任务即是对此进行一定的约束和限制。

独角兽企业更卓越的八个方面组合成了一个整体的方案，实现了企业的自我强化。由于发展稳健，可以让投资者接受新的游戏规则；良好的投资者关系，可以让企业拥有更多的现金流；业务运营更精简，得益于敏捷组织支持；更易于作出强势决策，承担风险并获得更大回报；愿意作出变化，一直专注于为客户提供价值，获得稳健的基础。

2.3.3　独角兽企业的颠覆式创新

1. 颠覆式创新概念与内涵

1995年，"颠覆性技术"第一次出现在著作《颠覆性技术的机遇浪潮》（*Disruptive Technology: Catch the Wave*）中，并被哈佛大学教授克莱顿·克里斯坦森（Clayton Christensen）定义为以难以预测的方式取代现有主流技术的技术，其主要特征是经济性和便捷性。Christensen 在《创新者的困境：当新技术导致大企业失败时》一书中提出了颠覆性创新（disruptive innovation）的概念，之后还延伸地提出了颠覆性创新理论，认为该类创新范式定位于非主流低端利基市场、逐步满足消费者需求的新产品最终替代现有主流市场产品或技术的过程。颠覆性创新是企业创新的一种重要类型，是企业实现技术革命、实现可持续增长的重要战略工具，是一项技术创新活动。颠覆性创新也是一种商业模式创新，如果充分利用，可以使创新后的商业模式对该行业产生颠覆性影响。颠覆性创新提供的全新功能、使用不连续的技术标准或新的所有权形式，改变了市场性能指标或消费者期望。熊彼特认为，创新不仅包括技术意义上的创新，同时也包括将其商业化的手段即商业模式的创新。颠覆性创新最大的一个特点就是能更好地掌握消费者偏好，具有开发成本低和技术进入壁垒低的优点，能够较快地获得相应的细分市场并获取收益。简言之，颠覆性创新包括两个层面，即技术创新和颠覆性商业模式。

2. 颠覆式创新价值与意义

克莱顿·克里斯坦森在《创新者的困境：当新技术导致大企业失败时》中指出：那些由于新的消费供给方式的出现而"亡"的公司企业，本应该对颠覆性技术有所预见，但无动于衷，直至为时已晚。许多成功的大公司只专注于它们认为该做的事情，如服务于最有利可图的顾客、聚焦边际利润最诱人的产品项目。那些大公司的领导者一直在走一条持续创新的道路，而恰是这一经营路线，为颠覆性新技术埋葬他们敞开了大门。

这一悲剧之所以发生，是因为现有公司资源配置流程的设计，总是以可持续创新、实现利润最大化为导向，这一设计思想最为关注的是现有顾客以及被证明了的市场面。然而，一旦颠覆性创新出现（它是市场上现有产品更为便宜、更为方便的替代品，它直接锁定低端消费者或者产生全然一新的消费群体），现有企业便马上瘫痪。为此，它们采取的应对措施往往是转向高端市场，而不是积极防御这些新技术、守住低端市场。然而，颠覆性创新不断发展进步，一步步蚕食传统企业的市场份额，最终取代传统产品的统治地位。

柯达就是因为胶卷才赚钱的，封杀了自己发明的数码相机，最后导致百年品牌走向破产；摩托罗拉和诺基亚也是模拟手机卖得太好了，最后被乔布斯的苹果反超；美国的三大汽车公司燃油车市场独占鳌头，但是横空出世的特斯拉汽车却在市值上远远把它们抛在了后边。

2.3.4 影响颠覆式创新的关键因素

在大历史观下，围绕解决人类发展进程中的问题本源，影响颠覆式创新的因素可以尝试从以下几方面理解。

1. 想象力

"想"是"心"上一个"相"，象棋中相走田，所以是动态的。因此，要异想天开，才会有奇思妙想。而"象"呢？《道德经》中有大象无形、大音希声的说法。因此，在看不到和听不到的情况下，只能用心去想。人类对世界的认识可分为三种类型：一是用眼睛看到的；二是借助仪器设备看到的；三是用心去想到的。就像牛顿看到苹果掉在地上，想到了万有引力定律，而万有引力是看不到的；还有爱因斯坦想到引力波，但当时很少有人能够理解，因为没有机器设备能够证实，但爱因斯坦却想到了。100年以后，有人通过创造力和执行力证实了引力波的存在。不得不说，有的人可能天生就擅长"想"，但这种想象的结果准确来说，应该叫发现。因为万有引力和引力波一直存在，只是他们二人发现了而已。当然，如果相对于前人的理论来说，牛顿和爱因斯坦的发现也是很大的创新。还有一种"想"是超前于客观现实的，通俗来说叫因为相信而看见。就像手机、电视、电脑等有形产品的出现，研发人员脑袋里要先有个雏形，然后再去把它们做出来。而这个雏形应该是在现有客体的基础上改进的，如果改进只是发生了量变，可视为渐进式创新；如果改进发生的是质变，则可视为颠覆式创新。

2. 创造力和执行力

有了想象之后，要想实现创新，就需要有"创""造"的能力和"执""行"的定力。创造是在原有客体基础上的改进，或纯粹的无中生有；而执行则是心中抱有执念、坚定不移的行动。有人说成功是很多环节做到位之后积累的结果，但失败很容易，只需要一个环节没有做到位就可以了。这么看，似乎失败是必然，而成功是偶然。很多创新都是一个漫长而曲折的过程，有时候能快一点，有时候可能慢一点。但从失败走向成功是一个必然的过程，这就需要创新者具有不畏艰难、排除万险的勇气和决心。就像爱迪生和居里夫人在经历了非常多次的失败之后，分别发明了灯泡和发现了镭一样。因此，在确定创新努力的方向之后，创新者应该剔除内心的杂念，以入定的状态守一。这样创新会更可能成功。然而，对商业领域来说，创新会面临更为复杂多变的情境，如竞争对手的打压、收购、抄袭或模仿等。同时加剧了中小企业践行创新的风险。有人讲大企业常常因为价值网的约束而被中小企业的颠覆式创新打败，这个并不绝对，要看不同国家市场的实际情况。如果在知识产权保护法律比较健全而且人们普遍比较尊敬创新者劳动成果的情况下，是有可能的；反之，则不太可能。

3. 颠覆式创新的土壤、氛围和形势

与古代相比，人类目前的知识总量在不断地飞速增加，想靠一个人完成巨大的创新，可能性会越来越低。纵观历史重大遗产或事件，除了书和各类艺术品之外，其他大多数遗产都是一群人前赴后继完成的，如长城、故宫、敦煌莫高窟等。因此，未来颠覆式创新越来越需要一群人而不是一个人去战斗。这一点不少企业很早就意识到了，比如：华为的研发和阿里巴巴的达摩院，都在全世界范围内招揽人才、培育土壤、营造氛围、创造形势。但在创新的道路上，无论是人还是事，都讲究个"缘分"，具体可划分为三个层次：认识、认可和认同，念念相续，前后相随。关于创新的土壤，农民种地都知道，要想地里长出好的作物，就应该先去提供并创造作物生长的环境。值得注意的是，人与作物、动物还是有区别的，人具有主观能动性，他们为何能够聚在一起进行颠覆式创新呢？这就需要志同道合，具体来讲，就是内在的事业趋向、价值观和精神等方面的追求和契合要胜过外在的名利。这群人构成了创新土壤的重要组成部分，慢慢就会产生创新的"气氛"，最终形成氛围。就像和气生财，气和了财自然就会生出来，财和气合起来叫有无相生，同样的逻辑对颠覆式创新也是一样。再说形势，颠覆式创新的布局"形"成了,"势"就会慢慢出来了,接着就是顺势而为,就像下围棋一样。除了这些,教育当中的突破性思维、对知识产权的尊重和保护,以及对失败的包容和不以成败论英雄的评价等,这些也是构成土壤或外部环境的重要组成部分(图 2.2)。

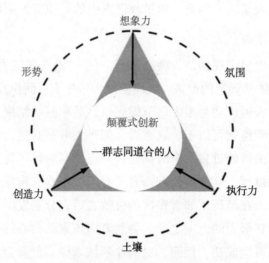

图 2.2 影响颠覆式创新关键因素
资料来源:王新刚. 大历史观下如何看待颠覆式创新[J]. 清华管理评论,2020(Z2):106-111.

2.4 商业模式创新

近年来,商业模式创新得到了管理学者和企业家越来越多的关注。商业模式概念最早出现在信息管理领域,20 世纪 90 年代互联网兴起以后,商业模式成为企业界的时髦术语,并引起了理论界的关注,其内涵也扩大到企业管理领域的广阔空间。

2.4.1 商业模式的概念与内涵

为了更深入地认识商业模式,需要进一步了解其组成要素或构成部分。众多学者对商业模式的组成进行了研究,有代表性的如 Applegate 认为商业模式由概念、价值和能力三个要素组成。Schmid 等认为商业模式由六个动态变化的一般要素组成:使命、结构、流程、收入、法律事务和技术。Hame 在其著作《领导企业变革》中提出了一个全面分析商业模式的框架,将商业模式分为四大组成部分:核心战略、战略资源、客户界面和价值网络。三个要素客户利益、行动配置、公司边界作为媒介将这四大部分联结起来,此外,效率、独特性、一致性、利润助推因素四个支持要素决定了商业模式的盈利潜力。田志龙等认为,企业要取得利润,必须为顾客提供产品/服务,为他们创造价值。因此,商业模式应该以顾客为中心,包括以下部分:①"为谁",对顾客的定义；②"做什么"，经营宗旨，对顾客的价值主张，提供的产品/服务；③"如何做"，即创造并传递价值给顾客的体系，包括核心竞争力、战略资产、采购、生产、营销等核心流程，相应的组织结构，与供应商、分销商及其他利益相关者的联系；④"如何盈利"，描述了企业收入模式（包括收入介质、交易方式和计费方法）、财务绩效、给顾客提供的价值及给合作伙伴等利益相关者的回报。商业模式是由多个要素组成的整体，各组成要素之间存在着有机的联系，互相支持，形成良性的循环。

20世纪90年代以来，随着信息、通信技术的发展、交汇与融合，新的商业模式层出不穷，涌现出一大批依靠商业模式创新而创造辉煌的企业：苹果、IBM、亚马逊、Google、eBay、Facebook、海尔，等等。纵观这些商业模式创新的典范，可以看出这些创新大都与无限接近消费者有关、与跨界有关，都直接或间接地与信息数字化技术和互联网有关。商业模式创新登上了企业创新的中心舞台，"大数据"成为商业模式创新的基本时代背景。商业模式创新的研究热点为"服务化""可持续""数字化"三大主题，研究前沿为平台生态系统与价值共创。

2.4.2　商业模式的创新要素

（1）商业模式创新是一种系统性创新，要求企业在顾客价值主张、运营模式、盈利模式、营销模式等多个环节上实现新的突破，最终对商业模式构成要素进行系统性变革。

（2）实施商业模式创新的企业不再是一个封闭系统，而是一个开放的平台系统。商业模式创新企业也不再是产业链上的简单一环，而是社会网络中的一个核心结点，秉持"合作、共赢"的理念，把企业边界拓展到企业的利益关系和交易结构影响所及的全部利益相关者，最终组建以企业自身为核心的商业生态系统。

（3）企业可通过商业模式创新来构建系统层次的竞争优势。学者们对竞争优势的认识先后经历了产品、产业和商业生态系统三个层次，企业实施总成本领先战略或者差异化竞争战略是把企业的竞争优势建立在产品层次上，实施多元化或者产业链一体化集团战略是把竞争优势建立在产业层次上，而实施商业模式创新则是把竞争优势建立在商业生态上。

2.4.3　数字商业模式

面对行业颠覆者的挑战与数字技术和产业深度融合的趋势，传统企业数字化转型势在必行，众多企业已经将数字战略视为战略发展的首要议程。然而，数字化转型不仅需要企业完成数字化战略部署，同样重要的是，企业需要审视数字化转型的本质，颠覆传统价值创造和价值捕获的底层逻辑，从而设计出适应数字化情境的商业模式。

酒店企业商业模式设计的一个关键是，加快一线员工对客户产品与服务需求的响应速度，需要数字思维与数字化设计，构建数字商业模式。

数字化转型是通过信息、计算、通信和连接技术的结合触发对实体属性的重大改变，从而改进实体的过程。企业要想在数字世界中保持竞争力，必须改变战略、组织结构、流程和组织文化，从而产生新的价值创造能力。实质上，企业需要明确数字技术的特征属性以及其对于企业价值创造过程的影响，这意味着数字化转型不仅涉及数字技术的应用或数据资源的培育，还涉及关键业务运营、产品和流程的转型，最终形成修订或全新的商业模式（图2.3）。

视频2.3 数字化转型如何催生商业创新

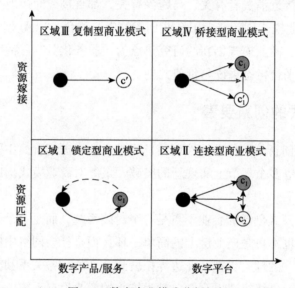

图2.3 数字商业模式分析框架

资料来源：钱雨，孙新波. 数字商业模式设计：企业数字化转型与商业模式创新案例研究[J]. 管理评论，2021，33(11)：76.

1. 锁定型商业模式

锁定型商业模式（区域Ⅰ）强调企业精准地锁定用户生命周期不同阶段的个性化需求，并通过数字技术将数据资源转化为数字化产品或服务提供给用户。数字技术（芯片、传感器等）的出现使产品不再是单纯的功能满足的产物，而是更多地融入用户生命周期的使用场景，成为深入感知用户个性化需求的机会窗口。数字化产品能够采集不同时间、不同地点的客户数据，企业通过对标准化需求数据的分析，为用户提供高度满足其需求偏好的迭代产品或服务解决方案。总体而言，锁定型商业模式强调企业深入解锁客户的需求内容（需求端），加强与客户之间的交互强度。企业能够追踪的用户生命周期越长，个性化需求的满足程度越深入，企业最终为用户创造的价值越丰富。

图 2.3 中 C_1 代表企业现有的用户群体，虚线箭头代表个性化需求作为一种价值资源的输入，实线箭头代表资源输出的方向。

2. 连接型商业模式

企业通过搭建数字平台整合多边资源，实现资源跨边界的高效匹配。数字化情境下，传统中介机构（如代理人）的作用已被削弱，企业利用数字技术直接将上游资源与下游客户建立关联，"直连"的方式取代了传统利用信息优势在上游资源持有者和下游客户之间的套利行为，从而围绕终端用户需求提供搜索、个性化推荐或大规模定制等附加值服务。资源基础理论与网络理论都强调了互补性的重要性。连接型商业模式（区域Ⅱ）意味着企业加强下游用户群体与其客户的交互强度，数字平台中的互补资源组合越多，则平台能够吸引的用户规模就越大，平台的价值创造能力越强。图 2.3 中 C_1 代表企业现有的用户群体，C_2 代表 C_1 现有的用户群体的总和，实线箭头代表资源输出的方向。

3. 复制型商业模式

复制型商业模式（区域Ⅲ）聚焦于企业开辟新的市场，并将拥有的资源或能力在新的市场中进行复制。企业通过将自身数字化转型的实践抽象、提炼、固化为方法论，实现由隐性经验资源向显性知识资源到数字惯例的转化，从而满足不同行业企业的数字化转型需求，数字化转型成功企业通常具有提供数字化解决方案的潜力。企业也能够通过不同行业细分市场的选择，不断深入挖掘和整合由于行业差异所造成的微观转型流程区别，进而通过对外部知识的内化反向促进自身知识系统的迭代升级，从广度与深度提升商业模式复制的能力。复制型商业模式强调企业根据自身的数字资产和能力（供给端）挖掘新的市场新分领域，建立未知的交互内容。企业对数字化转型过程中形成数字惯例的整合能力越强，服务的用户群体的行业差异度越大，则企业能够为用户创造的价值越丰富。图 2.3 中 C' 代表企业的新市场用户群体，实线箭头代表资源输出方向。

4. 桥接型商业模式

桥接型商业模式（区域Ⅳ）通过构建资源交互的渠道，促进行业企业核心资源或核心能力的嫁接，企业充当桥梁作用。数字技术拓宽了核心企业的研发资源，降低了获取资源的交易成本。企业搭建有助于知识资源交互的数字平台，通过开放 API（应用程序接口）的形式赋予下游用户群体或社会大众主体自主开发软件应用的能力，开发后的应用程序通过操作系统进行推广，并向所有系统使用者开放。桥接型商业模式强调企业为下游用户群体创建未知的交互内容，研究认为，在数字化的交互渠道建设过程中，在位者、开发者与用户所形成的开放式系统价值创造取决于开发者创造价值的意愿与能力，两者共同决定了价值创造被广为分享的范围和强度，企业需要设计动态激励机制以促进开发者价值创造意愿和能力的提升。图 2.3 中 C_1 代表企业现有的用户群体，C_1'代表企业为 C_1 引入的有助于 C_1 能力提升的主体，实线箭头代表资源输出的方向。

2.4.4 数字敏感与数字领导力

　　数字化时代已来临，对领导力提出了新要求。数字化领导力，是指能够利用数据科学技术，带领组织成功实现数字化转型和持续增长的能力。领导力是一个抽象的概念，管理学大师德鲁克认为"真正的领导力"是"提升个人愿景到更高的境界，提升个人绩效到更高的标准"。领导力有时也被具象化为"带领大家迎接挑战走向卓越的能力"。它关乎领导者如何把价值观化为行动，把愿景化为现实，把障碍化为创新，把分裂化为团结，把冒险化为收益，从而不断激励他人自愿地在组织中作出卓越成就。

　　数字是一种生产要素，数字化技术才是生产力。只依靠数据本身，是没有任何价值的。如果要让数据发挥价值，有两个条件：第一是应用场景。如果没有应用场景，所有的数据，都是无效信息，均可以看作垃圾；第二是技术的加成。技术在这里会起到一个放大器的作用，或者叫赋能器。因为技术的运用，让数据看起来有了价值。但数据在这里，它是一个必要条件，而非充要条件。也就是说，基于全新应用场景的技术创新和技术驱动，才是数字化时代最根本的特质。

　　1. 开放、跨界与多样性思维

　　围绕着数据的无障碍充分连接能力，展现的第一个重要能力要素：开放、跨界与多样性思维。跨界，是指能跨越数据的不同属性，不受分属不同领域属性的限制，这样，就能跳出以往传统的局限性，看到以往看不到的东西。多样性，则指人们对事物多种不同可能性的接纳度需要大大提高，对事物可能的发展方向，要插上想象的翅膀。在数字时代，稳固不变的规则与范式已经一去不返，因海量数据的存在，考虑到每一个单独数字都有可能产生的蝴蝶效应，每个数据之间又可能相互影响，那么这个多样性的可能性，是无穷大的。这是保持一个开放和多样性思维模式是如此重要的原因。

　　2. 洞察力、概念性思维和抽象思维

　　通常，两个看起来完全不相关的东西，很难生硬地关联在一起。如果要产生关联，它需要两个条件。第一，一个能让两者产生关联的应用场景；第二，一个能看到事物本质的概念性思维和抽象思维，并由此找到共性。能够构思出来一个关联的应用场景，需要洞察力，洞察人们不同需求背后的连接点或连接方式，而这个连接方式，可以经由某项技术获得支撑。

　　概念性思维和抽象思维，是人类区别于人工智能的最大优势之所在。概念思维看到的是事物的本质，是跳出事物的具体形态来看它为什么存在，能解决什么问题，以及它发展的方向。本质上，它是一种动态的、发展的看问题的方式。

2.5 独角兽企业的社会责任与可持续发展

随着互联网行业的飞速发展，独角兽企业大量出现。独角兽企业作为一种新型的企业组织形式，因其超强的"吸金能力"和富有特色的产品与服务得到人们的关注。电子商务、科技创新使得互联网独角兽企业融入国民经济和人们日常生活的方方面面，成为推动我国经济高质量发展的重要力量。同时，互联网独角兽企业的社会责任履行情况却没有跟上业绩增长的步伐，网络安全、个人信息保护、大数据"杀熟"等社会责任的履行差强人意。

2.5.1 社会责任理论

1983 年，卡罗尔提出企业社会责任的金字塔理论，认为企业社会责任是一种内化的义务，可以把社会责任看成一种结构，包含四个不同层面，即在特定时期内社会对经济组织（企业）经济上的、法律上的、伦理上的和慈善上的期望。卡罗尔的金字塔理论确实很好地总结了企业社会责任的内容，但随着社会的不断进步及企业组织形式、架构、产品与服务的不断变化，企业承担社会责任的内涵和外延都应不断地予以调整。例如，企业除了应该承担卡罗尔所说的四种社会责任以外，还应对整个社会的价值观的引导、社会的稳定发展、绿色生态的保护、文化伦理的传承与保护、国家整体核心竞争力的提高等方面承担责任。尤其是在全球化的今天，面临各种价值观和不良文化的冲击，国家间竞争加剧，企业如何承担社会责任成为需要关注的焦点。

2.5.2 独角兽企业的社会责任

互联网催生了技术的创新，推动了经济的增长，但这并不意味着可以把资本思维凌驾于公共利益之上。尽管互联网独角兽企业有着超强的"吸金能力"，但关于其社会责任的研究和实践探索处于较初级的阶段。互联网独角兽企业都是代表社会发展趋势、引导社会发展方向的高科技企业，其履行社会责任的意识、观念、意愿和方式，对于整个社会的价值取向、文化伦理及经济持续发展都具有十分重要的影响。近年来，有些专家学者提出的资本大于民生还是民生大于资本的讨论，"导火索"就是互联网独角兽企业发生的一些引发社会公众不满的事件，如顺风车司机引发的安全事故、外卖员交通安全事件、共享单车退押金事件等。当前，以 BAT（百度、阿里巴巴、腾讯）为代表的互联网独角兽企业几乎深入人们生活的方方面面，其行为及所带来的衍生效应对整个社会的长远发展具有深远的影响。由此，互联网独角兽企业在快速吸金的同时，除了为人们提供满意的服务以外，应该履行哪些社会责任，最终实现自身与社会的和谐发展呢？这既是一个现实问题，也是一个重大的理论问题。

1. 经济方面的社会责任

第一，企业层面的经济责任。与传统的社会责任理论一样，企业需要对股东负责，创造更多的价值回报股东。同时，要对员工、顾客及供应商承担责任，如制订长远的员工计划、鼓励员工持股等。企业还应以消费者为中心，积极开发新的产品满足消费者的需求，注意保护消费者的利益。

第二，社会层面的经济责任。既要通过大额的慈善捐助满足社会公众对企业的期待，也要通过多样化的慈善行为或模式创新来满足整个社会对企业的期望。

第三，国家层面的经济责任。互联网独角兽企业要积极纳税，为国家财政作出贡献。更重要的是，互联网独角兽企业要通过技术革新、产品创新及管理模式创新，为国家的产业结构优化、技术升级提供更多的支持和帮助，发挥"标杆效应"和"聚集效应"，推动本区域经济和国家整体经济稳定健康。

2. 法律方面的社会责任

法律方面的社会责任总体上要求互联网"独角兽"企业应遵守国家相关法律和行业及市场的相关规章、制度，诚信合法地经营。具体包含三个方面的内容。

（1）在互联网独角兽企业内部，应按照《劳动法》《公司法》等要求，切实保证员工和股东的根本利益和相应的权利。

（2）从外部来看，互联网独角兽企业应按照行业规章制度规定，合理诚信地参与市场竞争。一方面，既不能为了追求利润最大化利用自身掌握的资源和信息优势搞恶性市场竞争，也要遵循《知识产权法》的要求，尊重知识产权和相应的游戏规则，通过技术创新来提升自身的竞争优势；另一方面，要按照《消费者权益保护法》等法律要求，以为顾客提供满意的产品和服务为经营宗旨，建立消费者的反馈和权益保护机制，不能通过欺诈、诱骗等手段侵害消费者利益。此外，应按照增值税、所得税征缴等相关法律要求，合理报税、照章纳税等。

（3）互联网独角兽企业不应以"钻法律漏洞"为手段实现野蛮成长。由于互联网企业尚属一种新的业态，当前针对互联网企业相关的法律约束机制还不完善，一些企业会在法律尚不健全时以"钻法律漏洞"的方式实现自身的野蛮生长。作为互联网企业中的佼佼者，独角兽企业作出表率，引导和净化行业野蛮生长的风气和氛围。总体来看，法律层面的社会责任对于规范企业行为、保护消费者利益、提升创新能力具有重要意义，也是独角兽企业健康发展的基础和保证。

3. 绿色生态方面的社会责任

（1）产品与服务的绿色生态性，独角兽企业通过产品创新和服务创新推进绿色发展意义重大。

（2）绿色生态观念传播。独角兽企业在给消费者带来方便的同时，会对环境治理、社会管理（如共享单车的乱停乱放等）带来挑战。必须通过公司宗旨、公司战略及公司行为向人们展示其生态保护和绿色发展的意识与理念。

4. 文化伦理及社会价值观方面的社会责任

独角兽企业提供的产品与服务大多与人们日常生活相关，不管是BAT，还是美团、饿了么等，服务对象就是民众。这些平台和企业输出的不仅是产品和服务，还有文化伦理、价值观等一些思想性的东西，这些理念对广大消费者尤其是"90后""00后"等有着十分深远的影响。独角兽企业在满足消费者需要的同时，要有意识地去输出和传播优秀文化、伦理与社会主义核心价值观，引导年轻一代树立正确的人生观与世界观，这事关国家的未来和长远发展。

即测即练

自学自测　扫描此码

第 3 章

我国酒店企业数字化转型进程与发展

> 本章学习目标：
> 1. 理解我国酒店业发展概况与目前存在问题。
> 2. 理解我国酒店业数字化转型发展历程与阶段。
> 3. 理解酒店企业数字化转型面临的主要挑战。
> 4. 理解酒店企业数字化成熟度模型。

3.1 我国酒店业现状

住宿业是生活服务业的重要组成部分，根据国家统计局数据，经过多年高速增长后，2013 年起，住宿业投资从以前高达 30%左右的增速逐步下滑到个位数，个别年份出现负增长。住宿业投资和规模增速随着国家经济的放缓也逐步放缓。与此同时，行业存量资产改造、模式创新、业态创新进入活跃期，产品模式从传统星级酒店为主转向商务酒店+经济型连锁+度假酒店+民宿+租赁式公寓+精品酒店+文化主题酒店等多业态百花齐放，行业发展重心从注重发展规模和速度转向注重品质与绩效，经营模式从单体酒店模式管理向连锁化、线上化转型。同时行业仍存在高质量发展的短板。进入新发展阶段、贯彻新发展理念、构建新发展格局，"十四五"期间我国住宿业高质量发展将进入快车道，迎来数智化、绿色化、多元化、品牌化、连锁化转型，产业结构不断优化、区域分布更加合理，创新发展模式、增加体验服务、丰富产品结构、健全运营渠道、变革组织结构、升级供应链、满足健康消费需求、拓展新兴消费市场、提升资产管理能力等，都将成为酒店业进一步高质量发展的新方向。

3.1.1 我国酒店业整体情况概述

根据《2021 中国酒店业发展报告》，截至 2021 年 1 月 1 日，全国住宿设施总数为 44.7 万家，客房总规模 1 620.4 万间。其中酒店业设施 27.9 万家，客房总数 1 532.6 万间，平均客房规模约 55 间，酒店业设施和客房数分别占我国住宿业的 62%和 95%。

从酒店业设施供给总量来看，酒店业占我国住宿业的绝对主导地位。

（1）从全国酒店城市分析，一线城市酒店客房数约为 154.6 万间，占 10%；副省级城市及省会城市酒店客房数约为 364.9 万间，占 24%；其他城市酒店客房数约为 1 013.1 万间，占 66%。由此可见，从数量上看，我国绝大部分的酒店都分布在除一线城市和副省级城市及省会城市之外的其他城市区域。

（2）从全国酒店档次分析，经济型（二星级及以下）客房数约为 942.4 万间，占 61%；中档（三星级）客房数约为 259.4 万间，占 17%；高档（四星级）客房数约为 223 万间，占 15%；豪华（五星级）客房数约为 107.8 万间，占 7%。由此可见，我国绝大部分的酒店业设施都是低端设施。

（3）从全国酒店规模分析，从客房数分布来看，15～29 间占比 14%，30～69 间占比 31%，70～149 间占比 33%，150 间以上规模的占比 22%。总体来看，占房量 45% 的酒店业设施都是 70 间以下中小型设施，占房量 55% 的酒店业设施规模在 70 间客房以上，70 间房的规模体量是重要的分水岭。

（4）从省一级行政区酒店业设施的客房数量来看，排名前十位的分别是广东、浙江、江苏、四川、山东、河南、云南、湖南、湖北和广西。这 10 个省的酒店客房数都超过了 54 万间，排名第一的广东有 184 万多间客房。

（5）从酒店客房总数来看，排名前十位的城市分别是上海、北京、广州、重庆、成都、深圳、杭州、西安、武汉和长沙，客房总数都超过了 20.2 万间，排名第一的上海拥有约 43.4 万间客房。

（6）为分析全国酒店业整体连锁化率，在全国酒店业设施 27.9 万家中，设定连锁酒店的统计口径是同一品牌 3 家（含）门店以上，全国共计 2 668 个连锁酒店品牌，全国的连锁客房数是 469 万间，非连锁客房数是 1 063.6 万间，酒店连锁化率为 31%，非连锁化率占 69%，酒店品牌化的空间仍较大，发达国家酒店品牌连锁化率可达 60% 以上。

经济型（二星级及以下）的连锁客房数是 238 万间，非连锁客房数是 704.3 万间，经济型（二星级及以下）酒店连锁化率为 25%。中档（三星级）的连锁客房数是 102.6 万间，非连锁客房数是 156.8 万间，中档（三星级）酒店连锁化率为 40%。高档（四星级）的连锁客房数是 71 万间，非连锁客房数是 152 万间，高档（四星级）酒店连锁化率为 32%。豪华（五星级）的连锁客房数是 57.4 万间，非连锁客房数是 50.4 万间，豪华（五星级）酒店连锁化率为 53%。

3.1.2　我国酒店业目前痛点与问题

中国酒店业是全球最大市场，市场规模与需求巨大。从投资者角度来看，相比餐饮、电商、互联网等行业，酒店行业的投资门槛高但收益稳定性强。前期投资金额从百万元、千万元到上亿元不等，头部酒店品牌投资回报周期为4~5年。过去几年，供给侧项目数和在建房间数的持续稳定增长，需求侧的酒店入住率的不断提升，都证明了旅游酒店市场仍是一个欣欣向荣、蓬勃向上的行业。目前发展问题主要体现在以下四个方面，这些问题的存在也直接导致了中国酒店市场品牌价值低、管理落后，以及人才外流的现象（图3.1）。

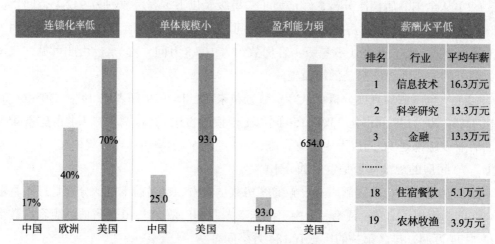

图 3.1　我国酒店业面临的主要问题

资料来源：安永 EY. 酒店业数字化转型加速，如何走出符号自身业务特色的数字转型轨迹？[DB/OL]. (2020-09-03)[2022-03-06]. https://www.sohu.com/a/415112357_676545.

（1）单体酒店规模较小（平均房间数 25 间）。

（2）集团化率低（17%，美国为 70%）。

（3）盈利能力较弱（净利润率 3%，平均单间房收入 98 元）。

（4）薪酬水平低。

新冠疫情进一步加剧了全球酒店行业情况的恶化。尤其对国内众多的中小单体酒店来说，生存环境变得格外艰辛。相比一线城市，二、三线城市的酒店抗风险能力较弱。一些中小型单体酒店甚至无法自保，也进一步削弱了消费者的需求。据统计，2020 年第一季度和第二季度全球各大酒店管理集团每间可售房平均实际营业收入（RevPAR）环比下滑均超过 70%，国内头部品牌每间可售房平均实际营业收入在第二季度虽回暖迅速，但是平均房价相较于第一季度继续下滑。酒店复苏之路仍然艰辛（图3.2、图3.3）。

然而，也有不少酒店凭借着强大的品牌底蕴、过硬的服务质量以及庞大的会员基数，逐渐走出困境。与此同时，智能化无接触服务的应用在疫情期间表现突出，进一步激发了酒店对技术赋能和创新的重视。未来，酒店发展将围绕连锁化、数字化、直销化这三个方面逐步展开（图3.4）。

第 3 章 我国酒店企业数字化转型进程与发展

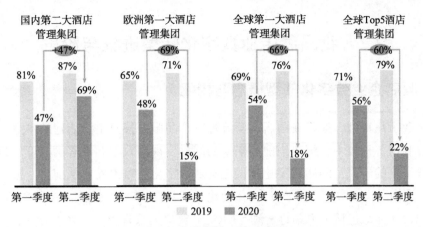

图 3.2　全球酒店入住率情况

资料来源：安永 E Y. 酒店业数字化转型加速，如何走出符号自身业务特色的数字转型轨迹？[DB/OL]. (2020-09-03)[2022-03-06]. https://www.sohu.com/a/415112357_676545.

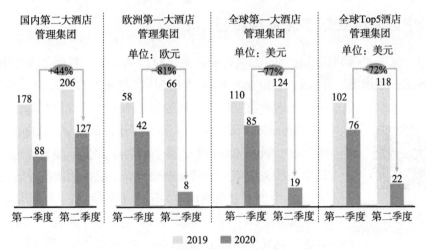

图 3.3　全球酒店集团每间可售房平均实际营业收入（RevPAR）情况

资料来源：安永 E Y. 酒店业数字比转型加速，如何走出符号自身业务特色的数字转型轨迹？[DB/OL]. (2020-09-03)[2022-03-06]. https://www.sohu.com/a/415112357_676545.

经营连锁化	运营数字化	销售直销化
·更充沛的客源 ·降低业主管理压力 ·降低营销、采购等各项成本 ·更高更稳定的RevPAR ·提升酒店品质和客户满意度 ·提高人员效率	·移动化管理应用(to B) ·数字化客户体验(to C) ·共享化的企业内部管理	通过强大会员体系和客户全生命周期管理，打造差异化直销渠道建设

图 3.4　酒店业的连锁化、数字化与直销化

资料来源：安永 E Y. 酒店业数字化转型加速，如何走出符号自身业务特色的数字转型轨迹？[DB/OL]. (2020-09-03)[2022-03-06]. https://www.sohu.com/a/415112357_676545.

3.2 我国酒店业数字化转型进程与阶段

3.2.1 酒店企业数字化转型概念与内涵

酒店数字化转型,就是在酒店运营流程、产品服务甚至是酒店建筑本身等各个方面,综合利用各种技术,解决当前和未来的问题,提高效率和顾客满意度。根据安永对酒店数字化的研究,酒店数字化建设是指从数字化战略出发,从前台业务,包括智能酒店、直销渠道(微信、App 等)、移动化管理等较"轻"且较"成熟"的板块入手,逐渐到中台业务,包括中央预订管理(CRS)、客户关系管理、结算中心等,最后通过数字化手段,从"人、财、物"等深层次角度对企业后台进行整理,最终形成平台化管理模式。

3.2.2 中国酒店业数字化发展历程

从第一家五星级酒店的建立,到全行业信息化时代的来临,再到如今轰轰烈烈的数字化转型,中国酒店业在过去 30 余年的时间中经历了漫长的探索过程。整体来看,中国酒店业数字化的发展经历了两个大的时代,即信息化时代(information technology)和数字化(data technology)时代。尤其在 1999—2021 年,整个酒店业发生了翻天覆地的变化。其中一些关键年份的转折型事件,也成为加速行业转型的关键节点。为便于更清晰了解不同时间段内的发展历程,结合 Centric Digital 的《商业新模式:企业数字化转型之路》一书中对数字化转型阶段的描述,进一步将这两个大的时代细分出三个发展阶段。

扩展阅读 3.1 中国酒店业数字化发展历程高清图鉴

1. 第一阶段,信息化发展(1999—2018 年)

酒店业营销从传统的线下转移到线上。在这个发展周期内,酒店业信息化建设基本完成,但数据效能还未被激发,行业对数字化转型认知也不够充分。

2015 年之前,在互联网大浪潮的席卷下,酒店业营销开始大量从传统的线下转移到线上。在电子商务大行其道的年代,网上预订已成为酒店最基本的信息化步骤。从 2015 年开始,酒店技术发展迈入关键时期,行业的数据意识开始崛起。在未来几年的时间中,对客技术和效率提升类技术开始应用。线上化、移动化、无线技术和大数据,是这一发展阶段的主要代表技术。

2. 第二阶段,数据化&平台化阶段(2018—2021 年)

行业迎来了技术应用的爆发期。在以自助机、区块链、物联网、机器人等为代表的技术赋能下，行业的营销环境发生了剧变，中国酒店业数字化转型进入加速期。

2018年，整个酒店行业迎来了技术应用的爆发期。也正是在这一年，石基集团首次提出了"酒店业数字化转型"概念。由阿里巴巴集团打造的全国首家未来酒店菲住布渴，成为行业内里程碑式的大事件。通过物联网与智能技术的应用，该酒店实现了AI智能服务与全场景身份识别。"去前台化"的概念也在酒店行业进一步深入。

在这一发展阶段内，整合行业的营销环境发生了剧变，经历了交易类电商、内容类电商到短视频电商的迭代。酒店也在积极布局新零售场景，打造差异化竞争优势。受疫情影响，酒店业在数字化变革上更为积极和开放。从直播带货营销，到拥抱"无接触服务"，传统意义上的酒店形象开始逐渐被"颠覆"。

3. 第三阶段，数智化阶段（2021—2026年及以后）

未来5年，整个酒旅行业的营销数字化将进一步加剧，数据价值的优势也将进一步凸显，线上产品极大丰富，线上渗透率预计将进一步提升至70%~80%。数字孪生将在未来更多赋能酒店数据可视化场景建设。

数字化已然成为企业转型升级的主流趋势，聚焦当下，不少国内外企业已经尝到了数字化转型结出的"甜蜜"果实。比如华住集团在旗下约5 000家酒店上线"30秒入住，0秒退房"服务，并通过数字化改造重塑了前台接待、客房服务、采购等流程，降低了运营成本，提升了运营效率和质量。2021年，携程首个官方品牌「星球号」正式开通，聚合品牌产品、内容和活动；抖音正式加入文旅产业，重点发力酒旅市场；航旅纵横也新增添酒店预订业务……品牌化建设和营销成为行业眼下新的发展趋势。

凯悦酒店集团在疫情期间发起了Stay Like a Local活动，面向本地市场推广凯悦餐饮等本地服务。凯悦首先选择了那些疫情恢复良好的城市，然后通过与Google合作，结合自身会员数据，面向酒店周围5千米范围内的本地客群发布广告信息，达到了良好效果，实现了精准获客。英国洲际酒店集团基于住中场景价值挖掘了一套云架构平台IHG Connect。通过这套体系，洲际能够更好地了解房内设备使用情况，了解宾客偏好（如最喜爱的电视频道）、追踪客房服务效果和完成情况，并能够追踪电视出现的酒店促销点击率。此外酒店的客人还可以直接使用IHG优悦会积分抵扣酒店内产品或服务，大大提升了酒店的经营管理效率和宾客体验感。

但能尝到数字化"甜头"的毕竟是少数，根据石基信息发布的《2021年中国酒店业数字化转型趋势报告》中显示，仅少部分领军企业处于数字化"沉浸期"，绝大部分酒店仍处于"反应期"。

3.2.3 酒店业数字化展望

人工智能、物联网、5G……创新技术的普遍应用，使得全球酒店行业数字化相对较为保守与传统的局面将被逐渐颠覆。而在未来的服务场景中，新技术的应用也将重新赋能酒店业的发展。主要体现在以下三个场景中。

1. 会员体系联盟化

当前各行各业会员体系数量井喷，却又良莠不齐。随着国内客户数据安全规范化、区块链的商业应用，会员体系联盟化将成为必然趋势。此外，酒店拥有大量优质却又单一的会员数据，会员积分货币化、流通化将是未来酒店会员管理的重要课题。

2. 收益智能化

收益管理作为酒店管理的核心职能，当前主要利用"历史数据""经验"和"模型"开展工作，利用人工智能、大数据和算法支撑的智慧化收益管理体系将改变酒店定价逻辑与结构。

3. 管理平台化

酒店数字化建设是从数字化战略出发，从前台业务，到中台业务，直至对企业后台深层次整合，最终形成平台化管理模式。

新冠肺炎疫情后，各行各业都打开了加速数字化转型的"潘多拉宝盒"。餐饮、教育等这些我们传统认为注重线下体验的业态，他们的"到店"模式逐渐被"到家"模式取代。对于"本地化系数"较低的酒店业来说，无法通过数字化被"到家"模式颠覆，但酒店业会走出符合自身业务特色的数字化转型的轨迹。5G技术、区块链将从财务风险管理、供应链时效、业主信用背书等多个维度，帮助酒店管理集团进一步优化现有：供应商管理、订单、生产、配送时效、酒店库存全链路打通；供应链金融：风控、信用、评级等；业主管理：物业线索管理、业主关系管理、物业能耗管理。酒店业是国内促进消费的重要支柱性产业，酒店业从创新业态、数字经济、区域性经济发展入手，用数字化"重启"在疫情中几近停摆的业务，用智能化加速构建内外结合的经济循环，成为扩大内需、提振消费、保障民生的"加速器"。

视频 3.1 重塑酒店行业的消费者体验

3.3 我国酒店企业数字化转型现状与挑战

3.3.1 酒店企业数字化转型主要驱动力

对于酒店业来说，数字化的大门已然打开。酒店业每一个阶段的信息化发展都有其特点，20 世纪 80 年代以 PC 为核心，90 年代出现了互联网，2006 年之后出现了云计算,智能移动设备开始占据生活工作的方方面面,再之后是社交媒体时代。现在我们步入全面的数字化时代,尤其是疫情的影响,助推了这一趋势的落地。

酒店企业为什么要做数字化转型呢?纵观整个酒店行业的过去与现状,在早些年,酒店行业为入住顾客提供了基于先进信息技术等的优良体验,比如国际电话、高速上网、网络电视以及电子监控等,作为酒店从业者也能够使用先进的系统管理酒店。反观现在的酒店行业,提供的科技服务并无实质性进展,且内部系统技术落后,可代替性的重复性工作仍在人工处理,各方面管理系统独立运营,无法有效统一沉淀数据,进行有价值的数据分析工作。同时酒店为了生存,各种配套低价销售,同质化竞争相当严重。一些酒店也意识到数字化转型的重要性,但局限于认知力,往往认为购买一些自动化设备,或者将纸质流程转为线上就是数字化。企业由线下转线上只是数字化转型的第一个阶段,其后数据化、智能化的两个阶段才是数字化转型的核心。

特别是在疫情期间,线上线下一体化的服务得到消费者的关注,一些适应能力强的酒店早早就开启了新的运营模式,比如智能机器人零接触服务、开退房数字化场景服务等,另外在疫情大趋势下消费者在云旅游、云购物、云娱乐等方面大幅上涨,在一定程度上也在倒逼酒店数字化转型来为消费者提供更好的服务,以吸引疫情后期酒店的入住率。酒店数字化转型势在必行。

酒店企业已经认知到数字化转型的必要性、重要性,数字化转型已成为行业级重要战略。酒店企业普遍认为数字化会从各维度优化或颠覆企业经营的各个方面,主要包括提高营业收入、改善营销策略、提高运营效率、改进产品服务和优化客户体验以及保持市场竞争力(图 3.5)。

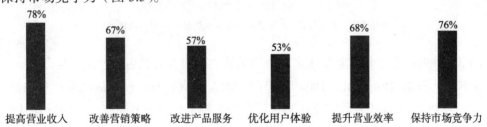

图 3.5　酒店企业数字化转型主要驱动力

资料来源:中国酒店业数字化成熟度调研,环球旅讯,2021 年。

3.3.2　酒店企业数字化转型主要挑战

根据石基信息发布的《中国酒店业数字化转型趋势报告》(2021),中国酒店企业数字化转型主要面临五个挑战。

(1)数字营销已是未来趋势,但目前酒店企业的数字营销投放依然以 OTA(在线旅游）为主。数字营销渠道包括社交媒体、手机端（如信息流广告）、付费搜索（SEO/SEM）（搜索引擎优化/搜索引擎营销）、视频、私有交易市场、程序化购买和OTA。对于酒店行业来说，一方面，疫情加速了线上渗透，如短视频、直播等各种策略极大地丰富了酒店企业营销渠道矩阵；但另一方面，酒店企业数字营销生态的构建并不完善。整个亚太区域同世界其他区域的显著区别在于，酒店营销的预算主要投放在了 OTA 渠道，即便酒店有预算，但由于收益不可控性，对于社交媒体和 KOL/KOC（关键意见领袖/关键意见消费者）的投放也持有谨慎态度。而美洲和欧洲等其他区域的数字营销主要投放在了社交媒体和付费搜索方面。

（2）云计算是大势所趋，但目前酒店企业 PMS 的云化率仅为 35%。2017 年智研咨询网发布的《2019—2025 年中国酒店及酒店管理行业市场竞争格局及未来发展趋势报告》数据显示，全球已安装 PMS 的酒店中，仅有少部分酒店采用了云 PMS 架构。在云 PMS 占比最高的英国和美国，大概占比在 30%，德国仅 8%（图 3.6）。预计全球大型酒店的 PMS 云化占比可能要小于 30%。

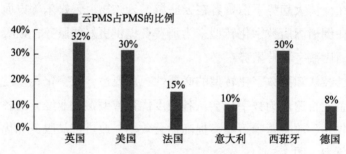

图 3.6　全球酒店业云 PMS 占 PMS 比例

资料来源：石基信息. 中国酒店业数字化转型趋势报告[R]. 2021.

（3）顾客的数字化体验是未来竞争力的核心，但少有酒店企业认为自己在这方面表现出色。根据 Dimension Data 发布的 2017 年 *Customer Experience Benchmark Report*，81%的顾客认为数字化体验将成为未来差异化竞争力的核心，但只有 13%的企业认为自己在这方面能够达到 9/10 分或超越竞争对手。对于酒店行业来说，实现顾客的数字化管理应该贯穿于远场、近场、中场、零距离几个阶段（图 3.7）。从这几个场景来看，近些年我国酒店对于近场和零距离场景下的顾客数字化体验比较重视且取得了效果，但远场和后场的用户管理和运营水平依然有待提升。从集团层面来看，大多数本土酒店集团已经开始致力于数据集中化，将数据驱动作为未来首要的数字化转型目标。其中一些领先的国内酒店管理集团已经完成业务数据中台和产品中台的搭建，开始进入下一阶段的价格集中化和用户数据集中化阶段。酒店管理集团需要储备用户运营和数据分析人才，构建数据分析和洞察能力，实现用户体验数字化渗透的进一步提高，全面深入支持决策。

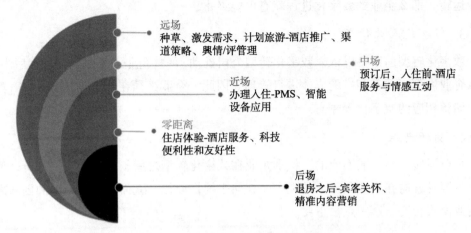

图 3.7 酒店企业顾客数字化场景

资料来源：石基信息. 中国酒店业数字化转型趋势报告[R]. 2021.

（4）酒店企业已进入数字化转型新赛道，但人才体系和组织架构对于数字化企业的实现还有距离。根据钱德勒的"结构追随战略"理论，数字化转型的成功与否取决于组织结构能否匹配、支撑数字化战略的实现。同时酒店企业关键决策人，是数字化转型的重要智慧核心，掌握数字化转型的实践方法尤为重要。精准理解"数字化转型"，正确推动与实施"数字化转型"的核心要素是结构与人。

（5）酒店企业数字化转型两极分化严重，弯道超车和害怕改变同时存在。数字化时代为企业决策者带来了更多考验，数字化浪潮席卷至今，领先酒店集团已经率先起航，在云计算应用、数据分析以及数字化顾客体验方面取得了实质性进展，并已明确阶段性目标和转型思路，而还有大部分的酒店企业，虽然具备了转型意识，却心怀顾虑、踌躇不前。是否有勇气迎接变化、打开新思路，敢于决断，是目前酒店企业必须面临的挑战与选择。

3.3.3 数字化转型四要素

1. 有远见的企业负责人

不是人云亦云，不是心血来潮，负责人是企业的掌舵人，企业是否需要数字化转型，以及企业数字化转型能否成功，这都是需要企业负责人有前瞻性和能力，只有正确地运用数字化转型平台和工具，才能带领企业走进数字化转型的行程中。

2. 计划永远在行动前

企业负责人做事是否有计划，遇到突发情况是否有预备计划，危急时刻是否能力挽狂澜，这些都是考量一个企业在数字化转型中能否突破困难走向成功的关键，因为数字化转型是具备颠覆性，运营策略和管理模式都在发生转变，如果不能很好地协调企业运转，那么企业的数字化进程就有可能终止。

3. 数字化人才储备

数字化转型前期可以依靠数字化转型公司推动，一旦企业进入数字化进程后半段，那么企业内部必须有相应的人才进行管理。因此，企业必须在数字化转型进程开始时就要储备相应的数字化人才。

4. 创新思维

企业运转不是一成不变的，特别企业在数字化转型之后，透彻的数据分析，使得商机更容易暴露在企业负责人的眼中，如何去捕捉商机，就需要企业内部的创新思维和商业模式转变，这一点很重要。

3.3.4 酒店企业数字化转型建议

数字化转型是一件很难的事，对于劳动密集型且业务流程复杂的酒店企业来说，尤其如此。如何构建对数字化转型的系统认知，如何设计和规划适合企业自身的数字化转型路径，是大部分酒店在数字化转型进程中普遍遇到的问题。面对数字化时代的挑战和机遇，无论是个人还是组织，只有两个选项：要么乘风破浪，要么被淹死。数字化转型重要性不言而喻，意义深远，但是，数字化转型是个系统工程，不同类型的酒店企业战略目标不同、数字化基础不同，如何全面地、结构化地思考适用自身的数字化战略、数字化路径？星级酒店，尤其是我国品牌星级酒店，如果能够凭借数字化转型实现弯道超车，将从根本上提升全球竞争力。

（1）数字化的本质在于持续提高效率与推动创新，这是酒店经营者要思考的根本问题。只有深刻洞察了数字化的本质和数字化的目的，数字化为什么服务，才会明晰酒店企业的数字化转型到底是什么？数字化是解决问题的手段，而不是真正的目的，真正的目的是数字化能改变现在传统做事方式的效率效果。另外，数字化的本质是辅助企业更好地在规模化条件下达到更好的经营效果。所以规模化是很重要的，没有规模化，数字化价值很小；只有在达到一定规模时候，才可能实现价值。

（2）数字化转型的核心是数据，数字化最重要的任务是管理好数字资产。数字化是把物理世界映射成数字世界，酒店行业的数字化转型过程非常艰难和漫长，很多企业在数字化转型实践中，借着数字化转型噱头来推广自己产品及品牌。有些酒店企业认为，采购一套系统，使用某个自动化设备，或者说把原来一些纸质流程变成电子化，就是数字化，这是对数字化转型的片面认知。数字化转型的核心是数据，通过数字技术挖掘数据的价值，从而应用到企业营销、服务、运营、管理等过程中，实现企业的数字化转型。

（3）数字化转型是个系统工程。数字化一定基于业务，但它不只是一个单纯的技术支持和简单的业务赋能。数字化转型是长期工程，要有战略眼光，放到未来3~5年甚至10年的角度看待。数字化转型成功的企业，大多有一以贯之的数字化战略。所有数字化战略都是围绕公司目标进行，这是数字化前提。

（4）任何转型升级都是困难的，酒店企业的一把手能否作出改变，是否具备长远的战略眼光，十分关键。数字化转型与生俱来就是在迭代中学习、进化。数字化转型失败主要有两个原因：一是认知偏差，就是对数字化理解比较片面化，以为只是采用数字技术及其应用，仅是运营方面的数字化，没有意识到是整个组织的数字化。数字化转型需要统一部署、集中投资，其中还会涉及组织结构变化、人才需求变化、运营流程变化，甚至还要考虑投资回报率。二是路径错误，数字化转型必须是一把手工程。需要部门间合作协调，但"一把手"必须"挂帅"推进。

3.4 酒店企业数字化成熟度模型

酒店企业作为传统行业，数字化转型相对缓慢，不同类型的酒店企业数字化进程参差不齐，差距非常大。2020年是数字化转型元年，疫情给数字化按下了快进键，很多旅游企业意识到：数字化不仅关乎效率高低，更关系到企业持续竞争能力和抗风险能力。

3.4.1 数字化成熟度相关研究

数字化成熟度是一种企业能力成熟度。能力成熟度模型（capability maturity model，CMM）是由卡内基梅隆大学软件工程研究院发布。该模型起源于计算机软件行业，主要用于指导软件开发组织不断完善软件的概念、量化、运行、测试以及升级等过程，使得软件开发管理逐步从混乱的、不成熟的过程走向规范的、成熟的开发过程，在软件企业的应用中获得了巨大成功。它构建了具有动态性和持续演进性的标准，其适用范围逐渐扩大。企业数字化同样是为实现特定目标和能力的演进发展，不断优化资源以达成企业转型升级的动态过程。近年来，数字化企业体现出更强的智能能力（配置硬件组件在低人为干预下感知和捕获信息的能力）、连接能力（通过无线通信网络连接数字化产品的能力）和分析能力（将现有数据转化为公司和客户的宝贵见解和可操作指令）。

近几年，关于数字化成熟度的相关概念逐渐确立，但在不同的文献中仍存在几个相近的术语，如"数字准备"或"数字转型指数"等。Chanias和Hess将数字化成熟度定义为"企业数字化转型的现状"，该定义中"成熟"一词用于描述企业在数字化转型过程中的完成程度。Kane等认为数字化成熟度分析的意义是指导组织如何系统地准备从而适应持续的数字化变革。部分学者如Chanias和Hess、Remane等以及Berghaus

和 Back 将数字化成熟度分为数字化就绪度和数字化强度，并依据这两个维度建了数字化成熟度二维矩阵。王核成等将数字化成熟度概念细分为三个层面：数字化就绪度（组织对数字化的准备程度）、数字化强度（组织基于数字技术的转型表现）和数字化贡献度（组织实施数字化转型后的绩效表现）。

3.4.2 酒店企业数字化成熟度现状

根据 IDC（International Data Corporation，国际数据公司）对中国、美国、全球数字化转型研究的情况，将数字化转型的成熟度分为五个阶段（图 3.8）。

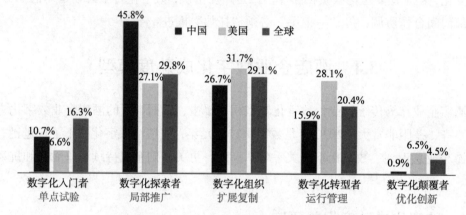

图 3.8　数字化转型的成熟度阶段模型
资料来源：石基信息. 中国酒店业数字化转型趋势报告[R]. 2021.

（1）中国相对于美国和全球而言，在第四、第五阶段还是有一定差距。在第四阶段，中国只有 16%，美国将近 30%，全球平均 20%。第五阶段，中国只有 0.9%，全球平均是 5% 左右。大多数中国酒店企业应该还处在第二阶段局部推广的数字化探索者阶段。

（2）从发展阶段来看，整个酒店业也还似乎远没有达到 IDC（互联网数据中心）定义的 2020 基本实现数字化的阶段。这一阶段的标志性特征在于 50% 的技术支出与信息和数据相关。行业整体尚未完成云化布局，还有相当大的技术投入在于老旧的系统维护和集成，这也是导致行业创新不足的原因之一。

（3）酒店业在数字化收入方面走得是比较靠前的。早在 20 世纪 90 年代初，酒店业就开始了电商业务，是最早开始线上交易的行业之一。由于新冠肺炎疫情，整个行业的线上收入又得到了进一步提升。可以说，行业整体收入线上渗透率达到了不错水平，但数字化创新所涉及的范畴远远不止这些。

从广义层面上来说，数字化转型涉及领导力转型、全方位体验转型、信息与数据转型、运营模式转型和工作资源转型五个方面。酒店业的数字化依然停留在单点层面，比如房间内的场景创新、单一业态内的运营数据集成等。若实现由点到线再到面的布局，依然还有很长的路要走，这可能涉及酒店业运营前后台整体的流程再造、完善的数字化运营团队打造、用户全生命周期运营体系构建、人力资源数字化管理等（图3.9）。

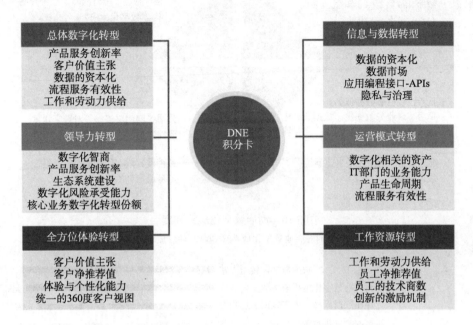

图 3.9 评估数字化转型成熟度和绩效的 DNE 计分卡
资料来源：石基信息. 中国酒店业数字化转型趋势报告[R]. 2021.

3.4.3 酒店企业数字化成熟度模型构成

基于酒店在数字化认知和转型实践中遇到的问题和困惑，根据《中国酒店业数字化成熟度研究报告》构建的数字化成熟度模型，识别处于不同数字化时期的酒店企业特征，明晰酒店自身数字化能力和数字化阶段，定位数字化转型路径。

（1）"数字化成熟度模型"，从数字化战略、数字化技术、数字化协同、数字化组织四个维度解构"数字化成熟度"（图3.10）。酒店企业可以通过维度和指标对照整体行业以及自身企业的数字化能力和数字化阶段，定位行业数字化现状及企业数字化转型方向。

（2）"缺乏数字化战略规划和设计""不确定数字化转型投入产出比，无法衡量转型成效""业务和技术协同度低，数字化执行与企业整体战略脱节""存在数据孤岛、多方数据信息割裂"是数字化认知期和试水期酒店当下面临的主要问题；处于数字化进展期和成熟期的酒店，有待突破的主要挑战是"缺少自上而下的组织架构和文化支持""缺乏数字化转型人才"（图3.11）。

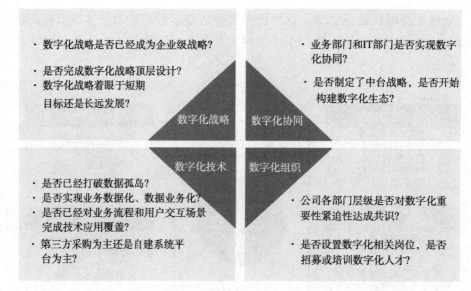

图 3.10　酒店数字化成熟维度

资料来源：中国酒店业数字化成熟度调研，环球旅讯，2021 年。

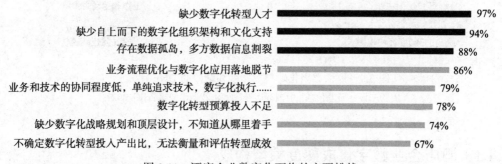

图 3.11　酒店企业数字化面临的主要挑战

资料来源：中国酒店业数字化成熟度调研，环球旅讯，2021 年。

（3）酒店企业数字化成熟度阶段（图 3.12）。

①处于数字化认知期的酒店感受到数字化的冲击，认知到数字化的重要性和必要性，但还没有或尚未开始作出努力进行数字化转型。处于这个阶段的酒店，以单体酒店和体量规模较小的连锁酒店为主。数字化基础薄弱，大部分尚处于信息化阶段，多渠道数据未打通和关联，数据孤岛问题明显。对数字化缺乏系统认知，对数字化投入产出回报不明晰，业务和 IT 部门的数字化计划与企业战略脱节，找不到能结合实际业务出发的最佳出发点。

②处于数字化试水期的酒店认知到数字化的重要性和紧迫性，正在作出努力进行数字化转型。数字化处于单点试验阶段，具备初步的数字化基础，但对于数字化的理解比较片面，认为数字化仅是纯粹地采用数字技术以提升营收或优化运营，尚未认识到数字化是从公司到业务到组织的系统性工程，缺乏数字化战略规划顶层设计。数字

第3章 我国酒店企业数字化转型进程与发展

阶段&维度	第1阶段 认知期	第2阶段 试水期	第3阶段 进展期	第4阶段 成熟期
数字化战略	没有或尚未开始作出努力进行数字化转型	正在作出努力进行数字化转型,但仅限于战术层面,缺乏战略规划和顶层设计	制定了数字化战略,但着眼于短期	拥有以数字化方式创新的整体战略,利用数字化的方式解决业务问题和实现商业价值
数字化技术	多渠道数据尚未打通和关联	部分渠道或系统数据实现打通,但整体仍存在数据孤岛问题	基本解决数据孤岛问题且能够基于业务需求进行数据分析和可视化展示	建立了业务数字化体系,用数据驱动业务,实现业务的精细化运营
数字化协同	业务和技术的协同程度低,业务和IT部门的数字化技术与企业战略脱节	业务部门和IT部门尝试进行数字化协同,但未取得明显成效	业务全局视角贯穿业务链,构建了支撑业务优化的数据链路闭环	以人为中心打造智能协同体系,形成人与人、人与事、人与物等之间的智能协同
数字化组织	没有或尚未有计划设置数字化岗位,缺乏数字化规划和执行相关人才	有计划构建或招募数字化相关岗位职能和人才	招募或培养了数字化相关岗位人才,但人才不能完全匹配数字化转型需求	从公司层面形成统一数字化领导力,组织推动公司的数字化转型

图 3.12 酒店企业数字化成熟度阶段

资料来源:中国酒店业数字化成熟度调研,环球旅讯,2021年。

化技术系统以采购第三方平台为主。部分数据实现了打通,业务部门和 IT 部门尝试进行数字化协同,但未取得明显成效,业务和 IT 部门的数字化计划与企业经营战略脱节。一把手或部门负责人认知到数字化的重要性,但企业内部缺乏对数字化转型的整体共识,部分部门或层级对数字化转型的推进构成较大阻力;缺乏数字化规划和执行相关人才,有计划构建或招募数字化相关岗位职能和人才。

③处于数字化进展期的酒店,数字化战略已成为企业战略的重要部分,数字化处于局部推广阶段,部分业务经营环节实现数字化,取得阶段性成果。数字化核心系统采用自建模式,非核心系统采用与第三方服务商合作开发或直接采购模式。部分业务和运营数据实现了统一口径并进行跨系统的集成,数据采集自动化。协调统一了 IT 部门和业务部门的数字化目标,基本构建了支撑业务优化的数据链路闭环。认知到中台是数字化转型的基础和保障,有计划逐步构建数字中台。数字化已成为企业一把手工程,设有专门负责数字化转型的职能角色或岗位。各部门层级对数字化转型的重要性和紧迫性有一定认知,但公司层面尚未形成统一的数字化领导力。

④处于数字化成熟期的酒店,拥有以数字化方式创新的整体战略。数字化能力行业领先,全渠道数字化开始实现,数字化生态开始形成。公司各经营业务系统基本实现了全流程全链路的"业务数字化",已搭建数字中台,实现了跨场景跨部门的打通关联。企业从公司层面形成统一数字化领导力,组织推动公司的数字化转型。构建形成了从科级制组织转向智能化组织新的组织架构,正在用数字化的手段实现人与人的连

接、组织与人的连接，以及系统与人的连接。处于这一阶段的酒店，正在搭建或已经搭建了数字中台，实现了"业务数字化"的全域数据融合，未来将着力"数字业务化"，将数据资源转变为数据资产，数据驱动业务，以实现持续的业务和商业价值创新。

3.5　酒店企业数字化运营环境构建

数字化运营是指企业基于数字化管理模式下的运营过程。数字化管理是指利用计算机、通信、网络等技术，通过统计技术量化管理对象与管理行为，实现研发、计划、组织、生产、协调、销售、服务、创新等职能的管理活动和方法。具有三个特点，即数字化、可视化和智能化。受新冠肺炎疫情影响，各行各业都加快了数字化转型的步伐。

酒店开展数字化运营工作，不是简单地通过局部的智能化管理或建立数据分析体系就能够完成的，而是一项复杂的系统工程，需要从数字化计划、数字化技术、数字化协作和数字化组织四个方面来完成。也就是说，酒店只有制定了由这四个方面组成的数字化实施战略，并配套实施细则，才有可能创造出数字化运营环境，开展数字化运营工作。

3.5.1　数字化计划

数字化计划是指酒店为实现数字化运营所制定的战略和战术计划，包括投资预算、项目内容、完成时间、目标效果等。

计划制订中应结合酒店实际，在现有信息化工作的基础上来完成。对酒店而言，无论档次高低或规模大小，其核心产品都是食、宿、娱，数字化运营要围绕着这三个核心产品来制订计划，从而达到从品牌、服务、营销到收益的全方位提升。例如，客房服务的数字化运营工作要体现在从客房部门的管理到与前台、工程、保安、财务等部门的协调，包括 OTA 平台的客评管理，都要形成高度一致的数字化运营管理体系，并通过信息管理系统把各自碎片式的数据整合起来，通过可视化或智能化等方式为酒店提供管理决策服务。

3.5.2　数字化技术

数字化技术是指通过应用数字化互联网技术、大数据和计算机软件系统来为酒店提供运营管理服务。

酒店是以提供服务产品为主的企业，无形的服务产品占有较大的比重，无论是前台、客房、餐饮还是康乐服务，最大的特点是顾客参与到这些服务产品生产的整个过程当中，而不是由服务人员单独来完成这些产品的生产，这一点与制造企业不同。例如，顾客到餐厅就餐，从引领顾客入位到顾客用完餐后离开，整个服务过程体现为点菜、倒茶、上菜、收盘和结账等，自始至终都是由服务人员和顾客共同来完成的。正是这一特点，形成了酒店不同服务产品之间的属性存在着一定的差异，由此分设出前厅、营销、客房、餐饮、康乐等直接服务于顾客的一线部门和工程、保安、人力资源、财务等二线保障部门。

在数字化技术的应用中，每个部门都应该有适合工作需要的信息化管理系统，如前台的 PMS（酒店管理系统）、收益管理部门 RMS（收益管理系统）、营销部门 CRS（中央预订系统）、餐饮管理、财务管理以及人力资源 HRM 等信息化管理系统。除此之外，营销和收益管理还需要 OTA 等在线分销系统大数据的分析工具，以此来进行精准营销和灵活定价。由此看出，数字化技术的运营仅仅依靠酒店自身是无法完成的，需要在设立信息化技术部门的基础上，通过与信息化系统制造商合作来共同完成这项工作。对酒店集团来说，一般都有信息化技术管理部门，并设有 CIO 岗位，具备一定的运营基础；但对单体酒店而言，由于信息化技术管理的基础薄弱，要完成数字化技术运营的转型，还任重而道远，需要逐步来实施。

3.5.3 数字化协作

数字化协作是指如何使酒店各个部门的信息化管理系统有效地对接并形成一个整体。数字化协作工作，是将酒店不同部门和不同产品从两个维度来实现整体的统一，以此优化工作流程，降低成本费用和提高工作效率。这项工作的难点不在于部门和产品之间的系统技术对接层面，而是在于不同岗位人与人之间通过数字化链接的工作协调。如何打破原有固化的传统管理模式，使不同部门人员之间的数字化运营工作协调一致，才是要解决的关键问题。例如，数字化信息系统会根据酒店客房数量的多少和房间面积大小来核定客房服务人员的编制和规定打扫每一间房的合理时间，以此通过优化用工来降低人工成本；当顾客向服务中心报修空调不制冷后，系统也会很快作出反应，要求工程人员在规定的时间到达房间并开始维修等，都需要酒店工作人员来适应新的技术管理模式。

3.5.4 数字化组织

数字化组织是指在数字化运营战略实施中所要建立的酒店集团或酒店针对这项工作的最高管理组织。对酒店集团来说，这一组织可能是集团组建的数字化运营管理部门，也可能是信息技术管理部门，而在单体酒店，应该由总经理牵头成立数字化运营小组，成员由不同部门的负责人组成，推动数字化运营工作的开展。同时，还应设立信息化管理部门或岗位，配备专业人员，负责数字化运营工作的技术和协调。

扩展阅读 3.2　2022 年中国酒店业数字化转型趋势报告——速赢制胜

即测即练

自学自测　扫描此码

第 4 章

企业信息系统发展及演进

本章学习目标：
1. 理解企业信息系统发展历史、现状及问题。
2. 理解数据中台和业务中台的概念、内涵与作用。
3. 理解中台组织架构及特征。
4. 理解酒店企业中台战略实施情况。

4.1 企业信息系统现状

4.1.1 烟囱式系统架构

在高度信息化的今天，企业从生产到销售的各个环节都已经离不开 IT 系统支持，并且这些系统也不是孤立的，它们之间往往需要进行交互或数据传输。随着 IT 系统的增多，系统间交互越来越密集，企业 IT 系统就会形成一种生态，这种早期自然形成的 IT 生态一般具有如下特征。

（1）应用系统都是独立建设和维护的，拥有各自独立的数据库和前后台。
（2）系统与系统之间的交互呈现点对点的网状结构，难以梳理和维护。
（3）在引入新系统时，需要与所有关系系统集成，开发、协作与沟通成本非常高。
（4）系统之间经常会出现功能上的重叠，重复建设的情况比较普遍。

以上这些问题在很多企业的 IT 生态里普遍存在，人们给这样的生态系统起了一个很形象的名字：烟囱式系统架构。

4.1.2 点对点式的集成系统

企业业务流程是一个连贯的有机整体，映射到 IT 系统就需要相互之间进行对接，特别是业务流程上的上下游系统之间。当一个系统需要与另一个系统交互时，人们自然会围绕这两个系统设计解决方案，很少会站在全局思考整体的生态问题。所以结果就是，凡有交互需求的两个系统，就会在它们之间建设一条通道，并且这些通道会使用不同的协议和数据格式，进而形成了"点对点"式的生态。

点对点式的系统集成是在缺乏宏观生态治理下自然形成的，是很多企业特别是传统企业 IT 现状的写照，它有非常明显的缺点：每个系统都需要针对对接的系统提供不同的协议和数据接口。当有新系统要融入这个生态时，要和每一个系统商定对接的协议和格式，集成的成本非常高。

4.1.3 重复建设

烟囱式的生态环境带来的另一个问题就是重复建设。IT 系统规模越大，这个问题就越突出。重复建设并不体现在系统级别上，而是在系统的功能层面上。一般来说，最容易被反复开发的功能有如下三类。

（1）业务上处于上下游关系的两个系统在业务边界上的功能。
（2）多种渠道上的同类型业务功能。
（3）基础设施或公共服务类的功能。

从管理的角度看，由于功能重叠的应用可能服务于不同的业务部门，在多数情况下，人们倾向于选择在组织内部解决问题，即使双方有合作意愿，但组织与协调工作依然不可避免。虽然企业 IT 部门可能是最适合从中发挥作用的角色，但是由于受到工期、组织架构等多种因素影响，这种重复建设是很难避免的。重复建设会带来如下问题。

（1）资源浪费。
（2）标准不一。
（3）同类型业务数据离散分布，既有冗余，又可能出现数据不一致的情况。

4.1.4 阻碍业务沉淀发展

从企业角度看，烟囱式生态环境所带来的问题在于，削弱了企业沉淀业务与再发展的能力。烟囱架构下，企业的业务能力会分散到不同的应用系统中，这些系统大多已经进入维护期，当上层业务要求对系统进行改造和提升时，维护团队的响应往往不尽如人意。一方面改进系统并不是维护团队的核心 KPI（关键绩效指标），他们最重要的目标是确保系统稳定运行，不出事故；另一方面，即使他们又改造升级的意愿，受限于原有服务在设计上缺乏前瞻性和灵活性，如果要满足新需求需要对现有服务接口做较大改动，这会影响现有业务的正常运行，工作量和风险都很大，所以很多团队选择了放弃。最终，业务沉淀和革新就会因配套系统的制约而搁浅。

视频 4.1 不了解数据中台，工作都不好找！

4.1.5　烟囱架构案例：会员管理

通过下面会员管理系统案例，可以清晰地看到烟囱式生态系统是如何形成并蔓延的。对于生产和销售面向 C 端产品的企业来说，如酒店企业旅企，如何建立并维持企业与终端消费者（也包括潜在消费者）之间的关系非常重要。为此，企业都会建立自己的客户关系管理系统，即 CRM 系统管理自己的顾客，构建会员体系，提高顾客满意度和用户黏性。以往线下零售是 C 端产品的主要销售渠道，因此 POS（point of sale）系统就成为会员注册的主要入口。很多 POS 系统都有会员管理功能，销售人员可以在 POS 机上为消费者完成会员注册、积分查询与兑换礼品等操作，这些功能一般放置在 POS 系统的"会员管理模块"（图 4.1）。

图 4.1　阶段一：初期基于 POS 系统的会员管理

资料来源：耿立超. 大数据平台架构与原型实现：数据中台建设实战[M]. 北京：电子工业出版社，2020：32.

后来企业引入了 CRM 系统专门进行消费者信息的管理和会员体系建设，POS 系统的会员管理功能让位于更加专业和强大的 CRM 系统。在 CRM 建设过程中，POS 系统团队需要深度参与，配合 CRM 系统制定会员管理相关的数据交互协议与格式。由于项目只牵涉 POS 与 CRM 两个系统，接口方案很快就可以敲定并付诸实施。改造完成之后就形成了阶段二的会员生态（图 4.2）。

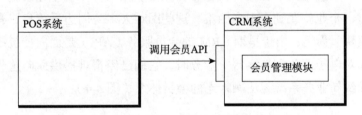

图 4.2　阶段二：引入 CRM 系统后的会员生态

资料来源：耿立超. 大数据平台架构与原型实现：数据中台建设实战[M]. 北京：电子工业出版社，2020：32.

再后来，企业又引入客服系统，消费者除了可以在门店查询和行使会员权益，还可以通过电话向客服中心查询和修改个人信息。但是客服系统围绕会员相关的功能需求与 POS 系统有所不同。例如，客服系统需要记录用户对产品的反馈及收集消费者调查问卷，这些需求在之前设计 POS 系统与 CRM 系统对接时是不可能考虑到的。如果现在要实现客服系统与 CRM 系统的对接，就需要对 CRM 系统的会员接口做调整。为了避免对 POS 系统造成影响，CRM 团队决定面向客服系统再单独开发一套 API（application programming interface，应用程序接口），于是阶段三的会员生态就形成了（图 4.3）。

在图 4.3 中，使用了梯形接口来表示面向客服系统的 API，以区别于原来面向 POS

图 4.3　阶段三：引入客服系统后的会员生态

资料来源：耿立超. 大数据平台架构与原型实现：数据中台建设实战[M]. 北京：电子工业出版社，2020：33.

系统的另外一套 API。

很多企业早期的会员生态大都如此，从中可以看到一些"烟囱"的端倪。如果放在早期的传统销售模式下看，这一生态并没有大问题，但是后来随着电子商务和移动互联网的兴起，商品销售渠道变得越来越多、越来越复杂。这些新兴的销售渠道包括以下几种。

（1）官方电商平台。

（2）第三方电商平台（天猫、淘宝、京东等）。

（3）品牌自有的移动端 App。

（4）微信小程序。

（5）门店导购系统。

这些系统都直接与终端消费者进行交互，是会员招募的重要入口，理所当然地要提供会员注册、信息查询、权益行使等会员服务。当第一个线上系统——官方电商平台准备上线时，企业就遇到了很多困难，这些困难大多与周边系统集成有关。继续以"会员管理模块"为例，由于早期 CRM 的会员服务（API）是面向传统线下业务场景开发的，当面对电子商务和新零售等业务时，它们已经很难提供面向这些新业态的会员服务了，导致新业务系统无法融入老的会员体系（图 4.4）。

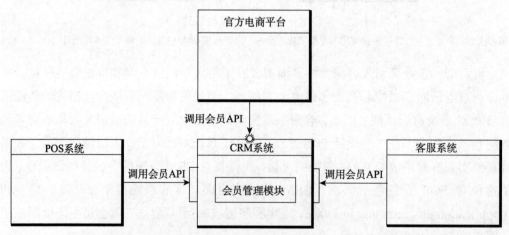

图 4.4　阶段四：引入官方电商平台时由于接口的复杂性和兼容性导致集成出现问题

资料来源：耿立超. 大数据平台架构与原型实现：数据中台建设实战[M]. 北京：电子工业出版社，2020：34.

在这个阶段，企业有两个选择。

方案一：对 CRM 系统进行大幅度改造，使之能同时支撑线上和线下的会员管理，但是建设周期长、风险大，CRM 团队无力也不愿意承担这个风险；

方案二：让官方电商平台独立开发自己的会员管理模块，首先满足自己的会员管理需求，然后与 CRM 系统对接，同步会员数据，但不使用 CRM 的会员服务。

很多企业都曾走到过类似的岔路口，可能业务背景各不相同，但都是企业 IT 生态演化路径上的关键节点。大多数企业为了让新业务尽快上线，规避风险，都无可奈何地选择了后者，于是会员生态进入阶段五（图 4.5）。

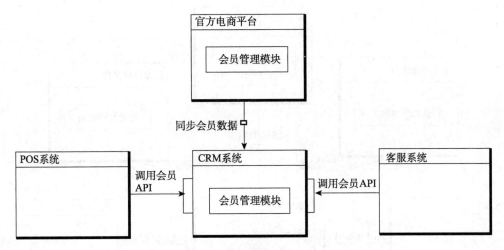

图 4.5　阶段五：经过妥协之后形成的会员生态

资料来源：耿立超. 大数据平台架构与原型实现：数据中台建设实战[M]. 北京：电子工业出版社，2020：35.

这一阶段的演变非常值得思考，从架构上讲，这是出现"坏味道"的开始，大家的疑问可能会集中在两个方面。

疑问一：为什么没有向着 SOA（service-oriented architecture，面向服务架构）方向进化，在 SOA 架构下这个问题会不会比较容易处理？

首先，很多企业并没有经历当然的 SOA 浪潮，或者曾经尝试过，但最后都失败了。其次，即使实施了 SOA 改造，但在面对新业务对会员管理提出的要求时，依然要冒方案一的风险，因为对于会员服务的提炼和改造归根结底要由 CRM 系统负责，与 SOA 架构无关。SOA 架构成功的前提就是，服务本身的设计要足够好并且能不断地迭代和演化以适应新的需求。所以问题不在于系统间如何集成，而在于 CRM 作为一个独立系统，现在要求它承载的却是企业全部业务线上的会员管理。CRM 团队的首要任务是保证系统稳定运行，无力应对这种新格局对 CRM 系统的冲击。

疑问二：即使没有引入 SOA，也不至于退化成基于文件的交互方式，是否是技术管理上的疏忽？

文件传输是批量的，比 API 实时交互实现起来要简单得多，但更重要的原因在于通过文件传输数据时，关联数据一般会被"压平"（即将"JOIN"后的结果集作为输出格式），以非常粗的粒度输出。这实际上相当于通过一个粗粒度的 API 传输类似宽表的数据，但是实际的 API 是不可能被设计成这么粗的粒度的，这样的 API 是不能支持实时交互的。说到底，通过文件传输扁平的粗粒度数据是最容易实现的方案，实现的风险也是最小的。所以在权衡利弊之后，很多系统间的集成都选择了这一方案。

一旦企业度过了阶段五，后续所有的系统都会仿效这一模式集成到 IT 生态里，形成如图 4.6 所示的生态。

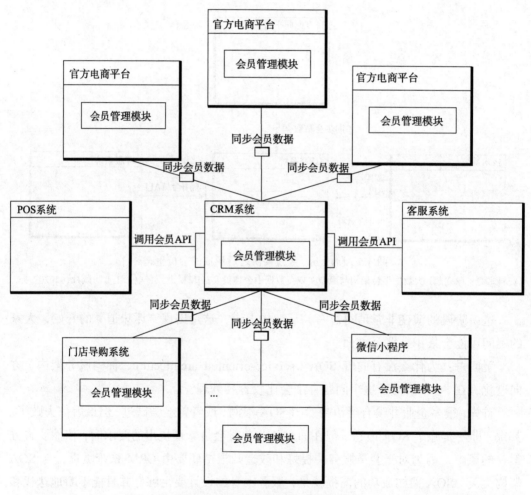

图 4.6　最终营造的会员系统生态

资料来源：耿立超. 大数据平台架构与原型实现：数据中台建设实战[M]. 北京：电子工业出版社，2020：36.

可以说，此时的 IT 生态已经彻底降级了，这种降级是伴随着不断增加的系统集成复杂度与无法提供足够有效接口之间的矛盾而产生的，降级之后的 IT 生态将不可避免地存在如下一些问题。

（1）会员数据将不可避免地分布于多套系统中，需要频繁和复杂的数据同步；

（2）由于数据同步方式是批量的，会导致在某些时间段内用户在不同渠道查询到的个人数据（如积分）是不一致的，这会影响用户体验，更严重的是积分数据不一致可能导致多次重复兑换，给企业带来经济损失；

（3）多个业务系统中开发了会员管理模块，虽然部分功能有所不同，但核心功能是一致的，这是严重的重复建设。

重新梳理一下这个案例中"会员管理生态"的演化历程。

（1）早期通过 POS 系统实现会员管理。

（2）后来引入了专业的 CRM 系统，关闭 POS 系统的会员管理功能，转而与 CRM 对接，完全通过 CRM 系统来管理会员。

（3）接着出现了第二个需要获取和修改会员信息的系统：客服系统。但原有面向 POS 系统设计的 API 并不能很好地满足客服系统的需求，于是协调 CRM 团队修改或开发了部分 API，形成了面向客服系统的会员 API。

（4）再后来，随着电子商务的兴起，官方电商平台上线，也需要与 CRM 系统对接实现会员注册、积分查询和管理等功能。作为新的线上渠道，会员信息、会员交易行为与线下渠道会有明显的差别，对会员积分、等级的计算规则也产生了直接影响。这些因素导致 CRM 团队无力在保持现有业务不变的情况下再开发兼容电商平台的 API 接口了，折中的方案就是：在官方电商平台上开发本地的会员管理模块，在本地实现会员注册、信息维护、积分计算等功能，然后周期性地与 CRM 系统进行数据同步。

（5）最后，更多的新系统都仿照这一模式，各自在本地系统实现会员管理，再与 CRM 系统进行数据同步，以便从其他渠道注册的会员同样可在该渠道上行使会员权利。

在这个演变过程中，有一个重要节点：第 4 步，这是整个生态系统演变的转折点。在这个转折点之前，整个 IT 生态还是比较简单的，点对点式对接完全可以解决问题。当 IT 生态变复杂时，麻烦就逐渐凸显出来。早期面向单一业务场景设计的服务或接口无法满足后来新生业务系统需求，导致外围系统不得不在本地自建相关模块，为了确保全局数据一致性，再通过文件进行数据同步。

4.2 聚焦中台

中台打破了应用系统的壁垒，从企业全局梳理和规划业务流程，重构组织机构、业务架构与 IT 架构。将企业的核心能力随着业务不断发展以数字化形式沉淀到平台，形成以服务为中心，由业务中台和数据中台构建起数据闭环运转的运营体系，供企业更高效地进行业务探索与创新，实现以数字化资产的形态构建企业核心差异化竞争力（阿里巴巴 Aliware）。

4.2.1 中台架构

以中台视角看待企业整个 IT 生态，可以将其分为前台、中台及后台三大组成部分，三者的定位如下：

前台：由直接面向市场和终端用户的业务应用组成，负责支撑企业的前端业务。

中台：由按业务领域细分的服务中心组成，负责支撑企业的共享业务。

后台：由企业内部业务系统组成，如生产、库存、物流等管理系统。

前台与中台的关系是：业务中台负责提供企业范围内共享的基础业务服务，前台应用会对这些基础业务服务进行组织编排，快速地在前端以产品形式将业务能力展开，以适应日新月异的市场变化。

中台与后台的关系并不像前台与中台关系那样紧密，中台架构是为了让企业拥有开放、创新和灵活的市场应变能力而提出的。这对于生产、库存、物流等后端系统的影响并不大，并且这些系统需要严谨和规范的组织与管理，因而会保持相对传统的组织架构与生态。

由此可见，中台在企业的整体业务体系中起着核心作用，而建设中台的最大挑战也来自对中台层各服务中心业务能力的提炼和萃取。

以零售和消费品行业的企业为例，往往会有如下一些面向市场和终端消费者的服务中心。

用户中心：负责用户信息的全面管理，建设和维护会员体系，制定并推行会员运营策略。

商品中心：负责商品的全面管理，包括 SKU（一款商品的编码）、品类及商品相关的各种属性、标签的管理。

交易中心：负责统一管理线上和线下所有的购物车、订单及交易数据，并提供交易相关的各种服务。

营销中心：负责全渠道营销，对营销活动的全过程进行管理。

以上四个是比较有代表性的业务中心，每一家企业还可能会基于自己的业务模式组织其他诸如支付、门店、内容、促销等中心。从服务中心的职责和定位可以发现中台的一个重要特征，那就是应用系统的边界被彻底打破了，不再有传统意义的 CRM、OMS 这样的孤立业务系统，而是将它们所承载的共享业务能力分拆并重组到了各个业务中心。每个业务中心对接和服务的是来自企业全渠道的需求，如何能支撑这些复杂多变的前端需求是建设中台的挑战之一。针对每个业务中心，业务和技术都需要专业架构师带领团队统一梳理，识别哪些需求应由中台实现，哪些需求应由前台实现，这是确保中台架构能够合理存在并稳定发挥作用的重要前提。如果这种切分不合理，可能会出现如下两种结果。

（1）如果本应属于共享的服务与逻辑切分到前台，就会导致前台应用过"重"，且不可避免地会出现重复建设问题，因为前台应用无法从中获得相关支持；

（2）如果过多的非共享服务与逻辑切分到中台，就会导致中台服务的复用性变差，前台应用无法直接调用，会产生很多"副作用"和"连带后果"。

以上两种情况在现实里时有发生，这是企业打磨中台的一个必经阶段，也是团队磨炼对业务认知和技术把控能力的一场"修行"。

还是以"会员管理"为例，看下中台架构是如何进行的：原有的 CRM 系统会被"用户中心"取代，用户中心沉淀了与用户相关的共享服务，会员注册就是其中之一。前台应用系统进行会员注册时会调用用户中心上的会员注册 API 来实现。前台应用可能需要对用户数据进行一定的处理、转换以适配统一的 API 规范，前后台各个应用不再维护自己的"用户模块"，因此也不再需要同步会员数据。

以上讨论的中台概念，更具体地说是"业务中台"。对中台的另一个组成部分"数据中台"来说，它更侧重于企业数据的统一收集和处理。相对于应用系统而言，数据的平台化要相对容易一些，这也是很多企业早期就能建立数仓这种中心化、平台化的系统，而在应用系统上却陷入烟囱式生态的原因之一。不过数据中台并不是传统数仓升级换代那么简单，从技术上讲，数据中台完全构建在大数据平台上，数仓是数据中台的重要组成部分，但远远不是全部。数据中台通常还要具备实时的数据处理能力和高级算法分析能力。当数据处理完成后，数据中台还要提供强大的"数据服务"，将结果数据通过各种协议以实时或批量的方式提供给业务中台或应用前台。

此外，业务中台的建立也会对数据中台的建设起到很大的促进作用。一方面，由于业务的梳理和中心化，采集业务数据变得相对简单，业务中心的后台数据库将是数据中台主要外围数据源。另一方面，业务中台对业务的切分和领域建模，将对构建数据中台上的数仓和数据服务具有指导意义。例如，每个业务中心天然就是一个大的数据主题，相应地，也会有独立 API 的 namespace 等。

图 4.7 是以零售和消费品行业为例的企业业务中台和数据中台的案例。这是混合了技术和业务的中台逻辑架构示意图，前台应用部分将零售和消费品行业需要对接消费者的若干应用系统一一列举。可以看出，在中台架构下，它们已经和传统"应用系统"有很大差别，变得非常"轻量"。过去很多自行实现的业务功能都通过调用业务中台的各个业务中心完成了，如会员注册功能，在中台架构下是调用会员中心的统一接口完成的。与此同时，各业务中心数据都通过数据中台上的数据采集组件采集到大数据平台上，然后通过批处理和实时处理机制构建出企业数仓体系和高级数据分析能力。最后通过构建数据 API（Web 服务）、OLAP 及专有报表数据库等手段，将结果数据以 Restful API、JDBC/ODBC 或 FTP 等形式提供给外部使用。

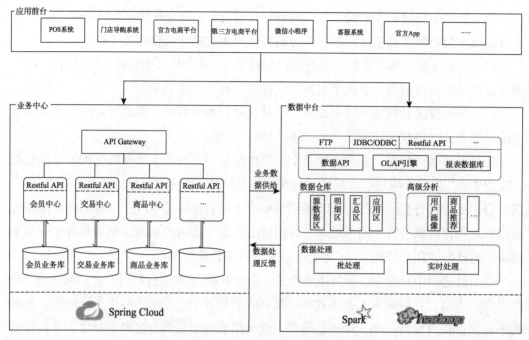

图 4.7　中台逻辑架构示意图

资料来源：耿立超. 大数据平台架构与原型实现：数据中台建设实战[M]. 北京：电子工业出版社，2020：45.

4.2.2　中台技术体系

中台作为一种生态系统级的架构，不会受底层技术制约，倚重和遵循业界主流的技术体系，特别是开源的技术平台与框架。简单地说：

业务中台的主要技术体系是：微服务；

数据中台的主要技术体系是：大数据。

与技术相配套的是设计思想和方法论。目前微服务的主流设计思想是领域驱动设计；大数据的主要设计思想是数据仓库理论。

视频 4.2　业务中台与数据中台建设的基本思路

1. 业务中台技术体系

1）微服务

微服务架构最突出的特征是解构了过去的单体应用，按照业务功能对系统进行了更细粒度的切分，每一个微服务都是一个可独立部署的单元。微服务内部高内聚，微服务之间低耦合。系统被微服务化之后，会在很多方面得到提升和改善。过去在单一应用服务器和数据库服务器上部署的系统将转变为纯正分布式系统，部署于多台服务器上。这相当于赋予了系统水平伸缩能力，同时局部节点的失效也不会再导致整个系统宕机，而是可以被限制在有限影响范围之内。

微服务的这些优势使其在最近几年几乎成了企业级应用架构标准，与之相配套的是一系列基础设施服务和支撑技术。

（1）服务注册与发现。

（2）服务配置管理。

（3）服务网关（API Gateway）。

（4）事件/消息总线。

（5）负载均衡。

（6）容错与熔断。

（7）监控与报警。

（8）安全和访问控制。

（9）日志收集与处理。

经过多年沉淀与积累，业界在上述领域有很多成熟工具和框架，其中最主流的一站式方案如 Spring Cloud 等。

在微服务架构逐渐形成规模之后，就会对硬件资源虚拟化和自动化部署提出要求。与此同时，伴随着 Docker 的崛起，人们发现容器化与微服务是一组绝佳搭档，再配合 DevOps 技术的推动，最终在业界形成了"微服务+容器技术（Dockers+Kubernetes）+ DevOps"三位一体的微服务生态体系，这些技术汇集在一起为微服务的落地和持续演进铺平了道路。

2）领域驱动设计

恰到好处的微服务设计是一项很有挑战性的工作，识别、界定与设计微服务考验的是开发人员对业务的理解和设计能力。这需要对业务反复梳理和提炼，再经过仔细斟酌和拿捏才能有一个比较好的方案。这与技术框架没有太大关系，考验的是设计人员的"内心功法"，也就是设计能力和对业务理解的透彻程度。以往诸如项目的经验表明，糟糕的设计会极大地削弱微服务的作用，让其变得粗糙、难以被复用。过去，开发人员一直使用常规方法论设计微服务，如面向对象（OOD）的设计思想，但是取得的效果并不理想。直到后来领域驱动设计（domain-driven design，DDD）被发掘，逐渐成了微服务事实上的设计理论。

领域驱动设计最早起源于 Eric Evans 在 2003 年撰写的一本名为 *Domain-Driven Design: Tackling Complexity in the Heart of Software* 的著作。这本书全面系统地阐述了领域驱动设计的思想和方法论。早年间 DDD 还较为小众，没有在业界得到推广。伴随着微服务的崛起，人们意识到领域驱动设计的诸多思想对于设计微服务有莫大帮助。

DDD 像是更小粒度的迭代设计，它的最小单元是领域模型（domain model）。所谓领域模型就是能够精确反映领域中某一知识元素的载体，这种知识的获取需要通过与领域专家（Domain Expert）进行频繁的沟通才能将专业知识转化为领域模型。根据重复劳动经验我们会形成一套模式。换句话说，领域模型是为解决场景下的问题而形成的一套模型，然后使用这套模型来解决业务问题。领域模型会形成一套模式，包括实体、值对象、模块、领域服务。领域模型无关技术，具有高度的业务抽象性，它能够精确描述领域中的知识体系；同时它也是独立的，需要学会如何让它具有表达性，让模型彼此之间建立关系，形成完整的领域架构。通常可以用象形图或一种通用的语言（ubiquitous language）去描述它们之间的关系。在此之上，就可以进行领域中的代码设计（domain code design）。领域模型不需要引入架构模式，领域模式是解决领域内的业务问题，不是解决架构问题。当使用领域模型的时候，领域层之上可以使用架构，如 CQRS、MVC 等。如果将软件设计比作是造一座房子，那么领域代码设计就好比是贴壁纸。前者已经将房子的蓝图框架规划好，而后者只是一个小部分的设计，如果墙纸贴错了，可以重来；可如果房子结构设计错了，恐怕修改就没有这么容易了。

2. 数据中台技术体系

在数据中台上，目前技术选型比较统一，基于 Hadoop、Spark 的大数据技术是当前构建数据中台的主流方案。大数据涉及的技术非常多，在数据采集、存储、消息队列、批处理、实时处理、作业调度等诸多环节上都有对应的技术和工具完成相关工作。但人们通常会用 Hadoop、Spark 来指代大数据技术，因为两者不单单是技术，更代表着一个技术生态圈，在它们背后有一组相关的配套工具。

对于建设数据中台的方法论（确切说是数据中台的批处理部分），传统数据仓库理论依然是主要方法论。数据中台的使命是将企业全部数据收集起来，然后规范处理它们，最后给到前端应用。对于如何规范处理数据，目前业界最为成熟的理论是数据仓库（数仓）。在经过数仓体系的治理之后，最终会在数仓的最上层得到高质量数据集，然后通过 Web Service、ODBC、JDBC 等多种数据服务对外发布。

简而言之，在技术上 Hadoop、Spark 是实现数据中台的主要技术方案，遵循数据仓库理论对数据进行组织和处理，在最上层封装为数据服务的形式支持前台和业务中台对数据的需求。

4.3 中台组织架构

4.3.1 基于中台的组织架构变革

任何新的战略思考都需要组织创新才能落地。随着信息技术的飞跃发展、中台技术的普及，以及中台理念得到大多数企业管理者的认同，数字化时代的中台赋能型组织架构较传统组织架构发生了明显的变化。组织架构的本质是：为实现企业战略目标而进行的分工与协同安排。组织架构的设计受企业内外环境、发展战略、组织规模、人员素质等因素影响。没有最合适的组织架构，只要能实现企业的战略目标，增加企业对外竞争力，提高效率，就是合适的组织架构。

（1）中台不是单纯的 IT 架构，集中共享业务需要企业调整组织架构才能推进。这种组织架构调整的波及面广，对企业核心业务部门的影响也很深远。在中台的建设前期不会有明显的业务收益，更多的成效体现在企业日后的战略转型和持续增长上。所有这些因素叠加，决定了建设中台是一个很大的挑战，需要企业决策层具备足够的勇气和魄力。中台作为面向互联网时代的企业新一代 IT 架构，最大威力不在于解决眼前问题，而是系统性、结构性地重组企业 IT 生态系统、业务架构及组织架构，它能帮助企业从本质上提升竞争力、降低成本。

组织架构无疑是一个重大而敏感的问题，但确实是在建设中台过程中不得不面对的。一家企业如果想要在中台化转型上取得成功，必须直面这个问题。前面探讨烟囱式生态系统架构时提到的诸多问题和挑战都与组织分工、团队协作有关，这些问题的根源都是组织架构。烟囱式生态系统下，每一个应用系统都由一个专职团队负责。团队的核心任务与首要 KPI 是确保本系统持续稳定地运行，这使得每一个团队都必然从本应用系统的立场和角度看待和思考问题。然而企业业务流程是一个有机整体，客观上必然要求各个应用系统和运维团队紧密协作，组织架构问题就会显现出来。过去不管是点对点的集成，还是其他尝试，当它们作为一个项目交付之后，随着时间的推移，在集成新系统时又会变得像以前一样举步维艰，究其原因是没有一个长期有效的组织架构在持续推动系统融合。

（2）中台架构的提出，对企业组织架构产生了巨大影响。有了与中台相适应的组织架构，企业才能很好地完成中台建设并从中收益。中台架构有一个很鲜明的特点，那就是它彻底破除了应用系统的边界，从企业全业务领域着手，切分出业务中心。每一个业务中心所支撑的不是一个孤立的应用系统，而是企业在该领域的全部核心业务。所以每一个业务中心都需要专业团队来负责，团队必须对这部分业务非常了解，而且必须站在企业全局支撑和把控这一业务领域。

4.3.2　中台组织架构特征

企业未来的核心功能是赋能，不再是管理，因为管理缺少创造力。赋能与激励更依赖企业文化，即中台文化。中台组织正在重新定义企业的组织概念，员工需要领导者更多的支持与服务，成就感是团队成员工作的主要驱动力，他们注重精神奖励超过物质奖励，比如他开发的服务被调用多少次，他的工作给团队带来多大的收益，需要即时奖励。在中台组织架构面前，以管理为核心职能的传统组织面临着巨大的挑战。

中台组织是协同性组织网络，其特点是扁平化、组织成员相互信任、沟通透明、简单高效。前端业务部门可以调动相应的资源为其服务。传统组织的行政决策权力下放到一线的业务人员。组织成员采用自驱动的工作方式，依据事务的优先级协同上下游和内外部资源，在利他与利己思维间找到平衡，工作进度实时同步，强调联通透明。

数字化时代的企业业务实时在线，只有配套的组织在线，员工才会在线，沟通才会在线，进而在线协同服务终端消费者、服务生态伙伴，实现数据化运营，激发组织中每一个人的创造力。

中台组织是学习型组织，创新驱动个人成长、团队成长；个人经验与团队大数据结合，个人知识融合组织智慧；隐性的知识显性化，显性的知识标准化；知识标准形成系统化，个人的知识组织化。通过知识竞赛等形式，鼓励组织成员内部比超赶学；鼓励组织成员内部分享，教学相长；通过导师制，快速提升新人的个人能力，同时，师傅也在带徒弟的过程中，不断丰富个人知识体系，共同成长。

中台组织是由各小团队组成的大团队，其特点可概括为三个方面、九个特征，如图 4.8 所示。

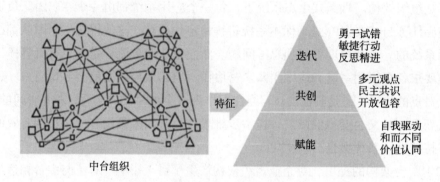

图 4.8　中台组织及其特征

资料来源：陈新宇，罗家鹰，邓通，等. 中台战略：中台建设与数字商业[M]. 北京：机械工业出版社，2019.

1. 赋能

中台组织的核心特征是自下而上，激发团队每人的内驱力，在尊重个人意愿和观点的基础上，拥有共同的愿景与价值观。它有以下三个特征。

（1）自我驱动：团队行动是出于自下而上的意愿。只有来自团队成员内心的期待，才能激发出最大热情与承诺，才有可能克服向前过程中的困难和挫折。传统团队像老式火车，全部依靠车头带，而自我驱动型组织，就像现代高铁动车组，每一节车厢都是动力源。

（2）和而不同：强调团队形成相互信任的和谐氛围，能够尊重每名团队成员的各种观点。在这样的团队氛围中，每人都能够坦诚地表达自己的意见和建议，而不用担心其他。

（3）价值认同：尽管在一些事情的看法上，大家的观点有差异，但是团队能够形成整体与合力，其关键在于团队成员有相同的价值认同理念。团队发自内心地认同组织努力方向及利他思想，为客户创造价值。在团队协作过程中，团队成员相互协调，形成战无不胜的整体。

2. 共创

再聪明睿智之人，也很难看清楚环境黑箱中的全部细节。因此，过去依赖领导者个人智慧成功，已难以适应数字化的时代。团队决策须卷入每名成员的智慧，在多元观点的融合共创下，适应变化的创新决策才可以浮出水面。它有以下三个特征。

（1）多元观点：多元观点来自组织团队多元的背景与能力。因此，共创型团队的成员结构是多元化的，具有不同背景、不同能力、不同经历、不同性别、不同年龄。在这样的团队中，每名成员是独立思考的个体，会积极贡献自己的信息与洞见。

（2）民主共识：决策过程的民主化是团队凝聚的共识，是智慧创新的必要条件。在团队决策过程中，成员之间要充分交换各自观点以及观点背后的假设条件，这样得到的最终决策才能吸收大家的智慧，才能取得一致的共识。

（3）开放包容：中台团队具有开放包容的团队氛围。面对不确定的环境变化，束缚组织创新的最大障碍是固化的思维。拥抱变化、接受变化是团队共创前行的前提。在新形势下，团队容纳多元化思维，跨域思考，跨界借鉴，才能实现创新突破。

3. 迭代

数字化时代，要考虑如何低成本试错、高效优化调整，因此，缘于软件工程的迭代方法论成为敏捷团队的重要工具。它有以下三个特征。

（1）勇于试错：宽容失败，接纳失败，视失败为成功的前提条件，让团队认识到只有试错的次数足够多，才能摸索出属于自己的正确道路。

（2）敏捷行动：小范围低成本试点。这样行动的目的是学习与验证，因此，团队执行这样的行动应当快速、敏捷，不断调整实验来增加成功的概率。

（3）反思精进：在试点行动过程中，根据实践反馈进行反思，对之前的认知假设进行调整，然后再试。

4.3.3　中台组织架构构成及关系

在整个组织架构中，企业需要仔细梳理和界定关键部门的职责及相关部门之间的关系。

1. 中台事业部

由于中台的定位在于支持企业的共享业务，所以必须要由一个专职的实体部门对其负责，而不能是一个虚拟组织。这个部门必须被赋予足够大的权限，过去分散于多个业务部门和系统运维团队的部分职责需要拆分并重组到中台部门，由中台统一管理和负责。

2. 中台各业务中心

中台各业务中心的人员一般来自该中心对应的过去某个核心业务系统，如用户中心团队的骨干应该来自原 CRM 系统。被划归到中台的个人和团队将面临一次内部转型，他们过去只对单一业务系统负责，而现在需要站在企业全局看待和梳理相关业务。这需要中台团队在广度上能触达各个业务渠道的前端需求，同时要在深度上不断挖掘和提炼共享业务，并最终落地到中台服务上。中台各个业务中心的职责划分必须清晰明确，特别是一些关联性较强的业务领域一定要做好切割，将各方职责界定清楚。

3. 中台与前台团队的关系

前台团队直接面向市场和终端用户，从这个角度来看前台团队扮演着中台用户的角色。一方面，前台团队经常会提出各种各样的需求，有些需求可以在团队内部消化，有些则需要中台团队支持，这时候前台团队就会对中台团队产生依赖。另一方面，对于中台团队来说，也非常需要来自前台的业务"滋养"。因此两个团队应该维持紧密合作关系，这对于能否成功建立中台架构非常关键，如果两个团队合作出现问题，会导致两种可能结果。

如果前台团队强势，就会组织力量在自己可控范围内实现自己的需求，导致一些本该出现在中台上的共享服务被放在了某个前端应用上。这在客观上弱化了中台的"威力"，同时会导致其他前台应用重复建设该功能，这是在"开倒车"。

如果前台团队弱势，就会放弃或推迟新的构想和尝试，这会让企业逐渐失去抓住市场机遇的能力。

4.3.4 关于中台架构的思考

前面讨论了中台的各种优势，但也须理性客观看待中台及其作用。中台是一种非常理想化的架构，当企业进化到这样先进架构时自然可以借助中台创造巨大的业务价值。也可以反过来说，因为企业自身的组织和业务足够先进而催生了中台架构，两者相辅相成。建设中台的难度是非常大的，其难度并不是在于技术，更多是在业务和组织架构上。

本质上，中台是一种中心化、平台化的企业组织架构和业务形态。当这样的组织和业务架构投射到 IT 系统时，会自然地形成 IT 意义上的"中台"。最近几年，中台的火爆让很多企业都进行了尝试，但真正成功的案例并不多，业界对中台的讨论也很激烈。有人认为中台可能仅仅是一种"乌托邦"，因为它过于理想化，在现实中缺乏生存的土壤。很多企业现有组织形态与中台是不符甚至对立的，这样的企业盲目上马中台项目必然是要失败。

这里不妨再思考下：为什么烟囱架构在企业中普遍存在？尽管前面讨论了它的各种问题，但至少有一点是烟囱架构的优势，那就是它的目标指向性极强，它是专门用于解决某一业务问题的。相应地，它背后的技术和业务团队的职责也是高度清晰的。这种目标指向性会驱使组织高效运转，即使在不同团队和环节上存在重复建设，在某些时候，付出这种代价也是值得的。在这种视角下反观中台，业务中心在对业务的广度和深度上都有介入度的问题。从广度上看，不同业务部门、不同业务方向上的业务需求都可能全部或部分落地到中台，而中台部门需要根据自身的情况来制定开发的优先级，这就决定了在中台建设过程中，并不是所有的业务请求都能得到及时响应，业务端的体验会与之前烟囱架构有一定落差。从深度上看，在垂直方向上的业务问题，一部分是由前台应用处理掉的，另一部分是由中台解决的，这会导致过去的单一业务问题由单一系统负责变成前台和中台两个参与方或团队负责。如果企业用目标指向来度量这一状况，显然中台不如烟囱架构有优势。简单地说，就是容易出现前台和中台之间的"扯皮"现象。

中台架构是一种相对新的思想，应客观看待，业界需要更多的时间实践和检验。相较于业务中台，后面讨论的数据中台，并没有这么多不确定性挑战，不管是理论还是实现技术都是比较明朗和确定的。

4.4 数 据 中 台

数据中台的定位是中心化的企业数据处理平台。企业所有数据需要输送至数据中台，由数据中台统一进行收集、验证、清洗和转换，并集中储存。然后经过数据仓库体系的层层治理，将数据按业务主体重新组织，为业务系统和数据分析提供高质量的数据集。同时它具备实时数据处理能力，能在极短时间内完成从数据采集到终端呈现的全链路数据处理，并有能力处理一些基于数据的业务请求。它还配备了人工智能与机器学习的相关基础设施，支持高阶的数据洞察与预测。最后，数据中台通过丰富的接口和协议对外提供完备的数据服务，支撑业务中台与前台应用对数据的全方位需求。

视频 4.3　3 分钟看懂"数据中台"

4.4.1 企业数据资产现状

目前，大多数企业特别是传统行业里的甲方企业，由于信息化水平的制约，其数据生态还停留在较为落后的状态，存在着不少问题，以下是一些典型状况。

（1）数据离散分布，信息孤岛问题还没有完全得到解决。

（2）依然在大量使用文件进行数据交互，没有实时 API，制约了上层业务流程的时效性。

（3）企业数据处理平台依然依赖传统技术，负荷已经达到上限，无法进行水平伸缩。

（4）大量数据离散于业务用户手工维护的文件中，难以自动化收集并处理。

（5）同类型数据在多个业务系统中同步，数据冗余严重，一致性差，需要重复采集、核查、去重，成本高。

（6）没有实时数据处理能力，无法快速及时地处理数据并反馈给业务用户。

（7）没有健全的数据安全保障机制，面临数据泄露的风险。

（8）缺乏完善的数据治理机制，数据质量参差不齐。

过去，企业通过建立自己的数仓系统统一存储和处理企业数据，这一过程要经历数年，并且会伴随着新数据源的产生持续进行。但随着大数据时代的来临，传统数仓系统已经越来越难以支撑企业对数据处理的需求了，这体现在以下几方面。

（1）随着信息化的不断深入，企业产生的数据每年都在爆炸式增长。传统数仓系统缺乏简单有效的水平伸缩能力，导致系统容量已经饱和，系统性能遇到了"天花板"。

（2）传统数仓系统只能处理关系型数据，很难处理非关系型数据。

（3）企业对数据分析提出了更高要求，在人工智能及机器学习等诸多新型领域都有迫切需求，传统数仓很难支撑这些新型的分析需求。

（4）实时数据分析越来越受到企业重视，尤其是在一些大促等关键业务周期，传统数仓系统都是基于批量的离线处理，无法满足实时数据分析需要。

这些因素都促使企业加大了对新一代数据平台的投入，通过构建基于大数据技术的新平台应对新挑战，而数据中台则成了目前大数据平台建设中最新、最热的方法论。

4.4.2 数据中台具备的能力

数据中台是一套可持续"让企业的数据用起来"的机制，是一种战略选择和组织形式，是依据企业特有的业务模式和组织架构，通过有形的产品和实施方法论支撑，构建一套持续不断把数据变成资产并服务于业务的机制（图 4.9）。数据中台必须具备数据汇聚整合、数据提纯加工、数据服务可视化、数据价值变现四个核心能力，让企业员工、客户、伙伴能够方便地应用数据（图 4.10）。

1. 汇聚整合（数据治理——数据整合和管理能力）

（1）数据丰富和完善：多样的数据源进行合并和完善。

（2）管理易用：可视化任务配置、丰富的监控管理功能。

（3）数据集成运营：数据接入、转换、写入或缓存内部来源的各来源数据。

（4）数据目录与治理：用户可以方便定位所需数据，理解数据（技术/业务治理）。

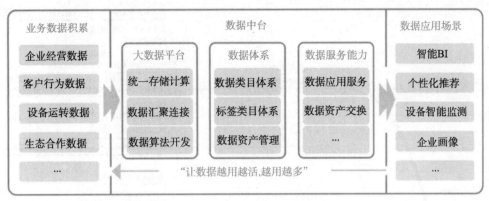

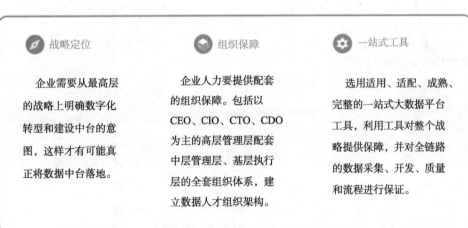

图 4.9　数据中台构建机制

资料来源：Alan. 数据中台（一）什么是数据中台[EB/OL]. (2020-12-23). https://zhuanlan.zhihu.com/p/99591075.

（5）数据安全：确保数据的访问权限。

（6）数据可用：用户可简便、可扩展地访问异构数据，可用性和易用性高。

（7）部署灵活：本地、公有云、私有云等多种部署方式。

2. 提纯加工（数据资产化——数据提炼与分析加工能力）

（1）完善的安全访问控制。

（2）完善的数据质量保障体系。

（3）规范的、紧密结合业务的可扩展的标签体系。

（4）面向业务主题的资产平台。

（5）智能的数据映射能力，简化数据资产生成。

3. 服务可视化（数据资产服务化能力）

（1）提供自然语言等人工智能服务。

（2）提供丰富的数据分析功能。

（3）提供友好的数据可视化服务。

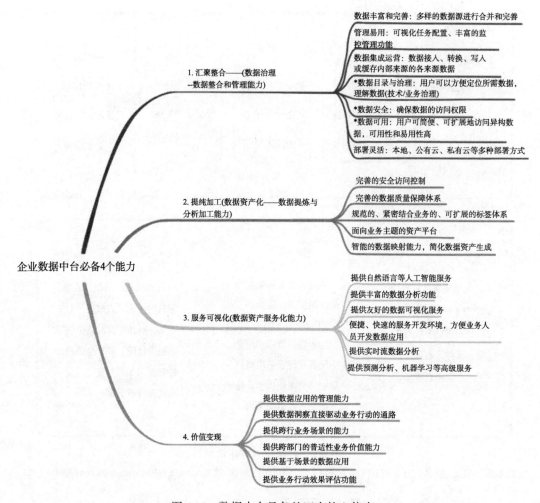

图 4.10 数据中台具备的四个核心能力

资料来源：Alan. 数据中台（一）什么是数据中台[EB/OL]. (2020-12-23). https://zhuanlan.zhihu.com/p/99591075.

（4）便捷、快速的服务开发环境，方便业务人员开发数据应用。

（5）提供实时流数据分析。

（6）提供预测分析、机器学习等高级服务。

4. 价值变现

（1）提供数据应用的管理能力。

（2）提供数据洞察直接驱动业务行动的通路。

（3）提供跨行业业务场景的能力。

（4）提供跨部门的普适性业务价值能力。

（5）提供基于场景的数据应用。

（6）提供业务行动效果评估功能。

数据中台是把业务生产资料转变为数据生产力，同时数据生产力反哺业务，不断迭代循环的闭环过程——数据驱动决策、运营。

4.4.3 数据中台建设策略

数据中台是企业的一个战略性基础设施，建设周期长，牵涉范围广。数据中台的建设可以分为三个阶段（图 4.11）。

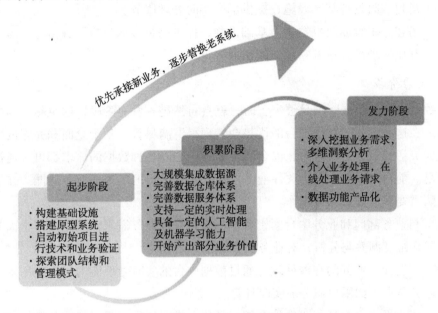

图 4.11　数据中台建设策略

资料来源：耿立超. 大数据平台架构与原型实现：数据中台建设实战[M]. 北京：电子工业出版社，2020：57.

1. 起步阶段

起步阶段的首要工作是进行基础设施建设，包括：服务器的采购、安装和配置，网络规划、集群搭建，各类工具的安装和调试，资源和权限配置等。自建 IT 团队通常会自行完成这些工作，使用供应商模式的甲方公司可以通过大数据项目完成初始的基础设施建设工作。当然，也有企业会选择使用云上大数据 PaaS 服务，直接跳过基础设施建设和维护工作。

有了大数据集群之后，需要通过一个到几个项目验证平台的各项组件和服务是否满足业务需求。初始阶段应该使用迭代思想，不断调整平台的技术堆栈、管理模式，为平台以后发展壮大积累经验。

2. 积累阶段

积累阶段是一个相对艰苦和漫长的过程，数据中台团队要在这个阶段不断地将企业的各项数据源接入进来，逐渐完善数据中台上的数据版图。中台接入的数据越多、越全，就越能发挥出威力，最终理想状态是企业全部数据都聚集在中台上。前台的任何数据需求都可以直接或稍做处理即可满足。具体来说，这一阶段需完成如下工作。

（1）广泛对接企业各个数据源。

（2）不断完善数据仓库体系，对企业数据源规范管理。

（3）不断完善数据服务体系，丰富数据供给的协议和形式。

（4）搭建实时处理基础设施，提供部分实时处理服务。

（5）搭建人工智能及机器学习基础设施，提供高级数据分析服务。

（6）开始实现部分业务需求，产出业务价值。

3. 发力阶段

当数据中台的数据版图足够完善时，就会自然进入发力阶段，这也是数据中台的收获期。在这一阶段，数据中台的优势会体现得淋漓尽致。基于全面和完善的数据体系和强大灵活的数据分析能力，前台和各业务中心对各种数据的需求都可以通过数据中台满足。前台可以集中精力关注业务层面，快速敏捷地实现新业务功能。在发力阶段，团队需要着重开展以下工作。

（1）与业务部门和业务中台紧密合作，深入挖掘业务需求，利用丰富全面的企业数据开展多维度洞察与分析，对业务决策提供强力支持。

（2）深度介入业务的在线处理，通过数据中台的实时处理能力解决应用系统很难实现的业务需求（如用户积分的实时计算）。

（3）将数据平台上某些成熟的功能产品化，推广到更多部门和业务场景中。

在发力阶段，中台团队也将被锤炼得更加专业和成熟。对于所管辖的数据会更加了解，对接的业务更加熟悉，这也是中台架构培育出的另一项重要资产：专业人员和团队。

以上三个阶段是宽泛时间尺度上的切分，但并不意味着只有前一个阶段彻底完成之后才可以启动后一个阶段的工作。企业可以通过项目方式驱动数据中台建设，在项目实施过程中完成数据采集、处理、存储、分析等一系列工作。每一个阶段又可能会涉及一些基础设施建设，只要合理安排好项目计划，有规划、有组织地推进项目开发与平台建设之间的工作，就可以实现长期战略发展和短期业务需求之间的平衡。另外，数据中台是对既有系统的改造，在建设过程中会面临新业务需求由谁来实现及新老系统如何更迭的问题，建议的做法是：让数据中台优先承接新业务，逐步替换老系统。

数据中台是数据平台发展到现在的最新理论模型和技术架构。它以大数据技术作为支撑，提供数据仓库、实时处理、数据服务和一定的人工智能及机器学习能力。

4.4.4 数据中台和业务中台的边界

千人千面的个性化推荐有两种实现模式，一种是由业务中台团队直接向前台提供相关的能力，数据中台辅助支撑，这个时候业务中台是主角，另一种是直接由数据中台团队对接前台团队，提供相关的能力，其实绕过了业务中台。这就产生了双中台的职能边界问题，即"业务"和"数据"的边界到底在哪儿？

1. 二者关系的缘起

业务中台和数据中台到底是个什么关系？这也是直到现在都会被问到的经典问题之一。

业务中台将后台资源进行抽象包装整合，转化为前台友好的可重用共享的核心能力，实现了后端业务资源到前台易用能力的转化。数据中台从后台及业务中台将数据流入，完成海量数据的存储、计算、产品化包装过程，构成企业的核心数据能力，为前台基于数据的定制化创新和业务中台基于数据反馈的持续演进提供了强大支撑。业务中台与数据中台，相辅相成，互相支撑，一起构建起战场强大的后方炮火群。

但以上描述并不足以讲清楚两者的边界，在实际双中台架构落地时，对于业务中台和数据中台之间的定位和关系，又遇到了很多具体实际的问题。之前关于双中台关系的理解如图 4.12 所示，在这张关系图中，有如下几个重点。

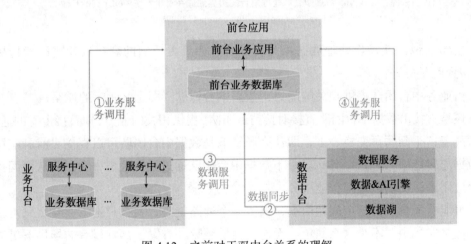

图 4.12 之前对于双中台关系的理解

资料来源：nhzxcyh. 数据中台和业务中台的边界到底在哪里？[EB/OL]. (2021-11-12). https://zhuanlan.zhihu.com/p/432599648.

（1）业务中台与数据中台都可以直接被前台应用调用，各自负责为前台赋能业务和数据的能力①④。

（2）前台应用和业务中台都会有自己的业务数据库，存储自身相关的数据。

（3）前台应用和业务中台的数据都会同步或是流入数据中台的数据湖（或其他存储形式）②。

（4）数据中台像数据工厂一样对于各种数据进行整理、分类、加工、包装，变成有价值的数据资产和数据商品。

（5）数据中台也可以通过数据服务为业务中台赋能③，实现业务能力智能化。

但真正实操下去，会发现这里其实隐藏了一个巨大的问题并没有解释清楚。这个重要但隐蔽的问题就是：当处理数据场景时，是用③+①还是④（图4.13）？

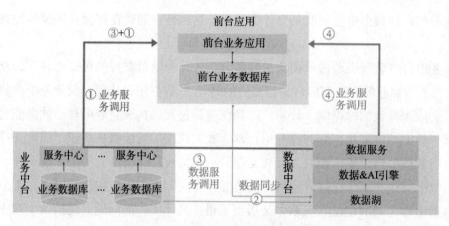

图 4.13　两种选择

资料来源：nhzxcyh. 数据中台和业务中台的边界到底在哪里？[EB/OL]. (2021-11-12). https://zhuanlan.zhihu.com/p/432599648.

换句话说，就是当处理数据相关场景时（如千人千面的商品推荐或运营指标分析），到底是应该：

由业务中台团队提供相关的能力，数据中台辅助，即走③+①的通路；

还是直接由数据中台团队直接对接前台团队，提供相关的能力，即直接走④的通路。

或者这个问题再变换一下，即什么场景下是数据中台团队可以直接对前台应用提供数据与智能服务（④），什么场景下数据中台团队通过赋能业务中台团队从而间接为前台应用团队提供数据与智能服务（③+①）。

可能有人会说，这个问题简单，只留一个通路就是，要么只走④，要么只走③+①。但是实操中并不是这么简单，无论单独采用哪种方案，都觉得有的场景下更适合另外一种，但又说不清楚具体的划分标准。其实这个问题的解题关键并不在技术层面，而是在知识和责任边界的划分上。企业如果实施了双中台，可能会面临上面的问题。根据康威定律，双中台的边界定位问题，就是在定义两个团队（业务中台团队和数据中台团队）的知识和责任边界。

两个团队顾名思义，一个关注"业务"，一个关注"数据"，所以简单做个转换就找到了所有问题的关键点："业务"和"数据"的边界到底在哪？二者其实很难准确定义出边界。数据就是业务曾经留下的痕迹，就像物理世界的照片。现在的业务也就是未来的数据，分析数据就是在分析过去的业务，数据就是业务加上了时间纬度，两者本质是一体两面的。这也正如行业里一直在提的：一切业务数据化，一切数据业务化。

所以，这个问题是不是就变成了，我们永远无法弄清楚"业务"与"数据"的边界，因为它们本身就是一体的，没有边界的？

2. 二者关系的再思考：走出困境，重新认知与定义"业务"与"数据"

既然问题的核心是对于"业务"和"数据"两个概念知识边界的模糊，不同解决方案本质上就是在重新定义什么是"业务"、什么是"数据"。根据不同企业对两个概念的定义与理解，可以存在两种配套的实现模式。

1）把"数据"定位成技术知识，研究如何让业务团队更容易驾驭数据技术

即把"业务"理解成"业务场景"（包含对客服务和运营决策的业务知识），把"数据"狭义地理解为"数据与智能技术"（纯技术，偏工具）。按照这种理解，推导出的模式就是类似大数据技术平台模式。这种模式的特点是，"数据中台"中的"数据"仅仅代表的是"数据技术"（例如流批一体的数据计算平台、AI 技术平台）。优点是边界清晰，业务中台关注于业务场景，数据中台只关注数据技术。缺点则是数据领域的专业性，导致懂业务的人不懂技术，懂技术的人不懂业务，两者割裂，难以协同。这种模式下的数据中台和之前的大数据技术平台，并没有本质区别，只是换了新概念。

正是业务场景与数据技术之间知识壁垒导致的协作问题，让很多企业前些年的大数据平台建设效果有限。平台建成了，但业务用不起来，也不想用，最终大多只是把之前数仓的报表搬过来用大数据平台又实现了一遍。正是对于业务和技术之间壁垒的反思，才催生了让数据团队从"只管技术不管数据"的数据平台，向"又管技术又管业务"的数据中台模式演进。但带来的问题也就是因为数据的概念被外扩，从纯技术属性向技术+业务属性拓展，也就出现了业务和数据说不清楚边界的问题。

稍微做一个扩展，最近出现的 DataMesh（数据网格）（图 4.14）是最新的对于第

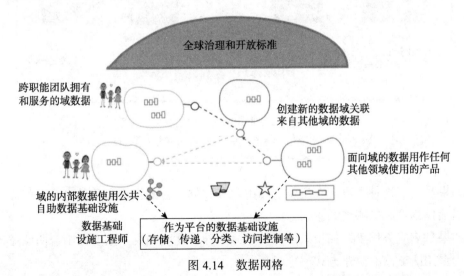

图 4.14 数据网格

资料来源：编者根据 How to Move Beyond a Monolithic Data Lake to a Distributed Data Mesh[DB/OL]. (2019-05-20)
[2022-03-06]. https://martinfowler.com/articles/data-monolith-to-mesh.html. 编译整理。

一类理解出现问题的另一种解题思路：将关注点仍然放到如何让懂业务的人更容易驾驭数据的相关技术，而不是期望让懂数据技术的人也懂数据本身及其代表的业务。

2）按照对客业务场景和企业内部运营决策场景划分业务和数据的边界（图4.15）

即把"业务"理解成"对客业务场景"（对客渠道+业务运营等），把"数据"理解成"企业内部的业务分析和决策分析场景"（报表、分析+决策等）。

如果说第一类理解是从业务与技术上"横切"，那第二类理解就相当于从不同的业务场景上"纵切"。

业务中台是对于企业业务模式的抽象和复用，解决的是对客业务场景响应和创新的问题（可以理解成企业的四肢，负责响应）。

数据中台是对于企业运营模式的抽象和复用，强调的是数据与智能驱动企业运营与决策（可以理解成企业的大脑，负责感知和决策）。

在任何一个场景中，两个中台都会参与，但是角色和责权利不同。在业务模式复用（响应）场景中，业务中台团队驱动，数据中台团队支持；在运营模式复用（感知）场景中，数据中台团队驱动，业务中台团队支持。

感知决策（大脑）与行动（四肢）的配合，就形成了企业对于市场的认知闭环。

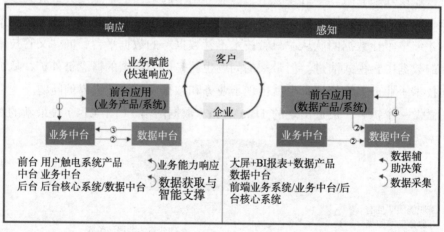

图4.15 区分两类业务场景，细化双中台关系

资料来源：nhzxcyh. 数据中台和业务中台的边界到底在哪里？[EB/OL]. (2021-11-12). https://zhuanlan.zhihu.com/p/432599648.

如果是基于这种理解，在定位业务中台和数据中台的权责和角色之前，就需要先判断当前场景到底是哪类场景。

如果是响应类场景，如千人千面的产品推荐，就明确要采用业务中台团队驱动、数据中台团队支撑的协作方式，也就是③+①的模式。

如果是感知决策类场景，如统计企业过去3年的销售数据做新产品定价的决策分析，就明确要采用数据中台团队驱动、业务中台团队支撑的协作方式，也就是④模式。

这样虽然并不会减少两个团队的协同，但是对于两个团队的知识边界和职责定位会更加清晰。

综上所述，关于数据中台与业务中台边界问题，小结如下：

广义的数据和业务是一体的，没有边界，所以广义上讲也不应该存在业务和数据两个团队；

但狭义上可以在企业范围内通过重新定义"业务"和"数据"的概念，定义两个团队的知识边界；

对于狭义的"业务"和"数据"，行业内有两种理解方向，产生了两种不同的双中台模式，以及所延伸出来的团队协作模式。第一种按照业务与技术划分"横切"，第二种按照业务场景（响应与感知决策）划分"纵切"。

无论用哪种模式都可以，最主要的就是要对于企业内部所用的模式达成共识，并根据模式进行团队边界、系统架构、协同模式的设计。否则就会出现各种由于组织之间定位不清、边界不清所导致的企业内部摩擦，消耗大量资源的同时，也无法达到预期的价值与效果。

4.4.5 酒店企业数据中台战略

从集团层面来讲，大多数本土酒店集团已经开始致力于数据集中化，将数据驱动作为未来首要的数字化转型目标。其中一些领先的国内酒店管理集团已经完成了业务数据中台和产品数据中台的搭建，开始进入下一阶段的价格集中化和用户集中化阶段（图4.16）。

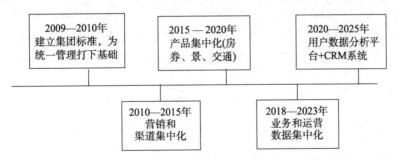

图 4.16　中国酒店管理集团系统建设历经的发展阶段

资料来源：石基信息，2021 年中国酒店业数字化转型趋势报告[R]. 2020：11.

现阶段国内酒店管理集团的重点在于，如何集中业务数据和用户数据。要真正发挥用户数据的价值，就需要搭配完整的系统，才能将用户的精准个性化服务真正落地。这也意味着，酒店管理集团应该开始储备用户运营和数据分析人才，实现用户体验数字化渗透的进一步提高。

数字化转型是以用户为核心，重构企业和用户之间的关系。中国酒店业数字化转型的核心正在从运营导向向用户导向迭代。走出朦胧期的中国酒店业数字化进程，已经完成了第一阶段数字化基础的搭建。这包括数字化营销渠道的搭建、中央预订系统、会员管理系统的运用等。甚至已经具备了进展期才有的"移动化""数字化"基本特点。但要真正进入数字化转型的进展期，还需要具备两个重要特质。一是在企业内部普及 SaaS 云计算部署模式；二是拥有专业的数字化人才，充分利用数据做市场和客户的研究。

视频 4.4　疫情期间的酒店中台建立

即测即练

第 5 章

酒店管理系统 PMS 现状及未来发展趋势

> 本章学习目标:
> 1. 理解酒店管理系统 PMS 概念与作用。
> 2. 理解基于云的 PMS 特征。
> 3. 理解酒店企业选择 PMS 产品影响因素。
> 4. 理解 PMS 向 HOS 演进的必要性和本质。

5.1 酒店管理信息系统 PMS 概述

5.1.1 PMS 概念与内涵

1. PMS 产生与进化

几十年前的酒店前台,预订信息记录本,各种表格、手写的记录,还有各种颜色的备注,贴满了不同颜色的便签(图 5.1)。对于酒店来说,这本记录很重要,但想要修改上面的信息却很难,只能依赖于人工和记忆。酒店业应该有更好的方式来处理这些信息……

而早期的 PMS 则更像是 Excel 表格,里面有各种公式、繁杂的价格代码和库存管理功能,看起来很"花哨"。这些年以来,PMS 发展比较平稳,为数不多的主流系统供应商占据了市场,PMS 系统的研发受限,安装成本也比较高。

互联网和云计算的发展为行业带来了巨大的改变,让云 PMS 开始在市场上引发关注,并在突然之间涌现了一批开源的云 PMS 创业公司。为了更好理解 PMS 厂商对行业格局的发展影响,旅游媒体平台 tech.talk 系

图 5.1 酒店前台工作记录本
资料来源:石基信息.PMS 进化论:回顾过去才能更好地看向未来![EB/OL].(2021-01-01)[2022-03-06]. https://www.shijigroup.cn/blog/69.html.

统地梳理了 1920—2015 年近百年来酒店业 PMS 发展的历史，整理出了酒店业 PMS 发展史（图 5.2）。

2. PMS 概念与内涵

图 5.2 酒店业 PMS 发展史

视频 5.1 甲骨文物业管理系统（OCRACLE PMS）

PMS，直译为物业管理系统，对于酒店行业来讲，是能够协助酒店进行业务管理及控制的计算机管理系统，酒店业 PMS 又被称为酒店管理系统。一个基于计算机的业务管理信息系统被称为酒店管理系统，也被翻译为物业管理系统、前台管理系统。尽管各个 PMS 的构成有区别，但 PMS 通常被用来描述一套与前台和后台业务直接相关的信息系统，主要覆盖酒店日常业务。PMS 是酒店业最早实现信息化的部分之一，是酒店信息系统最重要的组成部分，借此实现了酒店主要业务的信息化，包括预订、接待、收银和客房管理。PMS 是一个以计算机为工具，对酒店进行信息化管理和处理的人机综合系统，一般提供酒店管理的全套软件和酒店管理解决方案，包括前台管理（预订、接待、收银、夜审、客房、客史、会员、餐饮、娱乐等）、后台管理（财务、物流、人事、维护、宽带等）和接口管理（内部接口和外部接口）等。

如今，酒店 PMS 技术已经远远超出了前台。PMS 管理酒店业务运营的所有方面，包括提供卓越宾客体验。传统上，酒店 PMS 被定义为使酒店或酒店集团能够管理前台功能的软件，如预订、客人入住/结账、房间分配、管理房价和账单，PMS 取代了耗时、纸张密集的流程。酒店 PMS 是一个关键业务运营系统，酒店经营者能够提供超越顾客期望的体验。

酒店 PMS 行业上游为电子信息行业、计算机、网络设备行业等，中游为酒店 PMS 提供商，下游为酒店行业（图 5.3）。

图 5.3 酒店 PMS 行业产业链示意图

资料来源：智研咨询. 2022—2028 年中国酒店 PMS 行业市场行情动态及发展趋向分析报告[R]. 2021.

3. PMS 功能

顾客旅行始于选择某一目的地，酒店是整个旅程的重要组成部分。入住前的预订互动、与员工在酒店内的互动、客房满意度，以及顾客在入住后分享社交媒体的反馈等，共同构成了宾客体验。酒店管理者面临的挑战是，在高效经营酒店业务的同时提供个性化宾客体验。酒店 PMS 为酒店经营者的业务提供支撑，包括：

（1）酒店入住/退房手续。使用基于移动设备的云酒店 PMS，随时随地为客人提供服务。打开前台人员的门，这样他们就可以在任何有互联网连接的地方为客人登记入住、分配房间、启用客人服务，并为客人结账。

（2）移动客房服务。顾客退房时，通过客房管理移动设备上的即时更新提高客房管理效率，腾出房间进行清洁。提高客房管理的灵活性，缩短客房服务任务的响应时间。确定并管理房间维护需求，确保房间干净、完好。

（3）综合酒店后勤系统。通过利用预构建的与应收账款、应付账款、支付网关、酒店行业应用程序和房地产基础设施设备的集成，连接运营和财务流程。整合应收账款和佣金处理。确保准确的客人对账单，以便更快、更准确地计费。

（4）酒店产品高效配置。通过对不同分销渠道的实时房价和可用性管理，提高客房入住率和日均房价。同时通过集团或品牌网站直接预订渠道促进销售。

视频 5.2 入住酒店的新方式

（5）客人数据。通过报告和分析，集中并保护客户数据，提高客户资料的质量和准确性。了解客户购买模式，以便订制更有针对性的套餐和服务。确保遵守国家和国际数据合规规则。

5.1.2 我国 PMS 行业发展情况

目前，国内酒店 PMS 行业生产企业主要有北京石基信息、长沙金天鹅、北京中软好泰、北京众芸、杭州绿云、上海别样红等企业。从区域看主要分布在北京、湖南、上海、江浙等地区。

Orcale（Micros Opera）为全球最大的 PMS 厂商，Sirvoy、RMS、innRoad 等公司紧随其后，头部厂商的市占率差距较小。而随着云计算发展给产品带来技术变革，云化 PMS 产品将成为重点发展方向，各厂商在新"赛道"上的差距相对缩小，能够得到国际高端酒店集团认可的厂商将实现弯道超车。

PMS 作为酒店信息化和智能化的联通中心，把控着酒店数据的命脉。PMS 厂商也已经开放了 API 接口，无论酒店上游 OTA，还是酒店供应下游门锁、酒店控制系统等，全部可以实现与 PMS 的无缝对接，打造一个全闭合的酒店管理生态圈。近两年，在线旅游行业巨头纷纷涉足 PMS 行业，并购、入股的消息也波澜起伏。目前，国内 PMS 系统大致可分为阿里、携程、美团几大派系（图 5.4）。

5.1.3 基于云的酒店 PMS 优点

对于较为传统的酒店行业而言，越来越多的酒店企业也逐步意识到云端系统的优势，并通过本地系统上云来驱动传统业务及流程的创新，以最大限度地提升利润。到

2020年，我国中小型酒店已经基本普及了PMS管理，基于网络的云PMS成为主流。那么作为酒店系统核心的PMS系统，如何通过云化满足当下市场的需求呢？

阿里系	携程系	美团系	独立系
● 石基(西软、万讯等)	● 众芸信息 ● 云掌柜(艺龙) ● 住哲(艺龙) ● 客满满(去哪儿) ● 客栈通 ● 好栈友(艺龙)	● 别样红 ● 番茄来了	● 绿云 ● 金天鹅 ● 罗盘

图 5.4　国内几大 PMS 系统（部分）派系分类

资料来源：智研咨询. 2022—2028 年中国酒店 PMS 行业市场行情动态及发展趋向分析报告[R]. 2021.

1. 云产品满足客户业务的可持续性发展

云产品的特点，主要体现在满足客户可持续性的业务增长需求。这种业务的增长驱动可以来自酒店企业内部，比如通过多元化的分销渠道最大化酒店收入来源；也可以来自酒店企业外部，主要体现在品牌的大规模扩张和发展。云 PMS 应该能够以更高的效率同时支持两类增长。这主要体现在以下几方面。

（1）实现与外部渠道和其他对客应用更为高效的对接。

（2）强化集中管理，便于统一标准。

（3）更轻，帮助酒店集团实现更快的酒店开业速度。

以石基信息的 Cambridge 为例，就是围绕解决以上三个问题进行设计。此外还具备很多新功能与特点，方便一线员工操作，简化入住和离店操作过程，缩短客人等待时间。Cambridge 云 PMS，吸取了众多国际品牌酒店对于 PMS 系统在业务运营需求与集中式管理理念。在技术架构、设计风格及研发过程管理上，通过与德国云 PMS-Hetras 团队合作研发，进行了多次迭代与升级，特别注意开放 API 体系及 HTML5 版本设计开发，确保用户在系统使用过程中的友好度和稳定性。

关于酒店应用 API，可以这样理解：酒店会使用各种各样的前台和后台系统，如果说这些系统是一个个房间的话，API 就像是这些系统上的一道门。在没有 API 概念之前，这些系统之间是无法实现顺畅的数据对接的，数据存在每一个房间里面，出不去也进不来（图 5.5）。除非在这个房间的墙面上凿出一个洞口，每每需要对接一个外部渠道，每每需要对接一个外部应用，都需要重新凿洞。对于酒店来说，不仅工作量巨大，成本也非常高昂。最重要的是，"凿洞"需要花时间，而很多时候，等待意味着更高的潜在收入的流失，比如渠道对接。有了 API，把原来一个个的系统由没有门的仓库，变成了有门的房间。要实现怎样的对接和数据交换，开门就好，不需要凿洞。酒店对数据的授权则相当于给予第三方合作伙伴的"门禁卡"，使用门禁卡开门，取走约定好的数据，就实现了双方的对接，高效、快捷、方便（图5.6）。

图 5.5　没有 API 的酒店各系统情况

资料来源：石基 PMS 研发总监 Max Wu：云 PMS 需要能够满足用户业务可持续增长 [EB/OL].(2020-01-01)[2022-03-06]. https://www.shijigroup.cn/blog/14.html.

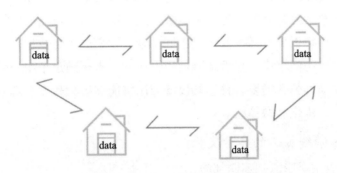

图 5.6　有 API 的酒店各系统情况

资料来源：石基 PMS 研发总监 Max Wu：云 PMS 需要能够满足用户业务可持续增长[EB/OL]. (2020-01-01)[2022-03-06]. https://www.shijigroup.cn/blog/14.html.

2018 年开业的阿里未来酒店"菲住布渴"，酒店内应用了大量智能化设备，比如人脸识别、自动门锁、声音识控、自助机 check in、天猫精灵等。这些应用就是通过 Cambridge 开放 API 平台解决了内外部系统对接问题，以达到客史数据实时准确传输，进一步提升了消费者参与度，为用户提供了更多自主权。这种工作量，在没有 API 平台的情形下，是无法想象的。

除了开放性，安全稳定性也是酒店企业选择云 PMS 产品要考虑的要素。简言之，云 PMS 需要具备两个属性：一是平台化属性，能够实现与各类系统之间互通互联，不限于特定技术产品体系内还是体系外；二是安全稳定性，最大程度上保障用户数据安全性，做好安全防范机制。

2. 酒店集团的统一诉求：集中化、标准化、轻灵便捷

对于酒店集团而言，要求的是集中、标准和便捷。标准化包括酒店集团价格代码、市场代码、房型代码等标准的统一；而集中化管理体现在系统上，则更意味着营销集中化和数据集中化。

同样以石基 Cambridge 为例，开放架构在极大程度上降低了酒店管理集团管理和沟通成本。通过自带集团代码管理模块（GCS），酒店集团可以确保旗下各酒店基础代码设计保持统一，确保集团标准，而单体酒店也可以根据自己的业务需求进行一定程度的调整。同时，通过开放的 API 接口，集团可以实现便捷集中化数据抽取从而进行

中央管控，改变了以前传统模式下因接口传输不稳定而造成的数据不准确状况。

云化产品对于酒店集团来说，另一个显而易见的好处是，将缩短酒店开业时间。一方面是因为新开业酒店的各项设置环节变得更为简单；另一方面是因为云端产品部署更便捷，设置完成后，开通账号密码即可直接使用。

3. 移动智能时代下的 PMS

近年来，得益于智能设备的更新换代和网络速度的革新，用户期待能够通过更便捷的方式运营及管理酒店，移动化需求显著。同样以 Cambridge 为例，升级后的 H5 版本实现了真正意义的跨平台，无论是电脑端或是手机端，Android 或是 iOS 版本，兼容性可以保证用户更加灵活方便地在不同平台上共享应用和数据。用户只需打开浏览器，直接就可以访问应用，显著地降低运营成本，真正满足了用户的不同需求，也更加适应当下移动办公的需要。移动端设备应用将能够极大程度上解放前台，帮助酒店重塑运营流程、优化客户体验。

4. 云 PMS 带给员工的体验变化

云 PMS 的应用会影响到不同部门。

首先，酒店的 IT 部门，由于部署方式不同，酒店 IT 无须采购贵重硬件设备，也不需要架设沉重服务器，能直接开始软件使用。对于酒店 IT 来说，采购前端的专注点可以更加放在软件本身的功能性和安全性上，作为重点评估。

在使用过程中，云 PMS 可以实现自我迭代和无感升级。就像使用微信一样，微信一旦有版本升级，会发给所有用户一个通知，用户点击直接进行系统升级即可。这意味着酒店 IT 在系统后期运维压力会减轻，而关注点可以转移到确保系统稳定性和如何加强酒店数据安全性方面，如 GDPR 等法案的合规性。

其次，酒店前台，前台是操作系统的直接使用者。云 PMS 给直接使用者带来了更友好的体验。比如 Cambridge 的一个基本设计原则就是"所见即所得"，尽量减少路径和环节，提高效率。诸如常用模块设置在最显眼位置，确保前台工作人员可以最快的速度找到按钮；系统中融入一定程度 AI 智能搜索，方便工作人员进行快速查找等。此外，酒店前台员工流动性比较大，如果 PMS 系统培训过于复杂，不利于新员工上手操作。云 PMS 可以进行系统功能拆分，极大地减轻培训压力。酒店企业可以更加从容应对人员变化问题，新员工则可以更快熟悉系统操作，不影响宾客体验。

扩展阅读 5.1 酒店评估云解决方案必问的五个系统安全性问题

5. 酒店集团与酒店之间的沟通和交互模式发生变化

其主要体现在酒店集团的集中化程度和对酒店产品价格、库存等资源的掌控力会更高、更强。原来酒店集团是指令性的标准下放，要求酒店按照标准进行执行。这种模式的问题在于，后期监督管理成本比较高，存在执行不到位的情况。云 PMS 中的集团模块能够实现与集团 CRS 系统无缝对接，也就是说酒店集团在标准化设置方面变"指令性"为"主动性"，从而更好地发挥集团规模化优势。

5.2 PMS 未来发展趋势

打破"信息孤岛"是酒店系统的第一要务，这并不只代表着要多做一个或两个接口，而是要真正实现开放所有通道的互惠互通，只有这样才能够实现与更多智能化、自动化对客手段的对接，满足消费者日益增长的对于新兴技术手段的需求。而同时，用户数据运营一直是管理者最为关注的，如何用，怎么用？通过 BI（商业智能）及人工智能接入，对用户进行大数据画像并进行精准服务，将会是 PMS 系统在未来的新标配。当然，技术永远是手段而不是目的，软件逐步迭代的最终意义也在于如何高效为酒店、为客人服务。未来 PMS 系统应在以下方面满足酒店企业运营管理与顾客个性化需求实现。

5.2.1 PMS 对顾客需求的满足与预测

（1）下一代 PMS 集成了会计软件、钥匙卡和门禁系统、信息亭、互联网和电话系统、迷你吧、娱乐应用程序，甚至还有交通工具。它与自助服务工具集成，网络预订引擎允许客人选择房间，就像旅行者选择飞机座位一样，而移动应用程序允许他们下载数字钥匙开门。它与物联网设备集成，实现了非接触式宾客体验。这些设备正越来越多地将标准酒店房间变成联网房间，配备传感器激活的恒温器、声控助手和智能娱乐系统，客人可以通过手机、平板电脑或室内显示屏进行控制。

（2）PMS 充分利用云计算、开放 API 市场、数据集成和技术连接，系统在任何时间、任何地点都更容易访问，将更容易"插入"未来的酒店技术。重要的是，它让酒店经营者能够在最重要领域推动持续改进：顾客满意度。事实上，PMS 直接或间接地影响和告知客人体验的几乎所有方面，从处理客人询问到促进面向客人活动的管理，再到对客人需求和偏好的预测，提供个性化的信息、优惠和服务。

（3）前台核心运营职能，如预订管理、价格确认、客房管理、客人酒店出入管理、房间分配、账单维护、个人资料更改、过账房费和处理其他账单要求等，都对顾客体验产生深远影响。下一代 PMS 应能够消除客人与酒店互动中的"摩擦"，同时满足客人日益增长的便利和个性化需求，如社交距离、非接触式服务等。

（4）对于酒店经营者来说，适应"新常态"不仅意味着将客人和员工健康和安全作为重要工作，还意味着在努力改善整体客人体验同时，进行更精简运营。下一代 PMS 应支持和满足这一需求。PMS 通过自动化简化酒店运营，提供卓越管理控制，进一步提高效率和降低运营成本。如减少员工日常重复工作时间，会提高员工满意度。与此同时，在顾客如何与酒店互动方面有更多选择，包括更多使用移动应用程序和自助服务解决方案，提高满意度和忠诚度。其他 PMS 功能，如同步可用库存和房价集成的收入和渠道管理模块，可转化为更高盈利能力。根据相关研究显示，全球范围内、疫情发生前，82%中小型酒店和 92%大型全服务酒店经营者表示，在过去 3 年内升级 PMS 能够显著改善收入表现（图 5.7）。

 增加收入
增加盈利能力
降低运营成本
降低IT成本

 提升顾客需求相应速度
集中和简化酒店运营
改进员工工作效率
改进顾客服务的完成时间

 实现与第三方模块的无缝集成
提升数据的可用性与准确性
降低酒店技术基础设施压力
改进业务绩效分析
提升顾客满意度、忠诚度与留存率
改进品牌宣传

图 5.7 酒店企业 PMS 升级效果分析

资料来源：Oracle Hospitality. The 2021 smart decision guide to hotel property management systems: how leading hotels are utilizing next-generation technologies to adapt to the "new normal" — and prepare for a brighter future[R]. Starfleet Research, 2021: 9.

增加收入，增加盈利能力，降低运营成本，降低 IT 成本。

提高客人查询响应时间，集中和精简酒店运营，提高员工效率，缩短客户服务履行时间。

实现与第三方模块无缝集成，提高数据访问的准确性，减轻酒店技术基础设施压力，改进业务绩效分析，提高客人满意度和忠诚度，加强品牌宣传。

（5）能够迅速行动并降低运营成本和简化业务流程的酒店企业，通常是那些拥有灵活且可扩展技术基础设施的酒店。大多数情况下，该基础设施建立在开放式 API、增强连接性（可促进所有关键技术组件之间通信和数据传输）和报告仪表板（可提供活动和性能完整的实时视图）基础上。简而言之，这些酒店企业有一个能够实现敏捷性的技术基础设施。开放式连接到技术组件，这些组件可以在所有职能部门、接触点和设备之间集中连接和共享数据，这与过去的单一平台大不相同，后者最初开发时只用于管理基本的前线工作任务。

5.2.2 云模式可自动增加或降低容量

大多数经验丰富的酒店经营者都精通与技术相关的进步，这些进步正在改变酒店行业。在考虑下一代 PMS 可以为酒店带来的优势时，需要记住几个关键概念。

（1）云部署。许多云服务使用的是随用随付模式，在容量和使用上没有边界。这些好处包括消除了现场服务器硬件（以及随之而来的日常维护），以及购买前期硬件和软件以许可证形式支付的资本支出（基于云的软件通常在订阅的基础上支付）。云解决方案通常允许灵活的技术堆栈。如果集成系统的一部分过时或出现故障，无论出于何种原因，都可以随时插入新软件进行更换，从而最大限度减少停机时间。云的真正魅力在于软件总是可用且最新。软件升级往往是快速和无缝链接的。维护期通常很短，通过单版本开发，所有酒店客户都可以同时升级。技术与解决方案提供商有责任确保软件以始终如一的质量交付。为应对当前业务挑战而设计的新功能，如疫情带来的挑战，往往会持续推出。云 PMS 可以通过任何连接互联网的设备访问，其他包括减少对酒店技术基础设施压力，以及与第三方应用程序无缝集成。云解决方案往往装备精良，能够根据未来酒店需求进行调整和增长。云模式会自动增加可扩展硬件容量，对于不断发展和变化的旅游业，灵活性需求至关重要。

（2）宾客体验管理。如今要提高客人体验的质量，风险比以往任何时候都高。其实在疫情之前，客人旅程的大部分方面就已经转移到了数字平台。在这些平台上，对客互动更加便利，无须与酒店员工进行面对面沟通。下一代 PMS 通过减少摩擦、增加便利性和个性化影响对客互动质量。酒店经营者能够通过这些互动获取数据，并将数据集中存储库中。了解客人需求和偏好，根据这些信息针对性采取行动，提供定制服务。酒店经营者越来越多地使用支持人工智能的设备，改善优化客人服务查询响应和完成时间，减少解决问题时间。酒店企业正在通过整合技术支持的便利设施增强酒店内体验，预测客房服务的需求或特定的信息请求，并预测客人对哪些酒店或外部服务和活动感兴趣。如利用 PMS 数据创造"未来互联房间"，设备通过连接，房间可以设置个性化音乐、温度和照明。

5.2.3　PMS 移动功能进一步加强

（1）个性化需求。研究显示，90%酒店经营者"同意"或"强烈同意"针对性的个性化产品与服务，即在正确的时间向客人提供高度相关的信息、优惠和服务，这是改善客人体验最有效方法之一，进而提高满意度和忠诚度。酒店入住期间，客人希望获得优质服务、无摩擦互动和个性化体验，这些体验基于顾客以往行为和购买经历，顾客愿望、需求和偏好。对于酒店经营者来说，这意味着酒店企业需要拥有能够在整个客人旅程中实现个性化的技术，即从入住前到退房后。下一代 PMS 可以帮助酒店经营者实现这些个性化宾客服务期望。

（2）移动性。面向员工和顾客的移动功能，在所有酒店运营和功能中都至关重要。从预订、客房分配、入住、退房、客人免钥匙进入房间等，到酒店管理层和员工的移动服务管理和通信应用程序，移动平台功能实现了更快速响应的服务模式和改进的运营绩效。酒店员工能够访问包括实时性数据在内的信息，并通过智能手机或平板电脑与前台和其他部门进行沟通，从而知道何时可以清洁房间，何时需要满足服务或维护请求等。PMS 可以跟踪进展情况，并随时发现出现的任何问题。员工通过易于使用、直观且响应迅速的移动界面，在酒店周围移动或远程工作，从而减少客人等待时间，最大限度地减少客人不便，提高宾客体验整体质量。

5.2.4　PMS 技术和数据集成

虽然一些行业观察人士猜测，PMS 可能会在技术堆栈中的其他平台上处于次要地位，但事实并没有证明这一点。取而代之的是，PMS 与客户关系管理（CRM）解决方案、中央预订系统（CRS）和收入管理系统（RMS）紧密结合，已发展成为一个全方位的端到端系统，可根据酒店或品牌需求进行定制。有了下一代 PMS 系统，酒店经营者可以像配置乐高积木一样配置模块和第三方应用程序的任意组合，只需最少调整，实现应用程序之间的无缝集成。研究显示，93%酒店经营者"同意"或"强烈同意"技术平台互通性是酒店绩效提升的关键成功因素。完全集成的 PMS 使酒店经营者在传统解决方案和数据仓库方面比竞争对手具有明显优势。首先，PMS 通过与 CRS 以及所有其他酒店解决方案和模块之间的无缝交互，实现数据"集中采购"，具有显著成本效益。这些好处包括减少手动更新错误、延迟或漏记房间费用、过账等损失。CRS 和 PMS 之间的无缝集成是首要任务，以便支持预订交付、修改和取消，以及新的和修改的价格、住宿控制和库存同步。同样，如果酒店提供餐厅或咖啡厅，那么这些交易需要记录在 PMS 中。数据集成不良可能会导致与手动更新错误和前台 POS 整合错误相关的财务损失。整合性差也使酒店无法了解客人在酒店中的花费。CRM 应用程序、销售和营销系统等都需要全面连接、接口和共享数据。

5.2.5　价格自动分配管理

许多国际酒店品牌、单体酒店经营者近年来投入大量资金，与 OTA 竞争，通过酒店企业自身官网和分销渠道推动更多直接预订。尽管 OTA 无疑仍将是一个必要的营销和分销合作伙伴，但 OTA 的话语权及影响力则没有以前大。尽管如此，随着需求增长和入住率恢复至疫情前水平，酒店经营者还是需要保持与 OTA 等第三方合作关系，最大限度确保成功预订与客房出租率。这也意味着酒店企业需要拥有能够实现无缝分销管理的技术能力。酒店经营者没有时间和资源手动管理多个在线渠道，就像他们没有时间和资源手动管理价格一样。在一个以库存和价格持续波动为特征的动态市场中，考虑到旅行者可以通过大量渠道预订酒店，自动价格分配势在必行。PMS 则具备这一功能，帮助酒店经营者专注于扩大营销和分销范围，而无须手动进行任何更新。这项技术将 PMS、中央预订系统和收入管理系统连接到 OTA 以及酒店使用的其他任何营销和预订渠道，方便潜在客人"找到"酒店。该功能无缝集成到平台中，通过酒店和各种在线渠道之间的双向连接，可以即时交换信息。实时房价、客房可用性和限制将自动从 PMS 发送到在线营销和分销渠道，包括 OTA。当通过第三方网站预订客房时，

PMS 会自动更新以反映可用性的变化。自动价格分配使酒店经营者能够在优化收入的同时，最大限度地增加客房库存，并降低超额预订的风险。

5.2.6 基于 PMS 的收入管理

疫情影响下，客房需求正常波动和收入管理解决方案无法正常运行，酒店入住率创下历史新低，迫使酒店经营者在收入管理实践中按下"重置"按钮。酒店企业预测模型所依赖的历史数据，在"新常态"中变得不那么重要，而前瞻性数据，包括预订前数据，可以推测需求迹象，变得更加重要。在此期间，酒店经营者不得不重新评估数据输入，并重新确定其优先级，同时也从使用"静态 Compset"迁移到使用"动态 Compset"。下一代 PMS 可以捕获和存储从入住率、ADR、预订速度、停留时间、预订渠道和客群等所有方面数据，还可以捕获新数据源，包括"旅行意向"数据，这些数据可能更适合在不确定市场中进行预测。先进的收入管理解决方案比以往任何时候都更快地处理越来越大的数据量。平台功能差异很大，在如何处理收入管理方面有很多不同风格。如最佳可用价格（BAR）定价策略，这是一种分层价格结构，与按日期更改每种房间类型价格的传统定价方法相比，提供了更大灵活性，需要对其他营销计划进行跟进。其他策略包括更复杂、更动态的方法，优化每间可销售房收入，实现定价建议的自动化。需要注意的是，收入管理绝不仅限于客房销售，酒店非客房产品都应纳入收益管理框架，尤其疫情使本地客源成为众多酒店重要客源。会议、娱乐设施与服务的收入，通常占全服务酒店收入的四分之一或更多，如大型团体活动涉及的酒店各方面消费。无论在正常时期还是特殊时期，完整的收入管理解决方案，都是酒店企业实现全部潜在收入的重要基础与保证。

5.3 酒店企业选择不同 PMS 系统考虑要点

疫情迫使各公司重新思考、设计企业业务。对于酒店企业来说，这些压力更加真实与迫切。对于酒店业来讲，一直以服务业作为基础定位，寻求减少甚至消除面对面交流的方法似乎与酒店业的概念背道而驰。但借助科学技术的发展，以及疫情期间的实践，酒店企业更加接受了创造客户接触点的新技术。酒店企业和顾客在技术支持下，实现了之前面对面互动的效果。尽管疫情加速了技术创新和酒店品牌移动应用程序、人工智能驱动的聊天机器人、其他解决方案的推广与应用，很好地实现了面向客人的接触点和渠道管理。但事实上，自动化、自助服务和数字化的趋势已经持续了十多年。目前需求量很大的一些解决方案已经在酒店领域得到广泛采用。随着这些解决方案的发展，技术互通性和无缝数据集成将普遍应用到酒店管理系统中。很多 PMS 系统都具有备受好评、高度创新的选项，其中大多数都提供了大量尖端功能。在研究和评估不同 PMS 系统时，酒店企业可结合以下方面进行评估。

5.3.1 不同系统具有不同平台功能与竞争优势

所有下一代系统都支持移动，并在云中提供平台交付，允许随时随地访问数据和接口。在这一点上，大多数 PMS 界面都是直观且易于使用的，屏幕以逻辑且易于理解的格式布置。快速功能图标有助于缩短学习曲线，加快工作流程。在许多情况下，员工只需几次实践就可以完成新系统培训。这一点尤其重要，随着酒店入住率开始回升，酒店需要雇用更多员工。

但同时，并非所有系统都同样适合所有酒店经营者的需求。不同的系统具有不同的平台功能和竞争优势，为酒店及其客人提供不同的利益和不同的用户体验，甚至产生不同的财务结果。酒店企业在作出购买决定之前需要做好调研，而首先要知道需要调研哪些因素。根据酒店经营者的具体需求、情况（包括类别、规模和星级）以及战略重点，各企业肯定各有侧重。

酒店经营者首先需要考虑，PMS 在何种程度上将酒店日常运营简化和自动化，尤其是高峰期和劳动密集时的运营。从客房状态管理到房间分配，PMS 应该能够处理大部分繁重工作。此外，通过整合面向客人的渠道和接触点，PMS 在多大程度上有助于提高宾客体验质量，促进个性化产品与服务实施。

5.3.2 PMS 的集成能力

理想情况下，PMS 不仅应该处理而且应该自动化和优化几乎所有的酒店运营数据，从预订、团队销售、员工日程安排和库存管理，到礼宾部、客房部、维护、功能空间和其他设施运营。以下是酒店经营者在实现这一愿景时需要牢记的几点注意事项。

（1）报告和分析。为了作出明智决策并推动持续绩效改进，酒店经营者需要随时了解企业运营情况。借助先进的 PMS，内置性能报告和分析工具既灵活又复杂，提供强大的商业智能解决方案。酒店经营者可以监控入住率趋势、客人支出、市场地位、渠道盈利能力和其他业务驱动因素。企业可以获得能够改善客人体验的建议，并发现提高营销、销售和服务效率的机会。当今最好的 PMS 报告和数据分析工具配备了几十个标准仪表盘，这些仪表盘能满足大多数酒店经营者日常需求，并为多个部门和职能部门决策提供依据。任何技术水平的员工都能够访问大量汇总数据，响应时间不到一秒，获取动态和高质量数据及报告。PMS 的集成能力，所有来源的交易和互动数据，从预订、销售、客房管理到礼宾、客人需求，都需要成为公共数据流的一部分。

（2）客户关系管理。CRM 解决方案为酒店经营者提供了获取顾客行为和偏好的工具与支持，将 CRM 功能整合到 PMS 中，并将数据提供给所有面向客人的接触点，是需要重点关注的一个领域。一个强大的 CRM 应该具有多渠道的灵活性，能够将客户信息应用程序上提出的各种问题和请求整合在一起，记录通过非接触式支付网关处理的所有交易类型。诸如顾客购买什么、顾客询问什么、顾客需要哪些额外服务等。除了地理和人口指标外，这些都可以作为定价依据。酒店经营者掌握了此类数据，就有可能在任何查询之前预测服务需求、增强客人体验。

5.3.3　确保 PMS 内置了专门模块

（1）渠道管理。客房价格和库存信息需要在所有渠道和接触点准确传递，包括 OTA 数据。否则，在某些渠道上呈现给旅行者的价格可能低于预期，或者在某些渠道上呈现的可用房间实际上不可用，并且该房间可能被超额预订。手动输入房价和可用性变化，易导致错误，损害品牌声誉，有时会导致收入损失，这是任何酒店企业目前都无法承受的风险。

（2）专门模块。诸如高尔夫专卖店管理模块，具有开球时间安排、个人资料、账单和锦标赛管理等功能，允许酒店设置和维护与高尔夫活动相关的完整客人资料和历史记录，包括财务、遇到的问题和购买记录。SPA 管理模块，跟踪客人历史记录、SPA 状况、交易日志和偏好。客房管理模块，可以根据可用员工和工作量分配清洁服务，计算分配员工的最有效方式。礼宾模块，包括顾客请求、需求完成情况、本地供应商数据库和库存管理工具等功能。代客泊车、维修和其他部门的专用模块也很重要。确保 PMS 内置了专门模块，或者能够容纳管理特定酒店功能和设施的附加应用程序，这是一个重要的考虑因素。

（3）预订引擎。一个集成的预订引擎为酒店经营者提供实时的网站直接预订，以及跨渠道定制价格和可用房控制，实现利润最大化。散客和团体客人通过网络自助服务，预订设施和活动，并在抵达酒店前对住宿进行个性化设置。预订引擎可以提高预订量，降低成本，提高客人忠诚度。以客人为中心的功能通过在线预订活动和便利设施（如水疗、餐饮、剧院门票实时在线活动预订、开球时间、会员注册和账户访问）为客人提供个性化住宿选择。

（4）销售和餐饮。直接集成到 PMS 中的解决方案，该解决方案可以促进功能空间预订和活动快速高效执行。集团销售经理需要快速查看可用库存，为其定价并阻止库存。多酒店运营需要集中管理所有地点的功能空间库存。活动规划者需要提高规划和餐饮运营效率。团体销售功能提供酒店内和酒店间所有场馆空间列表，管理空间组合，与活动销售无缝互动，记录和管理团体客房预订，并允许顾客作为团体的一部分进行预订。酒店集团可以访问所有酒店的所有构成信息，根据可定制的收入类型跟踪预期活动收入、利润率和最终消费，从而持续提高集团销售活动绩效。

5.3.4　PMS 具有足够的灵活性和可定制性

大型酒店需要 PMS，该 PMS 可以跨多个门店集成多个应用程序。集团酒店更需要一个平台，让集团能够在不同酒店之间共享数据，进行库存管理和绩效分析。酒店经营者应该清楚地了解自己的需求，并对其进行相应权衡。以下是酒店经营者可能希望与 PMS 解决方案提供商探讨的几个问题。

（1）PMS 是否允许定制？每一家酒店都有其独特个性。一刀切的技术方法很少能成功。PMS 应该允许一定程度的定制。例如，包括修改屏幕布局或打印对开本、登记卡显示方式等的基础定制需求。任何解决方案都应具有足够的灵活性和可配置性，以满足酒店企业需求。这些需求包括地理和区域考虑、多语言屏幕和财务规模化及本地化能力等。

（2）PMS 部署、员工培训和支持涉及哪些内容？技术方案服务商提供给酒店企业的服务，应该像客人在酒店享有同样高标准的优质服务。这意味着酒店企业应该从服务商处获得从实施（包括数据迁移和定制）到解决日常问题的所有方面的帮助。还包括确保经理和其他酒店员工得到快速掌握新系统所需的培训。超过 3/4（78%）的酒店经营者同意，用户培训是确保 PMS 得到有效利用的成功因素。有效的电子学习工具和其他资源可以缩短学习曲线。同样重要的是软件升级过程，对于酒店企业和使用者来说应该是无感完成的。酒店经营者应该清楚地了解升级是如何处理的，升级的频率有多高，以及是否有可能出现服务中断。

5.3.5　PMS 应允许设置新的数据参数

数据分析工具是否满足酒店需求？87%酒店经营者将获取PMS数据和商业智能需求列为"重要"或"非常重要"。该解决方案是否使用自动匹配和合并功能组合客人信息，减少不准确客人记录并提高整体数据质量？它能让企业更高效、更准确地管理客人档案吗？它是否能让企业各个部门存储和管理定制客人档案？它是否能实时查看客人过去购买行为、偏好，以及任何其他细节？这些细节应与向客人推送哪些优惠、信息和服务相关。大多数系统都配备了大量标准仪表盘，这些仪表盘应能满足大多数酒店经营者的日常绩效管理要求。有些报告简单明了。客房管理报告就是一个很好的例子，应该提供与清洁时间、入住率和客房管理状态有关的信息。对于已预订和已入住房间，还应该提供有关客人信息，如预订号、到达日期、出发日期和时间，以及客人数量。此报告还应列出按房间类型、建筑物序号、可用性等特征的一系列房间状态。并非所有数据查询都可以提前预测。酒店经营者有时可能会有特殊的报告需求，在这种情况下，企业需要确保 PMS 提供对非标准数据集以及定制仪表板有设置权限。PMS 功能应允许进行特别查询，允许酒店经营者设置新的数据参数，并动态生成自定义报告和仪表盘。

5.3.6　PMS 提供商的品质与声誉

　　解决方案提供商的客户多有哪些酒店企业或企业？声誉和客户满意度始终是技术决策过程中的重要因素。没有企业愿意购买和实施一个在稳定性、可靠性或承诺收益方面存在缺陷的产品，否则就达不到预期。对于酒店企业购买决策而言，没有比从现有酒店客户那里收集到的信息更重要的了，尤其是在类别、规模、现有技术基础设施方面具有共性的酒店。

5.3.7　PMS 与第三方技术的集成

　　为了提升自身技术能力，酒店企业往往会增加独立平台、特定功能模块和面向客人的应用程序。无缝技术集成是优化酒店运营和改善宾客体验的关键。如果很大一部分业务来自中央预订系统，则需要无缝集成以支持预订交付、修改和取消，以及新的和修改的价格、住宿控制和库存同步。所有来源的交易和互动数据，从客房销售、客房管理、礼宾和客人需求，都需要成为公共数据流的一部分。其他需要与 PMS 无缝集成的技术可能包括门锁和分配房间钥匙的编码系统、电话和呼叫中心管理软件等。理想情况下，PMS 还应与客户忠诚度管理和奖励应用程序以及 CRM 解决方案集成，从而使营销和销售团队能够更好地确定其活动目标。

5.3.8　PMS 价格及计价方式确认

　　（1）PMS 的总成本是多少？大多数基于云的 PMS 系统，数据存储在云中，无须使用内部服务器，使用按量付费模式。这通常意味着没有长期合同，也没有前期资本投资。对于预算有限的小型酒店来说，这可能是一个重要的考虑因素。云解决方案通常会随着业务量的增加而扩展，因此总成本与酒店运营规模相关。确认哪些软件功能和模块（包括未来的升级）以及哪些硬件组件（如果有的话）包含在基本（经常性）价格中，避免未来出现任何意外。此外，将直接成本和间接成本纳入考虑也很重要。直接成本指的是硬件和软件的购买价格，包括基于云系统的每月费用，间接成本包括软件定制、员工培训和数据备份等费用。

　　（2）预期的投资回报率是多少？PMS 系统将在多大程度上减少目前用于管理前台活动（包括入住和退房）的时间，用于整合客户账户、管理不同分销渠道（包括 OTA、GDS、web 和旅行社）的费用，管理客房可用性等其他重复和耗时任务的时间。PMS 在多大程度上改善销售和收入表现，如通过网络预订引擎集成增加预订量，通过实时库存更新提高入住率，通过集成收入管理和先进的预测工具，以及改进数据分析提高平均房价等。另一个关键因素与账单损失的减少有关，包括手动更新错误、延迟或漏计入房费相关的损失，以及降低 IT 维护和与第三方技术集成的成本。

5.3.9　PMS 顾客信息采集能力

（1）关注客人个性化。客户个性化是一项功能，可以捕获大量客户资料信息。所有预订数据、地理人口统计数据、交易数据和行为数据都应存放在一个集中的数据存储库中。存储库还应包括单个客人在酒店集团所有酒店入住期间发生的费用、付款的完整历史记录。每一个细节，从客人点的食物、饮料，到顾客对各种酒店服务和室内设施的使用，客人和酒店之间发生的每一次互动、交易和记录的体验，这有助于描绘出一幅更加生动的客户画像，更好地告知酒店企业如何为顾客提供最好服务。关键是能够在正确的时间点以自动化的方式对客户数据进行采集，提供与个人相关且有价值的信息、优惠和服务。这也是 PMS 未来致力于发展的重点领域。

（2）确保客房和房价变化的自动化。酒店需要在 CRS 中定制直接预订引擎，或由渠道经理制定收入决策，并通过呼叫中心和其他渠道自动提供特定渠道的服务。CRS 应与酒店特定市场的 OTA 整合。OTA 既是预订引擎，也是在线购物渠道。渠道管理集成确保所有预订渠道的房价和库存可用性快速、准确地更新。否则，如前所述，某些渠道的价格可能低于预期，或者呈现为可用的房间实际不可用等。手动输入房间和价格变化可能会导致错误，最终会损害品牌声誉并导致收入损失。

5.3.10　PMS 有助科学决策

（1）专注于数据分析和商业智能。分析工具有助于酒店企业和各部门科学决策，从中获得的建议产生深远影响，提升营销效果、销售额和客户服务效率，生成竞争情报等。酒店企业需要监控入住率趋势、客人人口统计、市场地位和渠道盈利能力，并知晓这些客人通过哪些渠道，如旅行社、OTA 或酒店网站预订住宿的百分比，这对收入管理和营销策略产生直接影响。例如，如果某个 OTA 吸引了 ADR 较高、住宿时间长的客人，那么提高酒店在该网站上的排名可能是有意义的。酒店经营者需要在一个精细的层面上，了解渠道的相对绩效，并据此制定策略。93%的酒店经营者认可 PMS 等工具在帮助管理和优化市场和渠道组合方面"有效"或"非常有效"，在相同的营销支出下显著增加酒店收入和盈利能力。

（2）专注于建立收入管理战略和文化。收入管理战略是在特定时期内改善财务绩效的蓝图。它包含酒店所有部门的收入流，从销售部门到在线分销渠道的所有收入驱动因素。该战略应该建立在收入目标基础上，使用有针对性的 RevPAR、GOPAR 和跟踪进度的其他相关指标。设置具体时间表，并详细说明成功实现需要的策略。该策略应尽可能具体，如详细说明酒店如何定价等，帮助所有员工在收入管理方面形成一致认知。

5.4 PMS 功能与定位再审视

作为酒店最核心的业务系统，PMS 中沉淀着大量的数据资产，也是几乎所有外部应用对接的必由之地。但同时，用户急需挖掘数据价值，提高效率，带来收入，可现今的 PMS 却无法发挥自身价值。越来越多的创业公司提出各种解决方案，帮助酒店企业加强宾客参与和客户数据分析，力争增加收入、提升体验和品牌忠诚度、带来更多直接预订等，但这一切都离不开与 PMS 对接。未来是彼此连接的，连接有着更广义、更丰富的内涵。

5.4.1 PMS 将向 HOS 方向演化

过时的 PMS 系统将会消失，未来不再需要维护复杂功能并处理繁杂数据，"PMS"将变成一个平台，平台上有各种模块化应用和功能，酒店企业可以根据自身需求进行选择。

目前的情况是，为了满足不同类型酒店需求（大型、小型、度假、商务），大多数 PMS 功能都很繁杂。但同时也给酒店企业带来了困扰，很多时候企业付钱买了整套系统，但实际上能用到的功能只是其中一小部分。或者酒店需要的某些功能 PMS 本身没有，这时酒店企业还需要额外与外部应用进行对接。无论哪种情况，酒店企业几乎无法从现有 PMS 中得到最大价值。

5.4.2 HOS 完全模块化

这意味着酒店企业可以根据自身业务情况，选择使用所有或者部分模块。此外，酒店企业还可以随时停用或者启用这些模块，整个 HOS（是美团酒店于 2016 年率先推出的一项商家综合运营能力评估体系）平台将具备极强的兼容性。对于用户来说，这种模式更有吸引力，也能够满足不同类型酒店的需求。

HOS 模式也能比较好地避免区域差异带来的困扰，比如发票、政府报表和财税要求等。当然，要做到这一点，还需要一些前提条件，即降低连接难度并允许外部合作伙伴（如服务、Apps 和技术服务提供商等）能够通过连接获取相关客户数据信息。

应该说，开放式 API 是让各方实现顺畅高效连接的最佳方式，外部合作伙伴可以基于 API 来建立连接。这种情况下，酒店用户可以随时开启或停用平台上的应用和 Apps，而不需考虑 licenses 授权问题，也不再需要担心 UI 界面不统一和人工数据传输错误问题。

这将完全颠覆现有模式。这些迫在眉睫的改变是极其必要的，促进行业不断进阶发展，但真正让企业感到兴奋的是，HOS 将会如何影响酒店宾客体验。

5.4.3 宾客体验提升

物联网技术越来越发达，身边的很多物品都连接了起来，促进了彼此之间数据流动。所有连接价值的体现，最终在于宾客体验的提升。连接所带来的数据，能够让酒店企业进一步了解宾客需求并投其所好。所有连接汇集一处，将为宾客带来无缝高效体验，从而带来满意度提升（图 5.8）。

图 5.8　基于 HOS 的连接系统

图片来源：石基信息，PMS 进化论：回顾过去才能更好地看向未来[J/OL]. https://www.shijigroup.cn/blog/69.html

移动 check in 和无接触式房卡回收已经在行业有了应用，但能做的远不止于此。这需要 HOS 连接系统能够充分体现其高效性。如将 HOS 与航班管家类 API 或者出租车 App 进行连接，就能知道客人是否延误，并将这一信息发送给出租车 App、客房服务和宾客中心，通过短信告知客人当他抵达酒店的时候，一切都将准备就绪。进一步来说，酒店企业还可以充分利用客房智能语音设备，如亚马逊的 Echo，或者谷歌智能助手。客人可以向语音设备发起任何请求，由于 HOS 已经与翻译软件建立了连接，酒店再也无须担心语言问题。

所有信息都将存储在 HOS 系统中，这将改变酒店与宾客进行互动和服务的方式，酒店企业应该始终把重点放在如何与宾客增进互动，而不是顾虑并受限于 PMS。由于自动化设备、移动端和自助入住等技术的引进，酒店前台可进行更多功能重构与优化。前台的重构，使用自动化系统收集宾客数据和信息，不仅增加了酒店大堂空间，也让员工能够摆脱前后台束缚，着力于宾客互动、提升宾客体验。这并不是说酒店前台会消失，只是酒店企业与客人互动的方式会发生改变。

这是 PMS 进化革命的开始，其中孕育着无限可能和大量机会。如果企业不拥抱这种改变，就会失去消费者与品牌的连接和忠诚度。自动化、对数据的深刻理解和使用，能够帮助酒店企业提升用户体验，满意度的提升则将进一步增进忠诚度，最终提升品牌商业价值。未来，PMS 将不再是重点，一切都将聚焦于连接和运营系统平台（martin harlow）。

扩展阅读 5.2　酒店数字化基础设施从 PMS 到 OMS

即测即练

自学自测　扫描此码

第 6 章

数据的解释、转换和可视化分析

> 本章学习目标：
>
> 1. 理解旅游业数据"5A"内涵。
> 2. 理解酒店企业数据可用性的难点有哪些。
> 3. 理解酒店企业组织结构、文化与数据可达性的关系。
> 4. 理解酒店企业常用的数据分析类型。

如今，旅游业所拥有的数据比以往任何时候都更多。然而，如何真正利用数据提炼洞察，以更好地赋能业务和运营，却是一个极具挑战的工作。通常情况下，阻碍数据转化为有价值的信息，不是过时的技术，而是不符合数据价值发掘与实现的文化。很多时候，工业时代传承存下来的惯性思维，某种程度上阻碍了当下信息时代的业务流程重塑。对于当今旅游业而言，与时俱进地适应数字文化尤为重要。尤其随着数据成为企业实现业务目标的核心驱动力之一，酒店企业旅企制定相应的数据处理和分析策略也就非常关键。通过分析高质量数据，酒店企业将有能力进一步追踪和优化定价策略、个性化服务、品牌知名度、渠道管理等各个维度的内容和业务。

酒店企业需要在组织架构各个层面提升员工数据素养，并在数据管理方面进行更有针对性的投资。通过雇佣内部和外部专业数据管理和分析人员，能够在很大程度上改变对于数据的态度和认知，并有效克服五大关键性挑战，即数据的可用性（availability）、数据的可达性（access）、数据的准确性（accuracy）、数据的可分析性（analytics）和数据的敏捷性（agility），这也被称作旅游业的"5A"。如果能够解决这五个关键点，企业将有机会获取更多数据价值。

视频 6.1 2 分钟带你了解什么是大数据

6.1 数据可用性

数字数据和数字化流程对行业发展的推动作用越来越显著，数据可用性成为企业运营能否达成目标的关键所在。如何提高数据的可用性，是每个企业关心的热点之一，数据可用性不好，势必会影响企业目标的实现，造成声誉、客户、收入和运营方面的损失。

信息技术的迅速发展，催生了大数据时代的到来。大数据已经成为信息社会的重要财富，为人们更深入地感知、认识和控制物理世界提供了前所未有的丰富信息。然而随着数据规模的扩大，劣质数据也随之而来，导致大数据质量低劣，极大地降低了大数据的可用性，严重困扰着信息社会。近年来，数据可用性问题引起了学术界和工业界的共同关注，他们展开了深入的研究，取得了一系列研究成果。

6.1.1 数据可用性的基本概念

数据可用性具有很多度量指标，针对大数据的实际应用，对大数据的可用性度量指标进行了全面而系统的分析，抽象出如下 5 个实际可行的度量指标。

1. 数据一致性

大数据要实现可用性，必须具有一定的一致性。由于各类数据集合中的信息种类和表达方式存在差异，为了能够在应用过程中实现类与类之间的协调统一，就必须遵照相关的规则将数据的格式和表达方式充分统一数据集合中，每个信息都不包含语义错误或相互矛盾的数据。例如，数据（公司 = "先导"，国码 = "86"，区号 = "10"，城市 = "上海"）含有一致性错误，因为 10 是北京区号而非上海区号。

2. 数据精确性

由于数据本身就是通过数字传递和记录信息的，而数字本身的精确性是数据的基本属性。表达过程中所传达的含义及信息的准确度也与数据的精确性紧密关联。数据集合中，每个数据都能准确表述现实世界中的实体。例如，某城市人口数量为 4 130 465，而数据库中记载为 400 万。宏观来看，该信息是合理的，但不精确。

3. 数据完整性

数据集合中包含足够的数据来回答各种查询，并支持各种计算。例如，某医疗数据库中的数据一致且精确，但遗失某些患者的既往病史，从而存在不完整性，可能导致不正确的诊断甚至严重医疗事故。

4. 数据时效性

数据信息承载的内容在确保具有足够精准程度基础上，信息还应与时俱进，在时效性方面拥有较高利用价值，陈旧数据必须及时进行更新而不过时。例如，某数据库中的用户地址在 2010 年是正确的，但在 2011 年未必正确，即数据过时。

5. 实体同一性

来自不同数据和信息源的信息需要具有统一的规范化描述方式。具体来说，假设一个企业内部各部门之间具有相对独立数据库，并且数据库之间没有通用信息交流渠道，那么这些数据对于企业本身而言就是没有利用价值的。只有将各部门数据汇总整理后才能为企业发展作出实际贡献。同一实体的标识在所有数据集合中必须相同而且数据必须一致。例如，企业的市场、销售和服务部门可能维护各自的数据库，如果这些数据库中的同一个实体没有相同的标识或数据不一致，将存在大量具有差异的重复数据，导致实体表达混乱。

6.1.2 大数据可用性挑战与研究内容

大数据可用性提出了三个挑战问题。

1. 量质融合管理：如何实现大数据数量与质量的融合管理

现有大数据管理研究仅关注数据规模、系统处理能力和可扩展性，重在"量"的管理，忽视数据"质"的管理。企业面临的第一个挑战是确保大数据的质量，将大数据管理从"量"的管理拓展到"质"的管理，最终实现"量"与"质"的融合管理。为了彻底实现量质融合管理，必须研究量质融合管理问题，提出完整理论体系，解决关键技术问题。

2. 劣质容忍原理：如何完成劣质数据的精确或近似计算

数据错误几乎无处不在已成为不争事实。"劣质容忍"是指在数据存在错误的情况下，如何完成精确或近似计算。为了实现劣质容忍，必须完成如下两个挑战性任务：第一，自动发现并修正大数据错误，将可校正劣质数据修复为完全正确的可用数据，支持正确的计算；第二，很多数据错误无法完全修复，经过修复后，这些数据成为部分正确的弱可用数据。必须解决如何在弱可用大数据上完成高质量的近似计算。

3. 深度演化机理：如何认知大数据演化机理，追索数据错误根源

数据不是一成不变的，它会随着时间和物理世界的变化而发生演化。现有的大数据研究忽略了对数据演化机理所进行的研究，使得数据错误根源难以追索。需要探索大数据深度演化机理，即以可用性为核心的多源信息集合在时间、空间、形态、粒度等多个维度上正向协同的演化机理。

针对目前大数据的主要应用方式及使用场景，从可用性的角度探讨大数据的根本属性，需要研究以下量两个方面内容。

（1）现存数据资料种类繁多，数据量庞大，如何利用科学的大数据获取与整合方式提升数据利用的质量与效率，是目前亟待解决的首要问题。通过各类数据整合和收集技术，借助各类物联网传感器、信息融合方式，将各种物理量转化为数字化的信息并进行采集、处理和存储。利用数据过滤模型，建立多模态结构数据融合计算结构，帮助实现高质量数据融合与精确获取。在对现有数据进行整理分析的基础上，发现其中隐藏的变化规律，再根据这些规律实现利用大数据预测未来发展趋势的目的。

（2）流程化的大数据研究需要参照一定规则进行。围绕需要研究的内容及研究方式，大数据可用性相关研究体系应建立在多数据类型综合应用方式上。将数据与数据之间的质量融合管理关系作为衡量大数据可用性的客观标准。在研究过程中，需要以此为依据建立一套相对独立的标准化框架。并在其内部搭建数据可用性理论体系，通过模拟仿真和理论评估相结合的方式对大数据质量融合的基础理论及演化过程进行全面模拟和分析。对于各种复杂性理论和算法的设计，应在反复实验的基础上明确影响数据可用性的最根本要素，为后续大数据利用效率提升奠定基础。

6.1.3 酒店企业数据可用性——便捷可用且完整的数据库

利用数据驱动运营，酒店企业首先要解决的就是数据可用性问题。这不仅仅在于是否拥有一个大型数据库，而是在拥有数据库的同时，要确保数据的完整、可管理、可操作且多样化。酒店企业需要便捷可用且完整的数据库，主要基于以下三点。

1. 避免数据不完整或者不准确

旅游业每天都产生大量数据，并且该数据规模不断扩大。无论旅行者搜索航班、浏览移动设备、入住酒店，还是扫码获取电子发票，对于酒店企业旅企而言，后台数据都是成倍增长的，而这些数据中包含着大量有关消费者消费行为的洞察和信息。在快速发展的行业背景下，灵活敏锐地获取信息并掌握这些数据所带来的价值，对于提升酒店企业市场竞争力至关重要。这些数据不仅数量庞大，且价值重要，如果对于数据的采集不够完整或者不够准确，就很有可能会使酒店企业旅企面临严重后果和损失。造成数据采集、存储不完整或者不准确的原因有很多。举个简单例子，旅行者在网上预订机票，那么从消费者在网络上进行信息搜索、下单，再到航空公司值机系统，客户数据分散在各种系统中。而将所有这些不同系统的数据汇总到一个数据库终端，需要大量投资。对于那些依赖传统技术保留忠诚度计划数据、航班时刻表的大型企业而言，尤其如此。当然，酒店企业也可以借助数据管理平台实现对数据的统一管理。通过聚合主系统的数据和第三方数据，酒店企业可以将数据清晰、全面地合并到一个数据库中。不过在这个过程中，营销和IT部门需要确保能够跨渠道进行全面的数据收集，以充分发挥数据管理平台的潜力。

2. 整合孤立数据

通常情况下，传统系统与当代数据系统之间的数据交换和流通存在着很大鸿沟，这也直接导致了过往数据零散和孤立，企业难以对其进行更深层次访问和分析。与此同时，传统系统也很大程度上导致了人力和财力浪费。如果要提取和利用之前数据，企业不得不雇佣费用高昂的外部供应商，或者耗费大量时间和人力通过人工干预来获取。

酒店企业不是第一个面临这一挑战的企业，这也更加凸显了统一数据架构对于企业的价值。通过与技术软件供应商的合作，酒店企业能够进一步统一数据连接端口，实现对现有数据和过往数据的全面访问，并进一步更加准确和充分地挖掘数据价值。

3. 数据获取与加工

尽管当前有大量可用数据，但令人惊讶的是，真正充分利用这些数据的旅企却屈指可数。据 Eyefortravel 报告显示，57.1%的旅企通过电子邮件收集了大部分数据。另外是从 CRM 和搜索引擎中获取数据，其中 CRM 占到了 54.8%，搜索引擎占到 50.8%。这些颇具主导地位的渠道也说明了，当下旅游企业可以捕获和分析的数据种类是非常多样的。

总体来说，酒店企业对数据的获取可集中在两个关键方面。首先，通过市场部和 IT 部门收集数据。其中包括社交媒体数据、网络流量数据及第三方交易数据。通过这些维度的数据收集和整理，获取对市场和趋势的洞察，是比较节约时间和资源成本的方式。虽然这些可能仅是交易数据，但是酒店企业能够从中挖掘出大量有关客户细分的信息，从而更好地制定市场策略。其次，酒店企业正在努力解锁人工智能带来的数据财富。我们正处在人工智能技术迅速发展的时代，物联网、数字助手、自由文本数据、视频等新技术的发展，带来了史无前例的巨大信息量。尽管人工智能分析能力仍处于起步阶段，但也在飞速发展过程中。

根据 EyeforTravel 调查显示，只有 15.1%的酒店企业从文本数据中提取客户洞察。对于其他形式人工智能技术的分析探索，仍有很大挖掘空间。对于数据挖掘和可用性分析，尤其是对于视频和图像数据方面的分析，为酒店企业发展带来了巨大机遇。照片和视频内容质量对顾客消费决策具有很大影响。对于视觉等内容优化，已成为很多旅企酒店企业营销策略核心。

6.2 数据可达性

企业内部 IT 信息系统中，公司管理层、决策者可以获取及时准确的数据信息作为决策依据，从而提高企业综合竞争力。企业也越来越多地应用各种业务系统，如自动化办公系统、财务人事系统、库房管理系统等。各业务系统相对比较独立，不能进行数据交换与资源共享。随着信息化建设的逐步深化，各相关业务系统之间存在着数据交换的需求，因此将需求的数据信息在所有系统中最大限度地共享，并保证各系统的稳定、安全运行，有着十分重要的意义。

6.2.1 企业数据特征

1. 管理指导职能突出

网络环境下实现实时跟踪的功能，可以动态跟踪企业在各地的每一项业务变动，予以及时必要的揭露。公司数据信息授权使用者可通过上网访问企业的数据库，随时掌握企业最新的和历史的相关信息。而企业管理者亦可随时获取本企业及相关企业的有关各种业务数据指标，通过对企业数据的掌握，及时作出正确预测及决策。应用网络化技术实现企业的数字化是现代企业的追求目标。未来的企业信息数据中心将企业生产经营活动中充分发挥数字化的优势为企业创造更多经济效益。企业的数据信息部门将与各部门业务融为一体，并且指导协调各个企业部门的生产经营活动，从企业的生产一线到管理部门都将在工作过程中体会到数字化带来的便利。在网络环境下，企业的组织机构变成了一个自动化办公网络系统，它把一些小型的、自就业团队整合起来以便进行实时管理，用网络扁平式管理结构取代传统的金字塔管理结构。

2. 企业内部信息共享需求明显

企业内部各项业务数据可以看作整体企业网络中的单个节点，企业数据共享是为了达到节约资源提高效率的作用，是企业发展的必然要求。一项复杂工作流程可以划分为许多部分，由网络上不同的计算机同时分步处理。网络的应用改变了单一业务软件的购买和使用方式，可省去相当一部分计算机购买、安装过程及软件的运行维护。任何单个业务部门，必须依靠各业务单元之间的相互配合、分工使用企业数据，达到"资源共享"，满足不同部门、不同用户对数据信息的需求。信息资源的数字化、网络化，打破了时间与空间限制，其信息资源也从有限扩大到无限，随着以计算机技术为核心的现代通信技术和信息数字化技术的发展，资源共享呈现出全球化、远程化。

6.2.2 企业数据共享面临的问题

由于计算机网络技术的逐步发展，企业 IT 信息系统也逐步建设与完善。由于 IT 系统建设初期缺少统一规划和部署，企业根据自身发展需要不断建成完善具体的业务系统。单独业务来看，每个系统都运行良好，并积累了大量基础数据，但靠自身数据积累往往难以挖掘其中蕴含的有效价值。只有通过开放共享和数据跨域流通，才能完成整个企业版图的绘制。然而，由于解决的业务问题不同，采取的系统架构不同，系统的运行环境各异等，造成数据资源分散在各个应用系统内，形成了"数据孤岛"。目前企业在推进数字化转型过程中，通过建立数据中心方式连接不同职能部门的信息系统，各部门通过数据中心直接或间接获取数据，信息数据在集中共享后，各应用系统内"数据孤岛"现象有相当程度的改善。但数据中心的数据共享方式仍会面临一些问题，在总公司层面，数据分散于各个应用系统的情况仍然比较突出。这种情况严重制约了信息化数据的共享与数据利用，以下是数据共享面临的具有代表性问题。

1. 网络环境数据共享安全隐患

中心化结构特有的数据安全、信息泄露等问题。由于数据具有可复制和易传播的特性，会导致数据脱离数据中心的控制，数据所有者或管理者无法及时准确控制未经授权的数据进行二次流动，存在数据泄露、越权使用的风险。由于数据交换不同于传统普通商品交易，数据作为被交易的对象时缺少传统商品所有权的概念，因此数据汇聚到数据中心之后，基础部门的数据权属变得不清晰，同时也不利于出现问题时责任的正确匹配。并且会出现数据被篡改、被破坏的数据完整性问题，同时隐私数据的使用安全也无法保证。

数据共享并非完全开放的，需要遵循一定的共享规则。例如对数据采取分级分类管理的措施，不同级别数据的共享方式或共享范围要有所差别。对于普通企业信息或者宣传信息，企业员工或者社会公众能够很方便地从网络上进行浏览、下载。级别相对较高的保密性业务数据，需要在通过对信息使用者审核后才能够使用。过去授权批准方式是一种常见的业务内部控制手段，在网络化程度不高的办公系统中，每一个环节都有相应管理权限的人签章办理。这种传统方式虽然效率不高，但可有效地防止作弊。但是在网络办公环境下，权限分工形式主要是口令授权，而授权方式的改变，使相关人员作弊的可能性增大。因为口令存在于计算机系统中，而不像手工操作会留有笔迹，一旦口令被偷看或窃取，便会给企业带来巨大隐患。

网络病毒等信息非法侵扰也成为企业数据信息的另一个安全隐患，增加了企业控制信息难度。网络是一把双刃剑，网络上的企业IT信息系统很有可能遭受非法访问甚至黑客或病毒侵扰。这种攻击可能来自系统外部，也可能来自系统内部，而且一旦发生，就会给企业造成巨大的损失。网络安全问题是数据共享必须解决的问题。

2. 数据缺乏标准难以共享

信息化建设初期各项业务基本上处于单机分散运用阶段，业务运行软件的标准化、扩展性、可维护性差。部门忽视了与其他业务间的联系，缺乏资料共享意识。由于相关业务管理之间存在联系，部门在进行业务决策时需要从多个系统中获取数据，因此出现了部门和系统之间复杂的数据流网状结构。这不可避免地导致不同部门数据口径不一致，运行中的各个应用系统，其内部业务数据含义、表示方式和代码皆不统一，数据可信性低，不同业务间共用数据不能有效共享，影响管理决策的科学性。

相同业务不同时期数据前后承接应用问题。网络业务软件的实施必然是对现有单机版、局域网络版应用软件和硬件系统的全面升级，但此时网络业务应用软件不一定兼容以前版本或其他业务软件。公司内各部门根据业务分工分别管理、使用着不同的业务应用系统。由于数据格式、数据接口不同，数据库被加密等原因，以前的数据信息可能不被及时录入网络系统中，对于早期保存的数据更不可能兼容。因而原有数据信息在新的网络应用系统中无法查询，造成同一业务不同时期的数据不能有效利用。

综上所述，由于网络安全性问题及数据不统一，造成不能进行有效的数据共享，在应用系统间所形成的"数据孤岛",是当前企业信息化数字化建设中亟待解决的主要问题。

6.2.3 酒店企业数据可达性——渗透到企业组织各个层面

对于数据的关注和利用,不应局限在 IT 部门,而是应该渗透到企业组织的各个层面。如果各业务部门无法平等地访问数据系统,那么也没办法完全发挥数据价值。如前所述,很多企业会出于数据安全性和复杂性考虑,对数据访问设置相应的级别权限。但是,随着全面进入信息时代,必须试着改变这一做法。企业现有的跨部门数据协同、联合数据分析等应用场景,都是建立在数据开放共享基础上,尽管各种应用场景不尽相同,但多面临数据脱离控制使用的问题。而数据存在的目的就是使用,不能抛开数据使用前提而只谈数据安全。成功的数据分析计划应该是高度协作,跨部门的数据项目必须超越传统的组织界限,使数据更加全面和高效赋能运营。

1. 优化内部运营结构

企业管理层需要对运营和人员结构进行调整和优化,以实施数据驱动的企业文化。总的来说,跨部门工作组应该直接与数据分析专家合作,不断从数据分析中获取价值。这些工作组包括销售主管、业务策略师、开发系统的 IT 专业人员、可视化专家,以及对业务有全面了解的高级员工。他们都应加入并带领团队一起建立数据驱动的企业文化。

除此以外,也许最关键的是,需要设立一个能够在各个部门之间进行调解和沟通的角色。他们既具备数据方面的专业性,同时又兼具对业务层面的理解,作为关键人物,确保数据组和业务层面的工作人员能够达成一致交流,并根据数据反馈结果进一步采取行动。从能源产业、化妆品、制药到铁路,全球很多企业已经证明了这一策略的可行性。跨部门的数据处理方法,也正在酒店企业推广开来。

2. 改变工作文化

当专家团队有针对性地完成了数据项目的分析后,应将这一结果充分应用到公司业务和运营当中。这意味着整个公司都应朝着以数据为驱动力的业务文化迈进。这不仅会影响企业运营程序,也会影响财务和绩效。全面改革商业惯例是一项重大任务,管理层应将其目标分解为一系列明确定义的指标与结果。

企业应向员工发布可量化目标。清晰明确的目标,不仅能够使目标具体和可实现,也能够提高员工士气。通过相应问责机制和激励机制,企业可以有效推动生产力提高及团队间合作。此外,企业也需要考虑如何吸引、保留和提升人才。基于传统薪酬结构并不能够确定某个员工的潜力,企业需要在任何级别的员工中挖掘出色人员,认可和奖励每一位在岗位上有突出表现的员工。与此同时,企业也必须意识到,高级的数字技能很难被标准化和复制，因此需要认真考虑如何在高级职位以外，进一步传播数据方面的相关专业知识，以提升企业整体的数据认知和使用能力。

3. 落实数据在各业务层面的应用

首先，数据驱动的战略和企业文化，需要扩展到总部以外的每个业务场景，并应用于整个运营层面。比如对于旅游业而言，业务层面的当务之急是满足消费者的个性化需求。那么，在公司建立了数据驱动的战略和企业文化后，就要考虑如何确保数据驱动的个性化运营渗透到客户服务各个方面。要做到这一点的话，企业首先需要确保所有客户交互是无缝的，品牌在所有渠道中提供的是相同水平的服务。

其次，数据洞察和见解需要传递到一线员工层面。只有这样，对客服务与用户在数字化方面的需求才能保持一致。此外企业应该从服务场景出发，系统化地进行产品设计，以为消费者提供高效、便捷的服务。

视频6.2 如何用大数据服务管理决策

最后，数据驱动的企业文化也要适当对外发声传播。企业要将自己的目光扩大到除自身以外的企业中，通过分析市场和第三方数据，更好地了解市场动态，保持竞争力。

6.3 数据准确性

在数字经济时代，"人工智能""区块链"等名词热度不减：万事万物都被接入网络，数字化洪流滚滚来袭。然而无论是个人还是企业，均面临一个问题：系统中的数据是否正确？我们可以相信屏幕上显示的信息吗？如果最基层的成本、销量、资源等数据都不准确，那么数字化系统也就成了沙滩上的城堡，毫无根基可言。数据验真，从哲学上说是一个复杂的问题，从实际操作来说也和很多因素有关。对于企业而言，员工故意造假、数据格式不兼容、收集数据方式错误等，都可能会造成记录的数据和实际运营不符。而后果往往是严重的：轻则耗费时间和金钱去纠正数据，重则造成企业信誉受损、股价暴跌，甚至关门大吉。

6.3.1 数据准确性影响因素

1. 数据准确性内涵

所有与数据有关的应用，不论是基础数据统计，更复杂数据多维分析，还是个性化推荐、用户画像等更加深入的应用，对于数据准确性都是有较高诉求的。数据准确性直接影响数据应用最终的呈现效果，从而影响基于数据的商业决策和产品智能效果。数据不仅包括数字类型，还包括字符、声音、图像等多种类型。在信息管理系统中，其他类型数据在很多时候常常要借助于数字类型来处理。可以说，数据不准确的类型主要集中在数字类型上。

2. 数据准确性与数据正确性异同

通常，企业在正式使用信息管理系统之前，都需要对企业原始数据进行规范化处理。在软件质量中的数据正确性是指，输入的数据（这些数据已经经过规范化处理，并非企业的原始数据）经过软件处理后所得的结果Ⅰ与人工计算（逻辑、算法一样）所得的结果Ⅱ相等。而数据准确性是指，输入的数据对应的最原始数据（企业的原始数据）经人工计算（逻辑、算法一样）所得的结果Ⅲ与结果Ⅰ相等。

3. 影响数据准确性因素

虽然数据正确性与数据准确性有所区别，但高质量的软件必定有良好的数据正确性，且良好的正确性是数据准确性的前提。下面就（包括影响数据正确性的因素）各种影响数据准确性的因素进行分析。

1）开发工具

任何软件开发，都需要选择合适的开发语言及平台。而不同语言、不同平台都有各自的优缺点。所以开发设计时要尽量不用或少用该语言、平台的缺陷功能。这样，可以降低造成数据不准确的可能性。

2）软件设计

软件设计分为总体设计和详细设计。一般，详细设计对数据的准确性影响较多。由于企业业务复杂，对详细业务运作的片面或错误理解都可能使得详细设计时考虑不全或设计错误，加上很多现实数据在计算机上往往只是以近似的数据来代替，更是要求设计者在设计时要考虑仔细、全面。

3）软件编码

软件编码是软件开发中重要的环节之一，每个编码人员必须严格按系统设计文档的要求进行编写及单元测试。错误的编码会造成软件质量问题，影响数据的准确性。

6.3.2 数据应用过程及准确性分析

对于大部分数据应用来说，数据处理都可以划分为如下五个步骤（图 6.1）。这五个步骤中的每一步，都会面临数据准确性的问题。

图 6.1 数据处理五个步骤

资料来源：曹犟. 数据处理中的准确性问题[EB/OL]. (2017-07-28). https://www.sensorsdata.cn/blog/data_accuracy/.

1. 采集环节准确性问题

数据采集这个环节,一般而言是准确性最常出问题的环节之一。这个环节,准确性问题会有两大类:一类是与人有关的因素。例如,由于粗心或某种原因,在部分页面没有嵌入 SDK(软件开发工具包),遗漏了对某个关键操作的采集,或者在某个关键代码埋点处采集错了某个重要的属性。整体上,一般软件开发过程中可能有的人为错误,在这里都有可能出现。

另一类则是与人无关的,纯粹技术性的因素。

(1)在 iOS、安卓 App 上进行客户端数据采集时,为了不影响用户体验,通常都是在客户端本地做好缓存、压缩、加密等,然后在网络良好时会尝试异步发送数据,这也决定了这些数据的时间只能以客户端时间为准,并且有可能事件发送时间与事件发生时间有较大间隔。除此之外,少部分用户的手机有可能连时间都不准确,这些都会造成最后采集的数据不准确。

(2)在 iOS 和安卓 App 上进行新用户激活判断时,常见方案是在本地 ROM 上存储一个标记文件或者类似方案,用于标记这个设备是否是首次激活这个 App。但是,一旦用户卸载然后重装这个 App,这个标记也会随之失效,从而导致首次激活判断错误。

(3)在 H5/Web 界面上进行客户端采集数据时,都是以 JS SDK 的方式进行,如果碰到部分异常流量无法触发 JS,则 JS SDK 是采集不到这些用户行为的。在这种情况下,如果和 Nginx 日志等进行对比,则数据也无法一致。

(4)部分第三方统计分析工具由于技术限制,对于除预置属性以外的其余自定义属性有较多限制。例如自定义属性只能有有限个,自定义属性的取值也只能是有限个等,这其实客观上导致了数据采集能力有限,没有办法采集到所需要数据,从而影响数据准确性。例如,某个漫画类的 App 想采集每一个漫画页面的阅读量,把漫画名称作为一个自定义属性,但是,在实际使用某免费的第三方流量统计工具时,却发现这个自定义属性最多只能有 10 万个取值,而漫画名称又远远不止 10 万个,从而导致采集的数据并不准确。

2. 传输环节准确性问题

传输环节,一般主要是指通过客户端 SDK 等采集到数据,然后通过网络发送给数据平台。由于一般是走 HTTP(超文本传输协议)通过公网进行传输,所以肯定会面临网络异常等错误。对于 JS SDK 而言,由于语言特性与网页本身的处理机制,目前并没有太好的方案来解决网络异常等。实践经验显示,JS SDK 一般会由于网络原因带来 3% 到 5% 的数据丢失。

对于 iOS 和安卓 SDK,相比较 JS SDK,在网络异常时可以有更好的处理方案。例如,当由于某些数据没有成功时,依然缓存在本地,直至发送成功时才从本地把这些数据去掉。所以，一般而言，iOS 和安卓 SDK 的数据发送会有 99%以上的完整性。但是，在某些恶劣的网络条件下，有时候依然会出现，数据已经成功发送了，但是本地得到的接口返回依然是错误，从而下次会重复发送这些数据，导致接收到的数据会重复的现象发生。

3．建模与存储环节准确性问题

（1）由于硬件或者软件问题，导致存储的数据丢失或者损坏，从而影响数据的准确性。

（2）由于数据模型的限制，导致历史数据无法回溯，从而影响数据的准确性，这一点在大部分上一代流量统计工具中存在。

（3）由于存储方案的限制，导致已经导入的数据无法修改或者删除，从而在数据有错误的时候也无法修正。

4．统计分析环节准确性问题

（1）查询或者计算过程的缺陷，导致最终的统计和计算结果不准确。

（2）不同系统、工具，对于同一个指标，有不同的统计口径，即使采集的数据完全一致，最终的计算结果也可能有较大差异。

5．可视化与反馈环节准确性问题

（1）可视化界面本身的缺陷导致数据不准确。

（2）可视化界面本身的展示限制，导致的数据理解偏差。例如，在网页上展示分析结果时，如果展示的行数过多，可能直接导致浏览器崩溃等。为了避免这些问题，通常只能对数据做一些截断处理，这也会导致没有办法准确地看到数据全貌。

6.3.3　酒店企业数据准确性——对业务决策至关重要

准确的数据对于企业制定有效、明智的决策至关重要。不过在现实业务场景中，数据输入人员、机器计算错误、不同渠道的原始数据等，都有可能造成数据的不准确。而数据一旦发生错误，不仅会造成效率和收入的最终偏差，也不可能进行成功的数据分析。不过，我们可以通过适当的数据治理和集中管理来避免不正确数据的扩散。

1．部署适当的数据治理系统

企业需要对数据处理进行标准化管理。如果在数据收集、处理和存储上没有全面、清晰的管理系统，那么数据的分析和输出也会受到一定程度的影响，很有可能直接导致管理层作出不明智的战略决策。因此，为了确保数据的有序、干净、准确，企业需要实施完整的数据治理计划。这包括用于所有渠道的数据录入、数据识别和全面数据处理的标准系统。最重要的是，企业需要尽早进行数据管理系统的部署。因为一旦有错误数据的扩散,就会导致更加严重的数据错乱问题,对数据清理的人力财力投入也更加难以衡量。

2. 聚焦业务目标

由于过度关注数据本身,许多数据分析往往无法实现预期的价值。而能够提供建设性指导的数据项目,首先会询问特定的问题,然后再寻找数据进行分析以提供解决方案。

(1)业务部门要充分考虑如何从宏观的数据洞察中受益以及这些洞察应该是什么样的,不过对此提出的问题应该具备足够的开放性且能够具体落地实施。比如,问"应该采取什么措施来改善客户服务?"通常比"我们应该执行计划 A 还是计划 B?"要好得多。在这方面,就需要企业去建立数据协作的关系。业务部门负责人需要与数据分析专家之间形成密切的合作,通过数据筛选和分析,共同达成业务层面的目标。我们在前半部分提到的部门之间的调节沟通人员的角色,在这个环节就显得至关重要了。具有同等业务敏锐度和数据专业知识的专业人员,将在沟通协作的过程中发挥重要作用。

一旦确定了数据查询流程,就需要按照流程来进行数据查询。但是执行每个数据计划,都应严格遵守要求,要将重点放在战略分析计划上。

(2)数据捕获和分析应由眼前的问题驱动。也就是说,我们要先思考要解决什么问题,再启动数据分析,而不是说现在手里有什么数据就分析什么数据。这称为"先决策,后数据"方案。但是,这也并不是说数据探索对成功的分析项目并不重要。

(3)企业对数据探索可以发现新的机会和可能性。但是,数据探索的工作必须严格符合分析计划的目标。有许多失败案例,其实就是很多人过于关注现有数据,而不是聚焦在业务层面所需要关注的特定信息。

总之,数据很重要,但是联系业务背景更为重要。这也是很多公司在进行数据分析之前,需要建立数据查询流程的原因。除非企业非常明确地知道,他们想要进行哪方面的调整和改进,否则无目的的数据分析根本没有办法帮他们获得洞察。而通过部署集中、以目标为导向的分析流程,企业就能够执行高效的数据分析。

6.4 数据可分析性

6.4.1 数据分析的概念与内涵

数据分析是指通过建立审计分析模型对数据进行核对、检查、复算、判断等操作,将被审计单位数据的现实状态与理想状态进行比较,从而发现审计线索,收集审计证据的过程。数据分析的目的是把隐没在一大批看来杂乱无章的数据中的信息集中、萃取和提炼出来，以找出所研究对象的内在规律。

在实用中，数据分析可帮助人们作出判断，以便采取适当行动。数据分析是组织有目的地收集数据、分析数据，使之成为信息的过程。这一过程是质量管理体系的支持过程。在产品的整个生命周期，包括从市场调研到售后服务和最终处置的各个过程，都需要适当运用数据分析过程，以提升有效性。数据分析有极广泛的应用范围。例如J.开普勒通过分析行星角位置的观测数据，找出了行星运动规律。又如，企业领导人要通过市场调查，分析所得数据以判定市场动向，从而制定合适的生产及销售计划。

6.4.2 新一代大数据分析处理需求

随着越来越多的数据被记录、收集和存储，如何深刻洞察数据分布规律、高效挖掘数据价值，成为智能化时代需要解决的关键问题。人们可以通过这些数据发现和总结出规律，并依据这些规律提升系统的效率，也可预测、判断未来的趋势，甚至辅助出更加科学理性的决策。这个过程所依赖的就是大数据分析处理技术。因此，大数据分析处理技术旨在利用数据科学的方法和广泛记录下来的数据，以实现从数据到信息、信息到知识、知识到决策的价值转换。

当前针对大规模异质化数据集合，主流的大数据分析处理方法是在通用模型框架下不断尝试超大规模的模型参数，实现"端到端"的分析推断。在这种模式下，大数据分析处理能力很大程度依赖于算力平台和数据资源的支持。在实际应用中，大数据分析处理技术面临着真实场景和关键领域中数据泛滥与缺失并存、大数据分析研判复杂不确定性、数据安全监管缺失等挑战，最终使得分析处理存在过程可解释性差、模型泛化能力弱、因果规律不清晰、研判结果不可信、数据价值利用率低等问题。为解决这些挑战性问题，我们需要重新思考大数据处理架构与分析模式，新一代的大数据分析处理技术体系应该在各种实时场景下实现高价值知识生成、持续在线的瞬时决策、安全可信的推理研判，以及适用于未来各种有人—无人结合的在线系统行动优化。新一代大数据分析处理至少需要满足如下四个方面需求。

（1）人在回路的计算范式。为解决现有大数据分析处理方法难以攻克的高阶复杂问题，需要在其中引入人的智能与决策，强调人、机器及数据之间的有机交互。不同于原来的人机交互，即机器按照人的指令，或人听机器的输出结果，而是更关注人脑和机器思维的深度融合计算。

（2）广谱关联的分析模式。为解决大数据价值密度低、极稀疏、不均匀、关键信息缺失的问题，一方面，各个对象在"人机物"融合的多域多维数据空间中留下的多元异构信号，利用关联增强信号；另一方面，融合数据与知识，构建终身学习、可迁移扩展的知识体系，形成数据驱动与知识制导深度融合的新分析模式。

（3）在线增强的处理架构。随着万物互联和智能泛在发展，大数据云边端协同计算技术和解耦化的云边端处理框架成为热点。基于云计算环境下的流批混合处理将进一步向边缘端发展，训练学习与推理预测将在前端设备上融合一体。利用云边端资源弹性调度能力，实现感知与认知能力前置，支持在线环境下基于动态活性数据的瞬时决策，从而形成去中心化、异构分布、持续在线的新型计算框架。

（4）安全可信的大数据分析。安全可信是满足关键领域和场景下认知和决策安全的基本需求。一方面，着重关注大数据分析处理结果的可解释、可信和公平性；另一方面，实现数据在收集、存储、使用、流通中的安全保护和异常检测，保证在强对抗攻击下分析处理模型与方法的鲁棒性（一个系统或组织有抵御或克服不利条件的能力。机器学习中的鲁棒性可以理解为，算法对数据变化的容忍度有多高）和免疫性。

6.4.3 酒店企业数据可分析性——加强数据智能分析能力

酒店企业在最新的数据分析技术上投入大量资金。然而，全面的数据分析策略不仅仅需要软件的支撑。为了获取更好的数据洞察，企业需要用专业的知识对数据进行解释、转换和可视化分析。当公司与合适的数据团队部署了端口之间的软件解决方案之后，才能更好地从数据中提取有价值的洞察。不过从当前的市场来看，大多数旅行品牌确实有专门的数据分析团队。这也从侧面说明，旅游业已经深刻认识到投资数据的重要性，但是至于为什么当下还有如此多的企业面临数据分析挑战的问题，却并没有得到阐释。

EyeforTravel 最近的报告中有这样一组数据，约 64.7%的酒店经营者拥有专门的数据分析团队，这一占比在 OTA 为 51.6%。这一数据对比在一定程度上揭示了整个行业生成的数据的庞大与复杂性，以及一些公司为什么会面临分析挑战。

1. 几种常用的数据分析类型

培养企业的数据素养对于应对数据分析的挑战至关重要。对不同数据分析方法的基本理解非常关键。对于数据分析技术的要求，会随着数据的复杂性层级上升。以下是四种常见的数据分析类型。

（1）描述性分析。描述性分析，是指使用一些简单的指标来总结已经发生或者正在发生的事件。比如说在某一个时间段内，酒店的客人是多少，就是一个简单的数据指标。

（2）诊断性分析。相比于描述性分析，诊断性分析要更为先进一些。一般情况下，诊断性分析会先去找到数据之间的相关性，进而解释为什么会出现这种情况。

（3）可预测分析。通过研究数据模式，预测分析可以使用预判和建模来推测可能出现的结果。比如说，数据分析专家可以通过预测分析来推理出销售的峰值点并做好人员配置的策略。

（4）规范性分析。规范分析是列出的分析方法中最为复杂的一种。这一方法能够在给定情况下为运营者提供最有益的结果及建议采取的措施。基于描述性分析和预测性分析，规范性分析可以解决复杂的问题、建立具有影响力的洞察策略并安排项目计划时间表。虚拟助手不断通过机器学习变得更为智能就是这样的例子。

在旅游行业中，最常见的分析方法是诊断性分析。据 EyeforTravel 调查显示，受访者中大约有 67.9%的人采用的是诊断性分析。位列第二的是描述性分析，大约占到了 59.8%。预测性分析和规范性分析位列其后，分别占 58%和 35.6%。这些数据表明，利用更高级的分析方法，也意味着需要聘用更专业的数据人员，成本问题是一大挑战。毫无疑问，整个行业对数据分析越来越重视。不过据 EyeforTravel 调查显示，人们依然对更高级的分析技术和方法持保持期待。

2．明确数据分析的驱动力

（1）进行数据分析的重点都是为了提高客户体验。据 EyeforTravel 研究显示，17%的受访者执行数据分析计划的主要推动力都是加强客户服务。因为创建一致、高质量的客户服务，对于企业实现盈利至关重要。

（2）改善服务的关键目标是保证客户的留存。品牌忠诚度是实现商业成功的关键因素。一系列数据表明，相比于新顾客，回头客或许能为企业带来更大的价值。EyeforTravel 调研中，有 10.5%的受访者表示，他们进行数据分析的主要目的就是留存客户，培养客户对品牌的忠诚度。此外，超过 1/4 的旅游品牌都非常支持进行以客户为中心的数据战略，以帮助它们提升在市场中的竞争优势。改善客户服务之后的重要目标，就是提升用户转化率和扩大客源。

6.5 数据敏捷性

术语"敏捷性"已成为软件行业标准，表示组织通常以小的迭代步骤快速修改其产品的能力，以响应客户反馈、竞争态势发展等。软件产品的敏捷性可以是根据动机性设计更改与更改对用户的可用性之间的延迟进行衡量，并通过一定程度的质量保证，回归测试等进行调节。当我们看到 Facebook 的 UI 每周都在变化时，我们可以说它们是一种敏捷操作。当我们看到 Google 在本地用户体验方面来回走动时，我们可能会说他们很敏捷。敏捷性的另一个方面正变得越来越重要：数据敏捷性。构建依赖于输入数据中某些特定特征分布的数据处理系统是很有可能的，并且在某种程度上是普遍的。

视频 6.3　Talend 公司：现代业务的数据敏捷性

6.5.1　敏捷数据与敏捷数据分析

敏捷，指反应（多指动作或言行）迅速快捷。敏捷和技术结合往往具有快速、简单、迭代的特点。如大家听说的敏捷开发就是指：以用户的需求进化为核心，采用迭代、循序渐进的方法进行软件开发。

1. 数据库与敏捷

早在 2006 年，加拿大作者艾姆布勒在其《敏捷数据》中就提出了"敏捷 DBA"的开发过程。作者探索了有机结合数据和对象的开发方法，将敏捷方法拓展到了应用程序开发的一个关键领域——数据库，阐述了数据架构设计师、数据库管理员掌握敏捷方法进行面向数据开发的必要性。

2. 数据湖与敏捷

2011 年，数据湖出现了，数据湖指一个大型的基于对象的存储库，以数据的原始格式保存数据，主流的数据湖都是基于 Hadoop 为基础的技术栈上开发的。数据湖可以保存结构化、半结构化和非结构化等各种类型的数据，而传统的数据库和数据仓库只保存结构化数据。数据仓库敏捷性差，采用固定配置，而数据湖高度敏捷，并且可在需要时进行配置和重置。

3. BI 与敏捷

2013 年，大数据时代来了，企业经营面临越来越激烈的竞争，政府转型也面临数据服务压力。如果部署数据分析平台还像 10 年前经历漫长实施过程的话，那么数据化运营将成为空谈。于是满足市场期望的"敏捷 BI"出现了，无论是用户还是厂商，都希望能够将在数据平台上构建分析系统的过程变得更加迅速、简单和高效。"敏捷 BI"是贯穿在数据分析平台构建和运行过程中的快速实现能力（维基百科）。

1）传统 BI

在对大数据进行分析的过程中，传统 BI 的做法是，IT 人员事先根据分析需求来进行建模（以及做二次表或打 Cube），提前汇总好数据，业务人员在前端查看分析结果报表。这种做法很成熟，持续了很多年，但是也存在着一些问题。业务人员查看的报表相对静态，分析的维度和度量的计算方式已在建模时预先设定好，不能更改，比如定好了是求和或求平均数，想改成求方差必须回去修改模型。分析需求变更时，业务人员不能直接调整报表，需要 IT 人员重新建模或修改已有分析模型，耗时较长，响应速度较久。造成这些问题的本质原因是，过去的技术架构针对海量数据的计算能力不足，需通过建模、二次表、Cube 提前进行数据运算汇总。

2）敏捷 BI

随着技术的发展和演进，BI 领域已经迎来了新一代敏捷 BI 的革新。与传统 BI 的重量建模、统一视图不同，敏捷 BI 采取轻量建模、N 个视图的方法，数据连进来直接可以进行分析，并且业务人员可以实时调整分析的维度和度量的计算方式，极大增加灵活性，真正做到和数据对话。敏捷 BI 的分析报告能让非 IT 部门的同事直接在分析平台上做出来，需求变更可以在一天之内响应，提升了企业的洞察力决策力。敏捷 BI 的数据展现是起点，而不是终点。看到了数据，能交互式分析，能深入向下挖掘，能发现问题找到答案。敏捷 BI 可以通过更低的成本、更短的上线周期，快速让企业洞察到数据的含义和价值。

4. 数据分析与敏捷

随着敏捷概念的深入人心，数据分析方法论也发生了革新，敏捷数据分析逐渐进入主流视野。

1）传统数据分析与敏捷数据分析

先来看一下传统的数据分析流程：解读业务战略目标→确定 KPI 或者根据特征工程确定所需字段→确定所需字段来自哪些数据库的哪些表→数据建模→预先汇总成二次表和 Cube→结果展示。由于需要建模和打 Cube，这一流程通常需数月才能完成。

敏捷数据分析不必在开始时花很长时间构思大而全的分析指标体系，而是低成本快速进行数据探索，几分钟就做好一个分析结果。通过敏捷数据分析工具实现动态切换视角，灵活展示数据，日积月累，指标自然越来越丰富，计算公式也越来越符合业务逻辑，这时再进行体系化。

2）敏捷数据分析过程

敏捷数据分析几乎不需要专职的数据分析师，也不需要开发工程师介入。借助于敏捷数据分析工具，运营、市场、销售部门的工作人员可自助完成从取数到分析到报告制作的完整过程，从而大幅度降低企业对专业技术人员的依赖（图 6.2）。

图 6.2　敏捷数据分析过程

资料来源：PPV 课大数据. 天下武功唯快不破：从敏捷数据到敏捷数据分析[EB/OL]. (2018-04-12). https://www.sohu.com/a/228115083_163476.

（1）获取数据。借助于元数据和敏捷数据分析工具，普通操作员可以在权限许可范围内直接获取元数据，而无须开发人员介入。

（2）制作报表。企业有大量的制作报表需求，而且往往要得快、要得急。目前大多数敏捷数据分析工具都提供上百种以上的可视化效果可供选择。

（3）探索分析。需求方往往只给出了模糊范围或者方向，需要通过数据探索给出数据分析的方向。敏捷数据分析采用迭代式分析过程，通过"输入—回应—反馈—输入"闭环过程，能根据实际需求快速迭代数据分析结果，并实时响应客户不断变化的需求，最终将原型转化为生产系统。

（4）编制报告。无论是需求清晰的报表，还是从探索分析而确定的分析图表，制作报告都是操作者最为苦恼的经历。借助于可视化工具，普通操作人员就可创建图文并茂且实用的交互式报告。

（5）发布。敏捷数据分析工具可以发布并快速分享报告，发布到云端，在浏览器或手机 App 中浏览报告及仪表板。

数据科学的本质是迭代，就好比婴儿的学习一样，输入—回应—反馈—输入，持续训练和学习才会产生智力，真正的敏捷数据分析也是一样的道理。

6.5.2 敏捷数据分析价值与意义

（1）对于数据平台实施来说，漫长的交付周期能够缩短 50%，主要精力放在数据模型、安全体系、元数据服务等基础工作上就可以了。

（2）IT 部门更加专注于技术的创新与应用，可以更加投入在元数据的维护与管理上，提升分析平台的服务效率。

（3）数据产生于业务部门，现在也可以回归于业务部门进行分析利用，从而实现信息化的真正闭环，推动数据质量、数据完整性的建设。

（4）对企业来说，数据不再是搁置在硬盘上的 1-0，而是能够驱动全面决策的数据资产。

敏捷数据分析侧重于通过可视化和自动化工具对数据进行处理和分析，这些工具涵盖了数据分析的各个阶段。敏捷数据分析在快速迭代、快速反馈、自适应闭环验证优化过程中，让客户逐步完成数据分析和管理思维变革，并提升业务能力和获得数据价值。在浩瀚的数据海洋中，不要被数据淹没，而是利用工具驾驭舟舰，在数据中乘风破浪。在强大复杂的技术工具面前，不是陷入技术和工具，而是驾驭工具，始终关注业务重点。

6.5.3 酒店企业数据敏捷性——客户要求更快、更流畅体验

最成功的数据驱动，是能够根据实时的运营情况对数据进行快速分析。酒业需要确保可以快速对数据信息进行访问，并通过敏捷、快速的分析，实时指导运营，以提升整体运营效率并改善用户体验。

1. 提升数据分析和用户体验速度

客户预订行程的过程中，许多因素会影响他们的决策。根据客群性质不同，飞行时间、目的地、价格、便利性等任何因素都会影响他们的选择。而要想更好地全面了解所涵盖客群的预订行为，就需要企业开发更为复杂的分析预测工具。消费者希望能够体验到更快更便捷的服务。尤其在当下信息时代，消费者要求他们的旅行预订体验，能够像在线购物、办理银行业务或者网络社交那样快速，同时要尽可能个性化。

2. 优先考虑个性化

个性化定制，无疑是旅游行业接下来在客户服务方面需要关注的一个重点领域。根据埃森哲数据报告显示，65%的企业高管认为，在个性化方面他们可以提供更多服务。有很多品牌在提供个性化的客户服务方面取得了重大进展。比如，英国航空公司正在使用"了解我"功能，生成个性化的搜索结果。在庞大的大数据类目中，英国航空公司能够识别出他们最大的客群是谁，以及他们需要什么样的服务。凭借实施"了解我"这一个性化方案，英国航空公司也收到了来自客户的很高评价。不少用户认为，这在很大程度上能够契合他们的预订需求。不过我们也看到，也有一些品牌因为用户画像不够准确导致没能提供全面的个性化服务而受到顾客抱怨。这就要求旅企在进行数据分析时，要根据相似点将客户进行分类。有时，如果消费者身上被打上了多个"分类标签"反倒会阻碍用户的参与度。旅企需要充分借助数据，来为用户打造独特、个性化的预订体验。

企业治理数据过程中，有一个普遍的误解——在对数据进行转换分析之前，必须对公司的 IT 结构进行彻底改革。当然，很多企业可能仍然在依赖传统系统。但是，复杂、成本高昂的 IT 审查可能适得其反。从另一方面来看，尽管有大量软件工具能够帮助酒店企业解决数据方面的五大挑战，但是归根结底，最大的挑战还是在与数据文化的建立方面。只有保持与时俱进的态度，酒店企业才能不断在数据中获取价值并在时代中保持竞争力，并通过对数据的投资，不断获得新的洞察，以提升运营效率、改善用户体验。

即测即练

自学自测 扫描此码

第 7 章

数据驱动的酒店企业文化创新

> 本章学习目标：
> 1. 理解企业文化概念、内涵与作用。
> 2. 理解酒店行业特征及酒店企业文化特点。
> 3. 理解酒店企业数字文化构建策略。
> 4. 理解认知型企业需要具备的三要素及内涵。

管理大师彼得·德鲁克曾说："对于企业文化而言，战略是早餐，技术是午餐，产品是晚餐，企业文化会吃掉后面的其他东西。"可以说，企业文化关系着企业成败。很多酒店企业都已经认识到企业文化的重要性，也开始用各种方式推动企业文化建设。在企业全面数字化转型中，企业文化创新、企业文化的数字化转型，是酒店企业数字化转型成功的关键与重要组成部分。

7.1 酒店企业文化创新

7.1.1 酒店企业文化

1. 企业文化概念及内涵

"企业文化"一词来自英文"corporate culture"，是 20 世纪 80 年代美国学者分析、总结、归纳日本企业快速发展原因后提出的概念。对于企业文化，有两种不同界定：广义上，企业文化是企业全体人员的文化素质和文化行为，包含企业文化建设中制度、规范、设施等要素；狭义上，企业文化是企业的一种基本精神，包含员工共有的价值观和行为准则。美国学者 Schein 认为，企业文化由行为准则（物质形态层次）、价值观原则和基本假设构成。Deal 和 Kennedy 将企业文化划分为五个关键组成部分：企业环境、价值观、英雄人物、仪式与礼仪和文化网络。其中，企业环境是指企业内部受组织性质、所在行业特征、领导人风格等影响所形成的氛围；价值观是指企业员工和管理者共同所有的对是非曲直的价值评判准则；英雄人物是指为员工树立模范榜样的典型人物；仪式与礼仪是指企业内部约定俗成的文化活动和行为标准；文化网络是指在企业内部的基本但非正式信息传播渠道。企业文化是一种精神力量，它约束员工的日常行为，使其产生凝聚力，进而影响管理实践。在企业文化中，企业环境是基础，价值观是核心，英雄人物、仪式与礼仪是表现形式，文化网络是传播途径，在五个要素共同作用下，企业文化得以产生、成型和不断发展。企业制度指的是企业按照一定的目的和程序有意识创造的一系列的正式规则及与之相应的等级结构。企业文化与企业制度从软硬两个方面规范和引导员工行为，二者相辅相成、相得益彰，成为企业提升管理水平有效的"组合拳"。

企业文化是在企业发展过程中，围绕企业的发展目标而形成的一系列价值观念、道德规范、行为准则、员工素质以及蕴含在企业制度、企业形象、企业产品和企业服务中的"文化特色"的总和。企业文化主要包括企业精神、企业使命、经营理念、价值理念等。虽然每个企业都有不同的企业文化，但优秀的企业总有追求卓越、鼓励创新、坚守诚信等相似的企业文化（例如银河证券"忠诚、包容、创新、卓越"的企业精神）。这种企业的文化特征，是一个企业综合能力、文明水平的体现，更是一个企业的灵魂。

企业文化是伴随着企业的成立、发展和壮大不断完善的，也是一个企业成长历程的必经环节。企业文化作为企业综合凝聚力的体现，是企业的灵魂所在，它强烈体现了企业的自身价值观和所推崇的使命感，表达了全体员工的愿景，是企业面向社会的鲜明旗帜。企业在发展过程中需要不断的活力，企业文化是能够持续注入活力的重要影响因素。企业规模越大，企业文化发挥的作用就越大，对于创新企业文化的必要性就愈加充分。在企业的市场拓展、生产经营和实现企业现代化发展过程中，企业文化的创新性是企业综合管理水平的重要体现。

视频 7.1 什么是企业文化

2. 企业文化作用与意义

从理论层面来看，企业文化可以定义为企业理念和企业倡导的行为。企业文化的特点主要表现在三个方面：首先，企业文化的核心就是企业的核心价值观；其次，企业文化的本质是让企业可以形成一种统一的气质；最后，企业文化的构建是一个长期的过程，它需要被落实到企业经营的整个过程。企业文化的作用可以归纳成以下三个方面：一是规范员工的行为。健康的企业文化起到约束和规范员工行为的作用，同时对员工的思想和心理起到一定的引领作用，进而帮助形成良好的企业文化氛围，形成积极向上的企业环境，让员工可以主动用道德来规范自己的行为。二是导向作用。企业文化建设不仅可以对个体的行为和思想起到引领作用，同时也可以对企业的整体价值观和发展观起到导向作用，良好的企业文化建设可以让员工更加清楚自身价值，增强员工的责任感和集体荣誉感，从而更好地为企业服务。三是凝聚力。能够被企业个体认可的企业文化才可以被称作良好的企业文化，当企业员工认可企业价值观之后才能在企业内部形成一种巨大的凝聚力。

3. 酒店行业特点

自20世纪80年代学者提出企业文化理论以来，多数企业将企业文化视为重要管理手段加以筹划建设。但在企业文化建设实践中也存在一些问题，其中比较普遍的一个问题是行业之间、企业之间相互模仿复制，企业文化因缺乏特色而难以有效发挥作用。从行业层面来看，构建企业文化时酒店企业应充分考虑所在行业特点；从企业层面来看，必须以自身实际情况为企业文化构建依据。酒店主要是为消费者提供住宿、餐饮等设施及服务项目，以盈利为目的的经营场所。与其他类型产品相比，酒店为消费者所提供的产品具有独特性，这决定了酒店行业的独特性。

（1）产品性质决定了酒店业属于服务性行业。酒店为顾客提供的是有形产品与无形服务的服务包（service package）组合，无形服务在整个服务包中的比重及作用越大，越能够形成竞争优势。

（2）酒店业强调顾客体验。服务产品本质上属于体验性产品，顾客体验主要来自两方面，一是感官体验，二是情感体验。感官体验即五感体验，即视觉体验、听觉体验、嗅觉体验、味觉体验、触觉体验。情感体验即外部刺激引发个体产生的情感变化并且个体对这种情感的意识。

（3）酒店业与"美""时尚"高度关联。审美是最原始、最主要的旅游动机，审美贯穿整个旅游过程。顾客会不自觉地用审美眼光审视酒店中的诸多元素，如酒店外观、大堂布置、客房装饰、餐厅环境、服务人员言行举止等，并且希望这些元素能为他们带来美感。美的概念非常宽泛，洁净、简约、奢华、时尚、愉悦、温暖、闲适等，风格取决于酒店的定位与档次。

4. 酒店企业文化特点

基于以上行业特点，酒店企业文化构建应充分体现无形服务与有形产品的深度融合、高度关注宾客体验、丰富的审美与时尚元素。

（1）无形服务与有形产品的深度融合。服务与有形产品从根本上说是不可分离的，更多的情况是谁占主导地位。有些是以产品为主，附带部分服务；有些是以服务为主，但有有形产品支撑；抑或二者的混合，各占一半。对于酒店企业而言，产品与服务提供、生产与消费是同时发生的，以下三点需要重点关注：第一，服务过程性。服务过程性对服务人员提出了相当高要求。服务人员不仅要有良好的服务意识、服务态度以及熟练的服务技能，而且要注重服务过程中每一个环节，及时响应顾客需求。第二，服务个性化。服务接受者参与服务过程，使得服务极具个性化，需求不同，不同顾客的满意程度也不同。要求服务者在服务过程中关注并尽力满足服务对象需求，建立服务者与消费者间的良性互动，共同缔造完美服务。第三，服务补救。服务性产品不能通过报废或重新生产弥补产品问题，只有提供的服务不出差错才可能赢得服务对象的满意。但服务中出现这样或那样的问题在所难免。当服务出现问题时，及时、恰当地进行服务补救至关重要，不仅可以消除顾客的不满意，还有可能将不满意顾客转变为满意甚至忠诚顾客。

（2）精神文化构建方面，酒店核心价值观应落脚于"服务""顾客体验"两点，即酒店核心价值观以"关注顾客体验，提供优质服务"为指导思想和总体原则。在此基础上，考虑酒店功能、档次、定位等因素解决提供何种档次和类型的服务、服务标准等，以顾客体验为基础或依据提供恰到好处的服务。

（3）物质文化构建方面，应将"美"的元素融入各种物质形态中，客人所接触到的地方和物品，比如酒店建筑、大堂及各公共区域环境及装修、客房布置及各设施用品要展现美。此外，要注重酒店各种物质形态带给顾客的体验。顾客所看到的、听到的、闻到的、品尝到的、触摸到的都应当带来良好体验，动听的背景音乐、大堂淡淡的清香、餐厅的美食、棉质柔软的床上用品等，均会给客人留下深刻印象，构成对酒店企业文化的重要感知。

视频 7.2　香格里拉酒店集团企业文化短片

7.1.2　酒店企业文化创新

1．企业文化创新内涵

企业文化是企业在长期的生产经营活动中形成的并且为企业员工普遍认可和遵循的具有本企业特色的管理思想、管理方式、群体意识、价值观念和行为规范的总称。企业文化创新具有丰富内涵。

（1）企业价值观是企业文化创新的核心。企业总会把自己认为最有价值的对象作为本企业追求的最高目标、最高理想或最高宗旨，一旦这种最高目标和基本信念成为统一本企业员工的共同价值观，就会构成企业内部强大的凝聚力和整合力，成为统领企业员工共同遵守的行动指南。由于企业价值观制约和支配着企业经营目标、经营理念，规范着员工行为，是整个企业赖以生存和发展的基础，因此，企业价值观是企业文化创新的核心。企业文化创新就是要培育这样一种价值观，一种鼓励探索、容忍失败的价值观。一个充满创新精神的企业价值观通常具有如下特征：接受不同意见、容忍不切实际、外部控制少、接受风险、容忍冲突、注重结果甚于手段、强调开放系统。创新文化孕育创新事业，创新事业激励创新文化。创新文化是一种勇于创新、支持创新、尊重创新、激励创新和宽容失败的文化氛围，是一种敢于冒险、勤于探索、鼓励竞争的精神状态，是从观念、制度层面上提升创新能力的基础。发展创新文化，是培育创新思维、造就创新人才、激发创新活力的重要前提。没有创新文化提供智力和精神的支撑，没有创新精神推动社会深刻变革，提供促进创新的环境和条件，提高自主创新能力，实现企业更好更快发展也无从谈起。

（2）以人为本是企业文化创新的基础。企业文化是作为一种"无形规则"存在于员工意识之中，员工既是企业的主人，也是企业文化的载体，企业文化离开员工根本无法独立存在。企业文化运用于企业管理，确立的是以人为本、以价值观的塑造为核心的软性管理模式，主要通过柔性而非刚性的文化引导、调控和凝聚人的积极性和创造性。因此，以人为本是企业文化创新的基础。企业文化创新也正是把企业管理置于启迪人智、塑造人魂、激发人意、凝聚人力的人文基础之上，通过尊重人、理解人、信赖人、实现人，积极创造条件让员工参与管理和创新，围绕以人为本构建和创新企业价值观，并把员工价值观统一到企业核心价值观，营造创新的精神氛围，不断增强企业内在活力。

（3）企业家是企业文化创新的关键。企业文化本质上是企业家文化，是优秀企业家品质、才华、胆识等综合素质的扩展与放大。"企业的文化总是深深打着第一把手的个性烙印"。熊彼特认为"每一个人只有当他实践上对生产要素实现新组合时才是一位企业家"。熊彼特看来，企业家精神就是创新，只有创新的经理或领导才是企业家，企业家的任务就是"创造性的破坏"，就是不安于现状，不断地打破常规。也正是从这个意义上来看，企业家是企业文化创新的关键。企业家第一应是设计师，在企业发展中确保组织结构适应企业发展。第二应是牧师，不断布道，使员工接受企业文化，把员工自身价值的体现和企业目标的实现结合起来。第三应是企业价值观的实践者。企业家的身体力行、率先垂范，对员工起着重要的示范作用。

（4）企业精神是企业文化创新的灵魂。企业精神是现代意识与企业个性相结合的一种群体意识，它以简洁而富有哲理的语言形式加以表达，是企业文化的精髓。企业精神一旦形成，便能在企业员工中起到鼓舞、驱动、凝聚、熏陶、评价和规范的功效，使企业员工始终保持旺盛的斗志、昂扬的士气、进取的精神，实现企业产品创新、技术创新、管理创新、组织创新，从而最大限度地调动和整合现代企业的各种生产要素与资源配置，实现企业组织市场与整体效益的最大化目标。因此，企业精神是企业文化创新的灵魂。创新企业文化，提升企业核心竞争力，中心就是培育、弘扬和塑造企业精神。

2. 企业文化创新要素

（1）容忍失败但不容忍无能。创新型组织给员工设置了极高的绩效标准。它们招募能找到的最优人才，并要求他们表现出高水平。达不到期望值的人要么被解雇，要么被转移到更适合其技能的角色中。史蒂夫·乔布斯就因为解雇他认为达不到任务要求的苹果员工而声名狼藉。在亚马逊，员工按强制曲线排名，位于曲线底端的员工将被剔除。强势的绩效标准如何能与容忍失败的文化共存？被解雇的恐惧难道不会让人们更不敢承担风险吗？矛盾的是，容忍失败的做法要求组织具备严格的个人绩效标准。谷歌能够鼓励冒险和失败，是因为它相信自己的员工大多都非常有能力。真正聪明能干的人在尝试艰难事物时可能会失败。这是创新与生俱来的情况。但是，要是你不相信自己拥有"A级团队"，你也就无法确定这种失败是在深思熟虑后采取的冒险行动，还是仅仅出于草率而执行。

（2）乐于实验但纪律严明。乐于实验并不是说像某些三流抽象派画家那样在画布上随意图画，"画成什么是什么"。实验导向型组织——就像真正有成就的抽象派画家（以及其他艺术家和科学家）那样——具有严格的实验纪律。他们以学习价值为基础，谨慎挑选实验；精心设计实验，让其产生相较成本尽可能多的信息；把控实验成本，尤其是在实验探索的最早阶段，越便宜、周期越短越好。他们直面实验结果，而这可能意味着终止一个曾经很有前景的项目，或对其进行重大转向。乐于实验不等于无限容忍糟糕的主意。不要将纪律与行动迟缓或官僚主义相混淆。事实上，情况正好相反。纪律意味着事先了解清楚推进、修改或终止某个想法的标准，纪律能够加快决策速度。如果在终止失败项目时能够做到有条不紊、有理有据，那么尝试新事物的风险就会降低。

（3）具备心理安全感但极其坦诚。自由无忧地说出自己的想法，这样的感觉我们都喜欢——我们都希望被倾听——然而，心理安全感是双向的。大多数人都更乐于给予而非接受批评，收到强势犀利的反馈就像是吃鱼肝油一样，有益处，但不好吃。对人坦诚和高度尊重个人，这两者并不矛盾。事实上，提出和接受坦诚批评本身就是尊重的一种体现。只有当你尊重反馈提出者的观点时，你才会听取严厉批评。当然，坦诚不意味着斥责或贬低（这两个概念经常被混淆），这种"斗争"从来都不涉及个人，而是挑战彼此的逻辑、数据和分析，对外人或新人来说，这些组织中的人可能看起来很有攻击性或者锋芒毕露，但是任何人说的任何事都会受到仔细检查，没有人能让任何事物蒙混过关。而我们大多数人都很在意自己的想法，攻击我们的观点和攻击我们本人之间的界限很微妙。因此，极其坦诚的反馈对于创新至关重要，但它同时也是难以下咽的苦口之药。

（4）合作但承担个人责任。好的团队合作且具有集体责任感。"我们荣辱与共"。但是，集体责任感并不妨碍人们承担个人责任。合作与共识不同。获得大量参与者的帮助和投入是合作，而且如前所述，它对创新意义非凡。但快速决策对创新也很重要。从速度的角度出发，没有什么比共识决策更糟糕了，尤其是在遇到复杂问题、各种观点严重偏离正确道路的情况下。当然，共识能够鼓舞人心。发现一些同事和自己持有同样观点，这是件好事，它让执行变得更加容易——不需要向怀疑事实的人"推销"自己的观点。不过可惜的是，共识无法时时反映，也不一定能反映最佳决策，最终总有那么几个人要负责做决策。有一个相当简单的方法，可以让你了解自己是否处于一个高个人责任的文化中。找个项目，思考其不同阶段的关键决策，列一份清单，然后就每个决策提出问题："谁做的决定？"如果你听到了"营销""研发""项目管理委员会""高层人员"之类的答案，那么你可能处于一个低个人责任的环境中。在这里，做决定的是委员会和团体。而在高个人责任的环境中，决策可以追溯到特定的个人。

（5）扁平化但兼具强大领导力。无层级结构不等于缺乏有力领导。矛盾的是，扁平化组织比分层制组织更需要强大的领导力。没有领导层明确战略重点和方向，扁平化组织会陷入混乱。亚马逊非常扁平化。亚马逊的团队总是小规模而具有创业精神。这家公司有一个"两个比萨原则"——没有哪个团队可以拥有分食两个比萨的人数。然而，亚马逊拥有极其强大且富有远见的领导力，其首席执行官杰夫·贝佐斯对公司的整体方向及其运作方式有明确的想法。另一个例子是谷歌。谷歌的创新是高度分散的，这里的工程师有时间从事自己的创造。但和贝佐斯一样，谷歌的拉里·佩奇和谢尔盖·布林都是强大的领导者。强有力的项目负责人设定优先级、明确目标、确保团队获得所需资源，从而为获得授权的团队奠定基础。

随着新经济时代的到来，酒店企业管理也在发生改变，传统管理模式正在向与数字化转型相匹配的管理模式演进。文化实力对酒店企业未来可持续发展至关重要，具有创新性的企业文化能够提升酒店企业凝聚力，传递正确价值观念，帮助员工自觉提升能力，从而为企业发展作出贡献。文化创新能够营造一种和谐的气氛，进而形成全新的营运模式，了解未来应该如何发展，并根据实际需求来制定相应的策略，从而实现企业的革新。

7.1.3 酒店企业文化创新与管理创新的关系

数字化转型、重塑组织、打造全新的商业模式，已经成为当前酒店企业成长的重要方向。企业文化创新对于管理创新具有重要意义，文化创新是管理创新的核心，管理创新的每个步骤和每个细节都体现出企业文化创新的作用。目前酒店企业在企业文化建设方面还存在一些不足，突出表现为创新意识较为匮乏、忽略企业创新文化建设、企业创新文化理论欠缺等。尤其是伴随着大数据技术引发的新科技革命，不仅改变了企业的管理范式和生产经营过程，还改变了企业的创新模式。在此背景下，企业竞争的知识化和智能化使企业文化对企业创新的影响力大为增强。

7.2 酒店企业文化的数字化转型

7.2.1 酒店企业文化数字化转型的客观必然性

大数据时代的到来，给旅游业带来了根本性变革，这些根本性变革要求酒店企业必须构建与之匹配的基于数据的创新性企业文化。

（1）旅游业从以顾客为中心向以满足顾客个性化需求为中心转变。酒店企业、旅企在为顾客服务、以顾客为中心方面，有良好的口碑，很多其他行业其他领域的企业都在以酒店企业为标杆，学习酒店企业模式。正在经历数字化转型的酒店企业都深有体会，如何实现恰到好处的顾客体验，面临巨大挑战与压力。满足顾客对产品和服务交付的期望，已经变成了最基本的"门槛"标准，品牌酒店企业还必须展示出某种与众不同之处，设计出能够产生亲密度和信任感的顾客体验。酒店企业一直都致力于顾客关系维系，掌握了较为丰富的客户信息，但这些信息分散零散，且对信息的挖掘不够充分，很难为顾客提供量身定制的个性化服务，满足顾客个性化需求。而大数据这一工具，使得酒店企业可以透过海量数据，精确掌握每一个顾客的需求，进而制定更有针对性的产品与服务策略。

（2）大数据改变了酒店企业决策模式。以往企业决策经过调研、推理、分析等过程，正确决策更多是建立在人的经验基础上的理性思考。在大数据时代，通过数据的可用性、可达性、准确性、可分析性、敏捷性，正确决策建立在客观数据基础上，促使决策更科学、精准与可实现。

（3）大数据加速了酒店企业组织结构"扁平化"转型。过去企业决策需要信息从底层向决策者层层汇总，决策者根据掌握的信息作出决策。大数据时代，根据数据可以自动做决策，多层级的组织结构和流程得到精简。

数字化转型为酒店企业提供了更全面、更深刻的洞察工具，也要求企业转变思路。身处变革中，建立与大数据相融合的企业文化十分重要。优秀的企业文化将进一步挖掘大数据潜力，帮助企业在市场竞争中占得先机，为企业发展获得新动力。

7.2.2 酒店企业数字化文化的构建逻辑

沙因在《组织文化与领导力》一书中指出：一种文化的产生，一般是按照"环境变迁—组织变革—取得良好的效果并为群体认同—形成文化"这样一个链条进行的。

1. 环境因素

同其他企业一样，酒店企业数字化转型的内外部环境方面，可以使用"三重叠加"来描述。第一重是来自科学技术的进步，数字时代技术进步的特点是快捷、全面、复杂和深度控制，即技术创新很快、在企业实践中的应用也很快。数字化时代的技术已经全面覆盖了酒店企业从设计、销售到运营、顾客关系维护等的全过程，深刻而持久地影响着企业的组织与营运模式。技术的复杂性超过以往任何一次技术革命带来的变化，整个行业的基础逻辑改变了。随着新技术的使用，原来因为交易成本高导致的壁垒，都可以在全球范围内共享。第二重来自客户层面。即便在传统时代，客户对企业的重要性也是不言而喻的，迪尔和肯尼迪在《企业文化——企业生活中的礼仪与仪式》

一书中说，"顾客帮助公司开发了几乎所有的主要产品，公司把这种爱好称为'用户主义'"。随着时代进步，客户需求越来越呈现多样化、个性化，技术进步无论是在交互端还是在生产与交付端，都为客户的个性化需求提供了更多甚至无限的可能，两者叠加的结果，就是我们熟悉的"技术创新+商业模式创新"。第三重来自员工层面。技术进步与商业模式创新，迫使企业摒弃传统的"计划—命令"式管理方式，组织需要更加快捷、准确、灵动地面对技术迭代与客户需求，对员工工作的要求发生了重大变化；恰在这个时候，生活水平的提高、互联网生存的习惯及对工作意义感的需求，使得员工希望有更多的自主性、更高的流动性和更灵活的组织，技术与客户两个层面"叠加"在一起，加快了组织重塑的步伐。

2. 组织变革

在如上所述的大环境中，酒店企业要取得数字时代的优势，必须在经营管理诸多层面作出全面、持续变革。整体看，无论是数字化原生企业还是传统企业的数字化转型，在管理方式上都呈现这样一些特点。

第一，领导人引领企业发展的方式由"控制"转向"信任"。所谓"信任"，就是敢于放弃权力，甘心做教练，把更多决策权交给一线。整体上看，企业的数字化建设过程，首先就是对其领导人个人见识和看待世界方式的考验。

第二，商业模式重构。数字化企业的建设，会放弃传统的自上而下、由里到外的计划——控制机制，以创建一种新型商业模式为基本目标，即从客户需求而非企业自身出发，通过新技术的应用，逆向整合企业资源完成交付、实现客户价值。

第三，组织敏捷化。为了支持新的商业模式，企业会持续地把组织小型化、扁平化、敏捷化、灵动化，强化一线在决策、用人及分配方面的权力，强化中台建设及对一线的支持，使企业服务客户的过程更流畅、更快速、更高效。

第四，管理数字化。数字化的企业，自然需要数字化的管理。作为数字化原生企业，亚马逊有一句名言：凡事要有数据支撑。在亚马逊，数据早已成为企业的核心资源，无论哪一个方面的管理，都需要数据的全面支持，所以，它的数据收集和分析是实时的，经营管理中的任何异常情况，系统马上会自动发出警示。可以说，数据管理推动了亚马逊决策与管理的自动化，让企业高管人员摆脱一般日常管理工作，将更多精力放在对公司未来的筹划上。

第五，多元的激励机制。所谓多元激励，包括物质激励，更包括非物质激励。

3. 群体认同与文化形成

著名文化人类学家威斯勒认为，文化是人类行为的结果。数字时代的企业在技术、客户和员工的"三重叠加"式进化下发生的组织与管理变革，必然昭示着一种新型组织文化的产生。这种新型文化，增加了更多的"客户导向"与"创新导向"色彩，即在最具客户意识和最具创新意识的组织中锤炼出的、具有敏捷度和灵活性的"自由+

责任"的文化。

（1）企业即人：亚马逊的贝佐斯有一句名言——"你的人就是你的企业。用什么样的人，企业就会变成什么样。"数字化时代的企业，员工已经不再是企业的"工具"，不是"企业的人"，而是倒过来，企业成为"员工的企业"——由自由发展的、高绩效的人组成的企业，人成为企业的"目的"，先进的数字化企业总是把人放在第一位。

（2）自我驱动、自主管理：既然数字化企业是"人人"的企业而不再是股东或"老板"的企业，企业就会对员工进行更多的授权和赋能，同时也会通过契约将双方的权利义务明晰化，强化员工的责任意识和风险意识。另外，身处客户服务与技术创新前沿的员工，也不再是简单地听命行事，不再甘心成为"无脑的螺丝钉"，而是在契约关系中自我驱动、自主管理，在帮助组织达成目标的同时，实现自身价值。

（3）协同与联动：数字化的一个核心功能就是将所有资源在线聚合起来，突破时空界限为客户提供服务。这一过程中，无论是企业外部资源方和客户方，还是企业内部各个工作团队与单元之间，通过链接、共享来实现协同与合作，都是其首要任务。

（4）开放与透明：无论是数字化的技术系统，还是小团队与自主管理的管理模式，都决定了数字化企业管理的开放与透明，这既是技术驱动的结果，也是管理的必然要求。

（5）持续学习、深度学习：技术创新、客户需求、自主管理，都使得学习成为数字化企业团队和个人的必备技能。无论是客户导向的动态与敏捷服务，还是跨界与生态化发展带来的开放性信息，都需要员工保持持续的深度学习能力，员工的知识与专长和客户的问题更好地匹配，才能胜任外部的连续性挑战。所以，通过学习持续获得职业所需要的新能力，成为数字化企业人才的重要特质。

（6）自我激励：毋庸置疑，让员工通过自主经营、自主管理更好地服务于客户，必然与利益共享、通过价值创造实现价值分配的公平性结合起来。所以，数字化企业的激励，更多是良好的制度与机制设计下的员工自我激励。物质利益还是精神收益，不是由企业或老板来定义的，而是员工自己去寻找。

7.2.3 酒店企业数字化文化构建策略

1. 塑造数字文化基因

企业文化是企业的根基和土壤，酒店企业数字化转型的各项技术和举措，只有在整体企业文化适应性改造的基础上，才能够更好地落地生根、发展壮大。酒店企业数字文化变革需要倡导五类文化基因。

一是全员创新。党的十九届五中全会首次提出"坚持创新在我国现代化建设全局中的核心地位"，对企业来说创新更是发展的根本之路，抓住任何业务领域随时可能浮现的创新机会。

二是客户至上。数字化时代,客户的选择和诱惑更多,对酒店企业产品服务的期望值更高,小的瑕疵都可能导致客户流失甚至酿成声誉风险,酒店企业应比以往任何时候都更需要强调以客户为中心的价值导向。

三是容忍失败。酒店企业要鼓励各部门及全体员工勇于敢于尝试新事物、新方法、新产品,接受失败,认可失败,只要初心和方向是对的,而且又能够从暂时的失败中吸取教训、获取力量,最终将导向成功。

四是开放合作。开放共享、合作共赢是旅游业发展的大势所趋,酒店企业要鼓励内部各部门之间拆除壁垒、横向合作,也要加大与外部机构的跨界合作。

五是数据思维。要大力提升各级管理人员和业务人员的数据敏感性,培养他们善于运用数据设计产品、营销运营、决策管理的能力。

数字化转型是酒店企业再造的过程,不仅是技术部门或几个重点业务部门的事情,前中后台所有部门、所有条线都应该躬身入局、主动作为。

2. 数字文化基因的感知与传递

通过数字化转型把企业文化建设做得更好,反过来以数字化的方式解决企业面临的诸多挑战,即通过数字化实现企业文化的"被看见、被认同、被传播、被践行"目标(图7.1)。

当前面临挑战	解决方案
思想传播有障碍	企业理念、老板思想、会议精神可以实时、透明、无损地传递给每位员工
文化解读缺办法	企业文化通过故事、案例、荣誉、心得让员工获得具体的理解及行动参照
工作标准无处寻	企业文档如制度、流程、规范等分类上线,员工可以随时随地查阅、学习
学习成长途径少	学习课程为员工提供系统性学习机会,工作百科沉淀企业之间的知识经验库
管理监督效率低	移动巡店、在线考试、民主评议,实时、高效、协同,提高企业管理能力
内部互动碎片化	在线反馈实时回复,评论关注能看见。城邦互动更融洽,分享心得收获多
文化外显缺渠道	打通连接外部公众的渠道,有针对性地让外界了解企业文化

图 7.1 企业文化建设的数字化转型

(1)被看见:企业可以用数字化的形式沉淀文化,通过数字化的方式让员工随时随地可以看到企业文化、看到制度标准、看到文化故事、看到服务案例,看到所有与文化有关的内容。员工和文化数字化后,企业就可以通过数字化的方式了解员工对文化的理解,通过评论听到员工的感受和问题,通过数字指标评估团队的认同感与学习效果。

（2）被认同：认同文化、认同理念，是每个企业都关注的。承载认同感的除了文化本身，更重要的就是具体的人物、故事、案例、员工荣誉、荣誉故事以及企业荣誉。

（3）被传播：通过数字化的方式可以把文化、案例、故事、人物，以图片、链接、视频的形式转发、分享，让更多的人包括企业员工看到。看到的人还可以再次转发、分享。这也是数字化技术最重要的能力。

（4）被践行：再好的企业文化也是要通过行动来证明的，证明的人就是企业员工的日常言行。首先要向员工提供一套随时在线的知识经验系统和学习课程系统；其次为了检查员工对学习、制度、标准的执行情况，还需要"有据可依"的数字化方法来检查并推动问题的整改。

视频 7.3 腾讯全球数字大会：新的数字文化生态正在形成

7.3 酒店企业数字化文化战略

如第 1 章所述，成为"认知型企业"是企业数字化转型成功的关键。酒店企业在数字化转型中，应着力构建成为认知型企业。认知型企业具备三大要素，即开创性平台战略、智能化业务流程、人性化企业体验。

7.3.1 开创性平台战略

1. 选定重投领域

选择哪种开创性的业务平台对企业而言非常重要，平台是企业建立市场和竞争优势的手段。它们不是试验性的，也不是位于企业边缘的外围能力。企业未来将专注于这些新市场，并通过大规模应用数据、技术和新的专业能力不断挖掘这些新市场价值。这些新平台的重点根植于企业核心竞争力。充分利用传统差异化优势和渠道来源，以及企业独特数据，不断进化和扩展这些竞争力。在平台上所倾注的全部努力，都必须成为企业整体、清晰的战略意图的重点与体现。首席执行官、董事会和高管层需要围绕指引全新方向的终极目标，在企业已有的价值观基础上，打造富有吸引力的使命和愿景。领先酒店企业已在着手确定新的方向，并进行重要的投资以支持这些行动。并购活动、自己支持及分配有助于加大重投领域。同时，酒店企业的外部宣传也必须反映最新重点领域和业务平台的价值主张，以便建立正确的、持续多年的业务重点。对于扩展到企业之外的平台，必须在生态系统中赢得成员的信任和支持，这是决定成败的关键（图 7.2）。

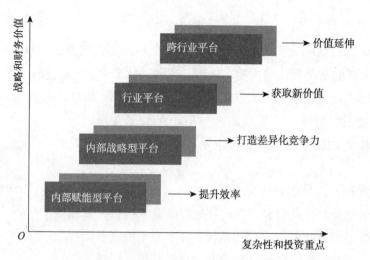

图 7.2　选定重投领域　建立竞争优势

资料来源：IBM 商业价值研究院. 构建认知型企业：九大行动领域[R]. 2020：9.

随着每家企业都成为平台公司和科技公司，技术能力与企业战略之间的关系会发生变化，迫切需要重新构思人才和能力战略。这意味着必须将合作伙伴生态系统以及合力协作提上日程。

2. 创建业务蓝图

开创性业务平台处于企业核心，意味着工作性质、业务职能、合作伙伴之间关系将发生根本性改变。酒店企业必须以全新视角审视目标运营模式。业务必须与平台架构保持同步，协调一致，以取得预期成果。这种做法既能帮助一线业务平台加强核心差异化优势，也有助于与赋能型平台相互配合，支持企业愿景实现。酒店企业必须重新分配现有职能角色，并调整决策点和决策方式。

新的业务蓝图不仅要确定目标运营模式、决策框架、文化和技能、职位和责任，还要说明人与 AI 技术如何在业务平台环境中协同配合。该蓝图能够帮助酒店企业确定并执行战略优先任务，预测每次变革对企业产生的影响，并相应地重新分配资源（图 7.3）。加拿大航空公司的 CEO（首席执行官）Calin Rovinescu 分析了 AI 技术在推动决策方面发挥的作用："疫情期间，我们运用 AI 技术了解哪些领域的需求正在逐步恢复……过去开发的许多工具完全派

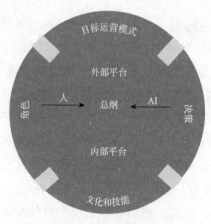

图 7.3　基于业务架构的认知型
企业蓝图设计

资料来源：IBM 商业价值研究院. 构建认知型企业：九大行动领域[R]. 2020：11.

不上用场，因为这些工具全部根据历史数据开展分析。所有这些历史数据都与现实情况脱节，只能弃用。因此，我们采用 AI 技术，分析酒店、租车公司和 Airbnb 的最新数据，据此确定未来趋势。"

酒店企业必须确定业务架构，还必须为支撑该架构的其他架构（包括流程、技术和数据）设定基调。业务平台必须高度可见，能够推动架构的发展。这些架构将为创新和敏捷的共同创造提供方向指引。

另一个关键原则是必须将"开放性"融入架构思维之中。所有业务平台和业务流程的设计都必须支持无缝的外部互联互通。当企业开始构建平台时（无论是企业内部平台还是行业级平台），都无法预知拓展现有能力或新建模块化能力最终会产生多大潜力。因此，酒店企业需要有一套"总纲"，也就是在不可避免的复杂环境中定义核心职责的指导原则。例如，"框架内的自由度"需要明确定义两个维度：决策参与者可以自主做哪些决策，哪些决策需要受一定框架限制。如果酒店企业非常依赖基于数据的决策和自动化，并希望利用呈指数发展的技术，就必须将这些规则嵌入业务逻辑和算法之中。

新的业务平台需要持续改进，从嵌入智能化业务流程的反馈循环中不断学习。组织架构中传统金字塔式、由上至下的决策和信息流将被颠覆。在管理文化与体系变革过程中，必须对决策点、决策方式、决策者以及授权责任的治理流程和架构进行调整，使其适应新的环境。

3. 筹划重大变革

酒店企业需要描述多个层面的整体变化，从业务战略到核心平台落地、智能化业务流程构建，以及大规模技术赋能等，需要"强有力的变革管理"。传统方法无法适应认知型企业的要求，变革速度、指数级学习、环境复杂性、解决方案组件碎片化、敏捷工作方式（如小分队、Scrums[①]和 Sprints），都提高了对筹划能力的要求。数不清的传感器、机器人、算法、微服务和 API，加之底层全新业务流程和子流程在企业范围的重塑，大大增加了随时了解变革状态的难度。此外，也要深入了解企业的业绩以及实时预测挑战和未来机遇的能力。

IBM 等公司开发了"控制塔台"方法，将"项目管理"和"仪表板"等传统专业领域提升到全新层面。这种新方法得到技术充分支持，并且利用自动化的数据喂养和分析能力。"控制塔台"实时监控环境状况，提高可视性，增进沟通，并且能够快速智能地作出响应。它可以发出警报，跟踪变革项目中不断变化的各个方面，还能掌握潜在的业务绩效与成果。它可以揭示出所描述的转型动态及快速变化特点。作为构建认知型企业的基本要素，它实际上就是企业的"大脑"（图 7.4）。

[①] Scrum 是迭代式增量软件开发过程，通常用于敏捷软件开发。当今，Scrum 的影响已经远远超出软件开发，成为零售、军事、风险投资甚至学校里完成各种任务的创新方法，正在改变着世界。

"控制塔台"在企业的多个层面运行，覆盖总体企业绩效、关键业务平台、关键智能化业务流程以及主要的赋能型技术平台。"控制塔台"包含人员、流程和系统活动。但它只是我们提升新型变革管理水平的一个方面。随着企业不断获得新的能力，持续学习将成为企业利用这些新能力的先决条件。

酒店企业应将 IT 领域中的方法移植到更广泛的业务领域。领先酒店企业已经采用敏捷方法，推动跨职能领域的快速创新。现在需要扩展这些方法，调整其用途，以应对不断变化的日常运营。酒店企业必须将所有这些方法与不断发展的技能、领导能力和思维方式联系起来，作为企业文化的一部分，这点至关重要。

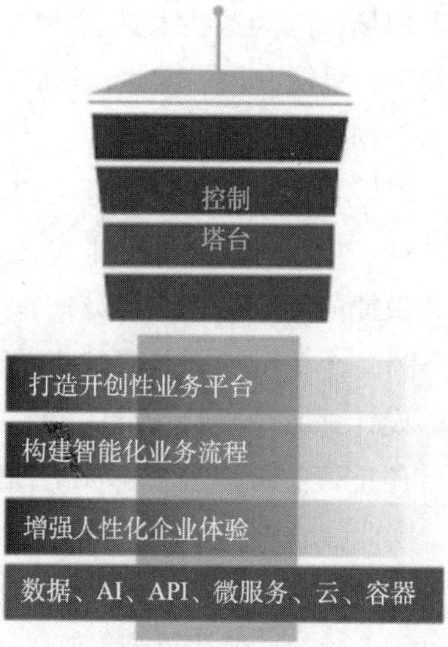

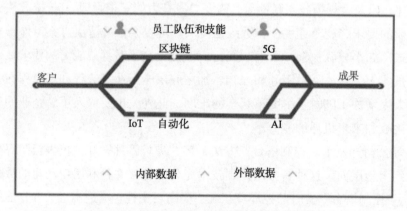

图 7.4 "控制塔台"提升
企业洞察与协调能力
资料来源：IBM 商业价值研究院. 构建认知型企业：九大行动领域[R]. 2020：13.

7.3.2 智能化业务流程

1. 嵌入最强科技

一方面，采用呈指数级发展的技术，这些业务流程可从根本上改变工作完成方式和新价值实现方式（图 7.5）。

图 7.5 指数级发展技术融入智能化业务流程
资料来源：IBM 商业价值研究院. 构建认知型企业：九大行动领域[R]. 2020：16.

必须根据业务平台的战略意图以及业务流程的差异化潜力，确定这些业务流程并制定优先顺序。必须尽可能全面地识别这些业务流程，以便充分利用完整的端到端潜力和前端到后端潜力。智能化业务流程覆盖现有的各个职能孤岛，比传统流程范围更广，后者通常是彼此独立的，因此限制了效能。智能化业务流程由（内部或外部）客户需求推动，能够带来经济和体验的双重收益。

我们所处的这个时代可以大规模综合利用 AI、IoT、自动化、区块链和 5G 等呈指数级发展的技术，真正改变业务流程的性质，实现卓越的效能和效率。这意味着，酒店企业必须弄清楚这些技术如何以及在何处产生最大影响、带来最大回报，这是一项关键要求。

酒店企业开始尝试多种方法以确定新的价值池和发现敏感痛点时，必须始终牢记关键业务流程。使用具有针对性的敏捷方法，可以快速试验各种技术，以发现机遇并解决问题。通过利用企业以及合作伙伴业务和技术领域中各种不同的知识库，能够从最佳实践、可复用的资产和最新的研究洞察中获得新知。

价值池和痛点为相关数据科学任务指明了重要的方向和关注点。由于呈指数级发展的技术依赖于原始数据资料，因此数据可用性和数据质量是智能化业务流程设计的关键要素。"猎到"适当的数据以满足业务流程需求与"钓到"适当的数据以从中提取洞察并不是一回事，二者区别很大。认识到这一点有助于显著减少整理和清理非增值数据源所导致的浪费。

嵌入最强科技的另一个主要方面体现在对业务流程中的员工队伍和技能的相对影响。某些情况下，纠正这些方面的失衡实际上就是发现新的价值池或者消除流程中的瓶颈。酒店企业需要了解，技术组合对尚未"自动化"的人工任务的规模和复杂性会产生什么影响。此时，可将全面实施技能升级和技能重塑计划提上议事日程。IBM 对超过 200 个智能化业务流程实施开展的分析表明，与强有力的传统执行方式相比，使用 AI 和呈指数级发展的技术来强有力地执行任务，通常可带来 3 倍收益。

所有这些活动的结果是形成智能化业务流程蓝图（图 7.6）。该蓝图可用于确定任务优先顺序，并且可在特定业务流程中作为规划工具寻找突破口。它可对价值构成要素进行排序，建立开放、可延展、轻便的智能化业务流程"模块"。

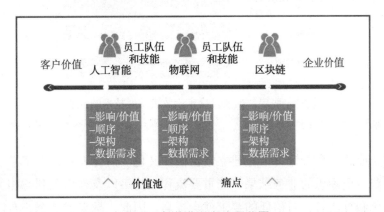

图 7.6　智能化业务流程蓝图

资料来源：IBM 商业价值研究院. 构建认知型企业：九大行动领域[R]. 2020：17.

因此，这些构成要素无须修改即可轻松部署到各种各样的环境和任何云平台中。智能化业务流程思维可以增强 SAP S/4HANA、Salesforce、Workday、ServiceNow，旅游业中诸如 PMS、CRM 等新一代企业应用的业务效果，令这些软件解决方案的核心流程功能更丰富、更具差异化和更有价值。

2. 挖掘数据价值

数据是认知型企业的原材料，有助于确定开创性业务平台的重点，并赋能关键智能化业务流程。酒店企业内部数据是实现差异化优势的宝贵资源，如果与对业务模式和价值产生巨大影响、有针对性的外部或合作伙伴数据源结合使用，其作用尤其显著。

然而，并非所有数据都以相同方式创建，它们的价值也参差不齐。使用适当的数据实现适当的目标至关重要。因此，酒店企业在选择开创性业务平台和智能化业务流程与真正实现它们所需的数据之间，存在着明显的互惠性。这种互惠性有助于确定重点数据，以及发现挖掘可用数据的机会。酒店企业需要借助适当的信息架构支持其业务和业务流程架构。

数据准备度是酒店企业从数据中提取价值的先决条件，包括数据的准确性、清洁度、标准化、开放性和许可权限等特性的准备度。要验证企业中所有数据的准备度非常困难，而且考虑到可用数据的数量在不断激增，颗粒度在不断变细，这项工作更是难上加难。虽然 AI 等工具可帮助酒店企业掌握数据模式和总体情况，但要确认将 AI 用于哪些重点的数据整理工作。据估计，80%的 AI 工作都用于数据准备阶段（图 7.7）。

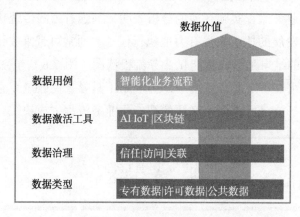

图 7.7　底层数据质量决定指数级发展技术的价值

资料来源：IBM 商业价值研究院. 构建认知型企业：九大行动领域[R]. 2020：19.

认知型企业的一个关键特征是建立数据信任文化。研究表明，真正学会信任数据的企业可以获得更理想的业务结果。当重要流程、决策以及客户和利益相关方的互动依赖于自动化和算法时，对信任的要求就会提高。因此，越来越多企业专注于从数据源、算法和人员决策中发现并尽可能减少偏见，以便大规模地推进这些技术。

由于许多业务平台和智能化业务流程的改进需要使用外部数据（尤其是来自客户的数据），这些数据的使用应接受严格审查。研究表明，透明度、互惠性（即通过数据共享获得价值回报）和问责制，对于创建新的平台业务模式至关重要。

IBM 通过对全球高管调研发现，那些擅长从数据中获得价值的领先企业有 82%尤其关注，如何利用并保护数据以增进客户信任。如果企业在使用数据时滥用利益相关方的信任，将会面临受到严格监管审查的风险。

开放性是认知型企业的一项重要原则，也适用于数据战略。与将数据留作己用相比，若能与生态系统合作伙伴共享数据，催生业务平台和智能化业务流程的诸多机遇，可为酒店企业带来更大收益。这种共享能够增强企业的数据价值，并产生乘数效应。然而，作为一种价值来源，酒店企业需要谨慎行事，以防无意中"割让"价值链中的控制点。此外，从其他来源获得的数据必须与内部数据的质量和可信度相当。

3. 实施混合多云

认知型企业及其业务平台和智能化业务流程，将借助混合多云应用和基础架构才能实现。从本质上讲，这些新的业务模式正是云存在的理由。这与纯粹基于技术架构而"走向云端"的想法是不同的。混合云架构覆盖本地系统（如大型机）、私有云和公有云。许多企业因原有系统中不同组成部分的更新，形成了多个环境。

智能化业务流程的大规模实施是推动更为全面的架构变革的主要力量。据 IBM 估计，混合云的战略价值要比纯公有云战略价值高出 2.5 倍。该价值体现在多个方面，如迁移更多的应用、消除重复流程、增强网络安全性和降低监管风险等。

智能化业务流程涉及各种底层酒店企业应用、以不同方式实施的各种嵌入式呈指数级发展的技术，以及不断发展演进的数据架构需求。上述各项都有可能通过混合云环境的不同组件实现。要应用专用云架构以满足业务流程的技术需求，就必须确定需要做哪些非常重要的企业变革。

业务平台的覆盖范围将不断扩大，包含新的合作伙伴，而智能化业务流程有助于扩展平台覆盖范围。因此，开放性和灵活性原则对于实现应用架构和基础架构至关重要。开源解决方案和容器技术可确保未来功能模块和新生态系统组件实现持续互联互通。此外，选择"一次构建、随处部署"的架构有助于降低风险。

创建认知型企业的最大障碍之一是历史系统及其复杂性。混合云模式可以释放所捕获到的数据和功能的价值，同时处理新旧应用间的转换。随着所有企业都成为科技公司，赋能型 IT 概念和 IT 部门的角色也在发生变化。从根本上讲，IT 和业务部门通过更敏捷的团队合作模式走到一起，IT 团队内外不断涌现支持指数级技术发展的人才。业务平台和智能化业务流程有助于建立横纵向合作，随着"赋能型 IT"和"技术即业务"的融合，酒店企业需构建全新结构。

7.3.3 人性化企业体验

1. 强化人机偕行

认知型企业及其智慧业务平台和智能化业务流程都需要技术的大力支持。但是，就技术创造的所有价值而言，最成功的企业显然是那些能将技术的力量与改进的人员绩效和企业体验相结合的组织（图 7.8）。企业打造开创性平台的目的是获得竞争优势，而专业知识是推动平台的关键力量。

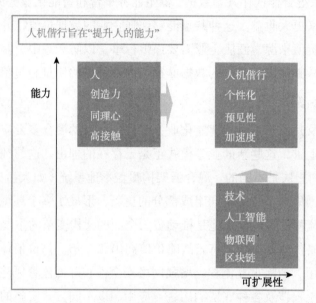

图 7.8　强化人机偕行

资料来源：IBM 商业价值研究院. 构建认知型企业：九大行动领域[R]. 2020：23.

为此，酒店企业既可以利用深厚的既有专业知识，同时也可以对这些专业知识进行扩展和调整，从而进军新市场。业务流程不仅覆盖掌握数字技术的高技能人才，同时也覆盖数量和能力各异但与时俱进的员工队伍。随着酒店企业应用指数化技术的深入、智能化业务流程的构建，不仅人员角色和职责将发生变化，他们所具备的大部分能力对企业未来实现端到端流程和前端到后端流程也至关重要。

自动化技术将代为执行重复性任务；AI 将开展即时分析；IoT 和 5G 支持企业远程收集信息；区块链有助于减轻行政管理的负担，减少对人工检查流程的需求。所有这些都将改变企业中的角色和活动。新的平台和业务流程为洞察开辟新的用武之地，为人员创造新的增值活动领域，但酒店企业仍需要具备同理心、人际关系和其他软技能，才能从市场竞争中脱颖而出。

企业体验的概念迅速兴起，丝毫不逊色于认知型企业"硬性"技术组成部分的发展速度。客户体验仍是变革的根本推动力。客户体验与服务客户的员工体验越来越密不可分。所有企业都认识到，利益相关方的日常企业体验处于我们传统上所说的价值观和行为的核心位置。此外，在生态系统和业务网络环境中，企业发现必须将这种体验"原汁原味"地拓展到企业边界之外。

认知型企业的体验由人员和技术共同打造。随着人员使用的工具越来越出色，他们将能够"更出色地完成工作"；随着技术越来越直观，应用也会更加普及。新的技术解决方案及其在平台和业务流程中的应用，将对使用者提出越来越高的要求，从而推动员工升级和重塑技能。反过来，员工也会要求工具提供更出色的设计和功能。

设计思维、体验式学习、包含敏捷反馈循环的共同创造模式以及持续学习和改进等方法，都必须融入认知型酒店企业构建中。这样才能推动业务平台和智能化业务流程不断向前发展。以人为本的设计方法将成为此类转型的默认方法，这样能够鼓励利益相关方广泛参与，了解并不断满足他们的需求和期望。

酒店企业的宗旨和使命将成为认知型企业中人机偕行的重要推动力（图 7.9）。以符合道德的方式让"科技向善"，以及对广大利益相关方产生积极影响并提升透明度，变得越来越重要。可持续发展、包容性和信任等问题必须引起关注。技术的强大能力对于酒店企业发展至关重要，但员工如何与新模式和新方法背后的技术潜力协调一致，将更为重要。

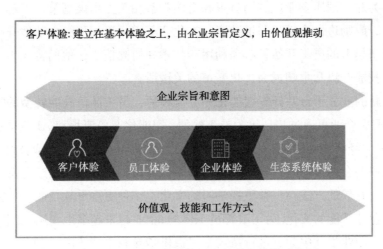

图 7.9　企业宗旨与使命对人机偕行的推动作用

资料来源：IBM 商业价值研究院. 构建认知型企业：九大行动领域[R]. 2020：25.

2. 培养智慧能力

认知型企业对领导力和领导方法的要求与普通企业大不相同。随着越来越多的企业成为科技公司，指数级发展技术普及带来更多战略机遇和威胁，企业管理者已经不能仅仅满足于成为技术达人。如果酒店企业领导者希望将未来发展构建在由技术支持的新业务平台上,则必须了解技术涉及的范围及其未来潜力和发展方向。这就要求管理者更深入理解生态系统中不断变化的概念和解决方案,并能够运用这些知识,积极把握机遇,有效应对颠覆。

随着业务平台跨越行业边界,领导者必须放眼行业网络之外去寻找洞察,在不同领域之间建立关系,并了解让想法创造经济效益的新方法。这包括与科技企业和初创企业合作,在企业中培育全新的共同创造环境。充满勇气、目标明确、意图清晰仍是领导力的主要标志。但是,随着重投性质从传统领域延伸到新的疆界,领导者必须设定企业的终极目标,并就企业战略意图和前进方向与利益相关方进行清晰无误的沟通,这种能力比以往任何时候都更为重要。领导者必须明确前进方向,进一步统筹平台和业务流程选择的优先顺序。

在指明方向和建立框架后,酒店企业需要"下放权力",让平台和业务流程的创新扩展到企业边缘。赋能的敏捷团队可以齐心协力发掘数据潜力,找到利用技术的方法并创新关键体验。整个高管团队必须建立新的跨业务领域合作机制,以便在这些新领域取得实质性进展。职能部门主管、首席信息官、首席数字官和首席转型官必须与平台和业务流程转型意图保持一致,包括共同负责适当的指标和激励措施。

在认知型企业中,文化变革相当复杂,必须以不受传统观念约束的方法加速推进变革步伐。为此,酒店企业应鼓励员工和更多利益相关方出谋划策,了解新技术和新想法的潜力,鼓励边做边学。归根结底,文化变革需要更加积极主动地升级和重塑技能。随着越来越多的员工开始了解和利用新技术并树立信心,他们将成为变革的拥护者。大规模技能升级和重塑成为文化变革的关键所在。

在建立新的业务平台并开发智能化业务流程后,员工队伍技能转型的需求就变得愈发明显。酒店企业可通过培训等为员工赋能,智能化业务流程和 AI 自动化可能导致全球 12 个最大经济体中的 1.2 亿员工在未来 3 年内需要接受再培训或技能重塑。许多技能的生命周期在持续缩短,相关性在持续降低。认知型企业需要建立持续学习的企业文化和行之有效的方法:一种重视学习的文化,一种更看重软技能(如协作)而非特定技术或业务技能的文化。为了改善员工体验,企业越来越多地利用 AI 和其他工具,在员工的整个职业生涯中为其进行持续学习提供指导和支持(图 7.10)。

3. 践行敏捷模式

世界正在拥抱"敏捷"理念,大多数企业都处在创建敏捷小分队以及采用迭代、敏捷开发和初创企业方法的过程中。这对于打破组织孤岛结构、消除组织障碍、开放组织以及激发自下而上的创新都很有价值。然而,许多活动都面临一个难题,无法确定明确的成果或影响。在某些情况下,会产生"敏捷混乱"。

第 7 章　数据驱动的酒店企业文化创新

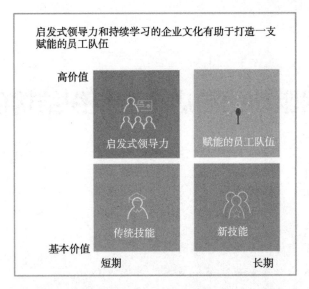

图 7.10　启发式领导力、持续学习的企业文化赋能员工
资料来源：IBM 商业价值研究院. 构建认知型企业：九大行动领域[R]. 2020：27.

敏捷工作方式具有巨大价值，但必须有目的性地践行这些方法，才能提高效率和有效性。专注于业务平台和智能化业务流程的认知型酒店企业框架能够提供清晰的背景信息和方向指引，确保所有创新活动沿着正轨开展和扩展。通过汇聚企业内外团队，确保与核心平台或业务流程意图一致，企业就能够降低"布朗运动"（不规则运动）风险，支持这些团队集中精力实现更明确成果。随着团队迭代实施平台战略与业务流程，

视频 7.4　携程数字化文化构建战略

可能会让很多创新活动既产生收益又与战略保持一致。认知型酒店企业为敏捷活动提供了更成熟的治理体系。它可以的更轻松地将这些活动与重大资源分配和业务决策联系起来，还可以推动短期进展和价值。随着技术部门转变成业务部门，它们之间的界线开始模糊起来。如果实施得当，敏捷方法还能成为加速器，推动技能升级和重塑，促进企业文化转变，参与者可以体验到新技术潜力，通过边做边学不断提升自身技能水平。

即测即练

自学自测　扫描此码

第 8 章

数据驱动的酒店企业组织结构创新

> 本章学习目标：
> 1. 理解企业数字化转型的障碍。
> 2. 理解数字化转型与组织结构的关系。
> 3. 理解酒店企业目前组织结构面临的挑战。
> 4. 理解酒店企业组织结构数字化转型内涵与对策。

数字化转型一方面要求酒店企业实现管理自动化和生产服务柔性化，另一方面要求决策过程智能化，意味着企业业务流程及内部生产关系将发生较大改变。同时，数字化转型采用了一种新的链接和使用数字技术的方式，使得企业传统的边界变得模糊。因此，企业在数字化转型时必须调整相应组织功能，提供与转型战略相匹配的组织结构。

8.1 数字化转型与组织结构创新

8.1.1 组织结构视角的企业数字化转型障碍

人工智能、区块链、云计算、大数据、边缘计算和物联网等数字技术（ABCDEI 数字技术）进入大规模应用阶段，企业面临着数字化转型的巨大机遇和挑战。面对数字化冲击，为了适应新的市场环境，满足日益提升的消费者需求，数字化转型是多数企业选择的道路。但转型之路并不平坦，大量企业或半途而废或难以达到理想效果，这种现象使数字化转型过程中的阻碍因素逐渐成为一项重要研究课题。数字化转型关键障碍之一，是当前组织结构不适合执行数字战略。学者提出了不同的组织框架以解决 IT 与业务实体之间的相互作用，也有学者研究了数字化转型执行者与现有 IT 管理职位间的职责背离现象。现代企业中系统生成的数据呈爆炸式增长，对数据进行系统分析有利于作出更明智决策。毋庸置疑，数据正成为增强企业竞争力的关键推动力，围绕对数据的开发利用将影响传统组织分工与协作模式。传统企业组织模式通常为金字塔式的层级架构，问题较多。

（1）传统企业往往层级多、部门多、员工多，等级森严、阶层分明、机构臃肿僵化、难以变通，更适用于内外环境稳定下的组织发展，在遇到变革时则难以灵活应对不确定性的变化环境，无法轻装前进。

（2）部门职责不清。传统企业部门多，责任边界不清晰，往往会引起业务部门之间的业务争夺或职责推诿。特别是当业务部门之间存在内部竞争时，业务争夺会造成企业资源的浪费和重复建设。

（3）业务衔接不畅。传统企业存在业务流程中两个部门分管环节紧密衔接但两者对于各自环节的重要性排序存在差异的情况，在业务链的衔接过程中往往会出现资源调度和日程安排的冲突，并且可能会导致部门间矛盾产生。

（4）内部协同壁垒。专业化分工带来企业部门划分，一项经营活动要经过多个部门、多个程序处理才能完成，每个部门都只关注自己所分担的那一部分任务，努力追求本部门利益最大化，导致部门间工作目标和任务出现差异，因此在协同配合、资源共享方面，企业部门之间存在厚重壁垒。传统职能部门结构设置很难满足转型需求。数字化转型过程中需要企业具备较强的跨职能协作能力，而实现这种协作必须将组织结构与企业数字化转型战略有机融合。这种融合难度很大，需要克服包括专业技能、沟通等在内的大量阻碍。如 Hess 等对三家德国媒体公司数字化转型过程的研究发现，每家公司都存在因传统财务系统不适配而影响数字技术使用效果的问题，强调企业必须仔细设计组织结构变革以更好利用数字技术。Sia 等提出创建一个独立部门负责推进数字化转型战略，该部门与企业其他部门之间保持一定独立性，获得灵活性便于创新。Dremel 等以奥迪集团为研究案例，建议在企业内组建一支专门的跨职能、多学科团队推动战略实施。

（5）企业刚性，刚性是数字化转型最重要的障碍之一。首先，企业现有资源和能力所形成的刚性是企业转型的最大障碍，企业深深植根于客户和供应商之间的关系网中，拥有完善且经过多次优化的业务流程，僵化但舒适的状态使企业不愿意重新配置资源。柯达集团案例是组织核心能力阻碍新技术为企业带来转型升级机会的集中体现。其次，固化企业文化也可能成为转型重要阻碍。Haffke 等研究发现，许多老牌企业中，数字技术与业务职能之间分离现象严重，甚至成为企业价值观的一部分，极大阻碍了数字化转型进程。企业文化必须随数字化转型发生相应改变，以保障其顺利进行。如 Karimi 和 Walter 对报纸行业数字化转型研究发现，许多企业希望通过使用数字平台改变其价值主张，要顺利推进数字平台的使用需要企业内部形成多维度文化体系，包括培育员工创新思维和多媒体思维，但在该过程中企业无一例外受到了强力内部阻碍。对于具有优势的传统企业，组织结构性特征根植于日常工作和员工价值观中，多年来累积的有形无形资源、企业文化反而可能成为阻碍数字化转型的重要问题。企业可以利用渐进、迭代方式促进学习，同时根据学习结果不断调整，最终完成数字化转型的长期战略。最后，在企业文化方面，传统企业容易表现出集权文化、等级文化、硬性文化等特征，人财物、供产销乃至具体事务权等权力，中小型企业集中于老板，大型集团企业则集中于总部或者集团；对下级管理模式往往表现为硬性指标和刚性管理较多，软性、宽容度和容错度等较少，导致员工关系紧张，且易滋生派系。

传统企业的组织模式和文化虽然支撑了企业在传统工业时代的快速发展，但在新的数字化时代，却容易表现出病态和疲态。在个体层面，很难深层调动新生代员工的活力和融入度；在组织层面，难以保障组织对于快速变化、不确定外部环境的灵活适应，难以支撑传统企业在数字化时代持续快速健康发展。

视频 8.1　华为的组织结构变革

8.1.2　互联网企业组织结构特征

（1）与传统企业相比，互联网企业在组织模式和文化特点方面呈现出完全不同的特征，其中最突出的特点就是技术赋能，以人为本。注重释放人性内在诉求，带来了商业价值观和管理哲学的深层变化。具体来说，互联网企业的组织模式与文化体现在以下几个方面。

一是人才资本化。人才从未像今天这样成为企业的核心竞争力和资本，人才的价值分配权越来越大，与资金资本相辅相成、日趋平等，员工持股已经成为大多数互联网公司的"标配"。

二是组织架构动态化。一方面根据业务模式需要，按照项目、任务甚至是兴趣爱好或是人缘，聚合成一个个"群落"，一个人会同时在多个群落里进行沟通互动；另一方面，员工要求平等、尊重的氛围，需要实时无边界交流和互动，通过自由开放的表达与分享，随时随地随人地交流，每个人都是一个价值创造中心。

三是组织管理人性化。数字化时代，组织平台化和网络化已成现实，管理去权威化及去中心化成为趋势，协同方式柔性化及项目化得到更多实施，员工的自主管理空间大大增加，这都要求管理者采取更加人性化的手段进行管理，充分尊重员工，释放员工的主动性和创造性。激发员工内心的创新热情和欲望，而不是全靠外在制度和 KPI 考核指标硬性约束。

四是人际关系平等化。组织与个人关系不再是简单依附与绝对服从关系，CEO 不再是组织的唯一指挥命令中心，而是一个象征的存在。每位成员都高度自治、自主经营，决定员工在组织中地位的不再是职权，而是影响力。员工将拥有高度管理自主权，可以更加积极地投入和调节自己的工作。

五是管理技术数字化。数字化时代，大数据使"智能 HR"成为可能：一切过程留痕迹、一切管理有工具、一切评估数量化、一切决策靠系统，用数字替代人的臆断。

六是学习方式平台化。互联网并非计算机的联网，而是人脑的联网，它提供了一个大平台，信息和知识的传播分享、问题的研讨与解决、思维方法的碰撞与融合，都可以在互联网搭建的平台上进行交互，学习型组织在一个全新的模式下加快建设和形成。

（2）围绕信息技术驱动组织结构创新的相关研究主要呈现以下两个特点。

第一，以传统信息技术为应用背景的研究成果较多，而以大数据、人工智能及物联网等新一代数字技术（DT）为应用背景的研究成果相对稀缺，特别是以数据为视角研究组织结构创新的成果更不多见。

第二，目前关于组织结构创新的研究多侧重宏观逻辑层面，对创新形成的微观机制及实施路径的研究较为缺乏。伴随企业数字化转型的逐步深入，数据正充分渗透至生产制造的各个环节，成为智能时代变革的关键要素，推动企业生产由传统流程驱动向数据驱动转变。权变理论认为企业组织结构应适配企业战略，同时企业战略将伴随外部技术环境而相机变化。因此，在数字化转型战略和数据驱动双重影响下，数据赋能组织结构创新机制和支撑路径将是未来组织结构创新研究的重要方向。

8.1.3 数据赋能与组织结构创新

数据赋能思想起源于人力资源研究领域的授权赋能，但正式定义和内涵在学术研究中尚未统一。数据赋能包括连接能力、分析能力和智能能力，企业通过三项能力的协同提升了从数据获取、分析到数据运用的能力，从而获取独特价值。数据的标准化及互联互通是企业实现敏捷制造的关键，通过人、物体与相关信息之间的数据应用，有利于企业开展价值共创。

关于数据赋能，目前学术界已形成两点共识：第一，不能通过数据的存在自动获取价值，而需在赋能的过程中或终点实现数据价值。第二，数据赋能不是对单独个体赋能，而更强调对过程或系统进行赋能（孙新波和苏钟海，2018）。数据赋能研究范围涉及价值共创、制造升级、社群问题、弱势群体四方面。另外，国内外数据赋能研究重点存在差异，国外研究较多着眼于弱势群体的数据能力提升，而国内研究相对更关注商业模式创新、智能制造与平台企业价值共创。

邱新平通过案例研究认为，企业作为数字化转型主体，应不断加强技术创新力度、积累核心技术能力、构筑核心资源优势。只有通过不断提高技术和资源整合能力，才能实现组织结构创新。第一，深化顾客需求数据化和研发大数据系统应用，增强模块化产品设计能力。以顾客参与为前提，通过大数据系统深度应用降低传统组织边界中信息传递的中断频率和传输黏性，提升产品设计质量和效率。第二，强化资源联网化和操作指令数据化，构建资源自组织网络。以物联网应用为手段，将组织资源链入生产服务系统，并映射成线上数据，顾客需求数据直接驱动资源整合，实现联网化资源的高效协同，提高组织资源响应能力。第三，推进员工知识库和智能决策辅助系统建设，完善组织成员自管理机制。通过数字化和智能化辅助工具应用，对一线员工赋能，提高组织成员参与经营的可能性，实现自组织、自管理和自激励组织。

8.1.4 组织转型的方向与趋势

传统组织具有结构较固定、组织庞杂纵深、利益分割牵扯多、汇报条线长等特点，互联网组织具有架构扁平化、责任重心明确、利益分配清晰、精简汇报线、自下而上创新机制、能够快速流转到执行层面、响应市场变化的能力更强等特点，两者差异分明。那么在企业数字化转型阶段，就要思考在这一时期组织转型的方向和本质是什么，结合自身业务管理特点主动探索，通过深入分析思考确定组织转型方向和路径，确保企业数字化转型成功。数字经济时代，数据作为一种新管理要素，与传统技术、业务流程、组织结构相互影响、相互作用，极大变革了不同群体的交流方式、交易方式，有效提升交易速率和质量，使得企业内外部交易成本呈现明显下降趋势，推动了组织向扁平化、平台化和联盟化方向发展。面对这一变化趋势，酒店企业必须在组织和流程上作出及时响应，建立具有弹性、适应性、差异化的新型组织，建立流程驱动、动态灵活的组织形态，适应市场的快速变化。组织转型的未来趋势主要体现在以下三个方面。

一是极小化的自组织。数字经济时代，面对快速变化的市场需求、新技术新业态的兴起、日益复杂的供应链体系及柔性化生产模式，企业组织扁平化、网络化步伐不断加快，决策分散化、团队微型化、管理平台化趋势日益凸显。从 GE 公司组织扁平化到谷歌、亚马逊等互联网企业团队微型化，从海尔企业无边界、组织无领导、供应链无中心的新理念，到韩都衣舍的责、权、利统一的三人小组管理模式，再到华为"让听见炮火的人指挥战斗"的前端作战团队模式，无不显示出在数字经济时代，企业无论大小、强弱，构建弹性、开放、灵活的组织体系，不仅事关竞争力强弱，也事关生死存亡。

二是极大化的平台。万物智能、泛在互联推动了平台与依托群体的崛起，苹果、谷歌、亚马逊、脸书（Face-book）、阿里巴巴、腾讯、百度、小米等一批互联网企业打造了一个巨型的创新创业平台，在其上形成了几百万乃至上千万的创业群体，构成了一个复杂的产业生态系统。产业生态系统化正在重新定义企业边界、不断重塑企业间关系，这一新型企业间组织关系随着产业生态化步伐的加快而不断扩散。

视频 8.2 扁平化组织结构：现代企业组织结构形式

三是生态化的产业联盟。基于各种目的的产业联盟体系不断丰富，出现了以制定或推行产业技术标准为目标的技术标准联盟、以合作研发为目标的研发合作联盟、以完善产业链协作为目标的产业链合作联盟、以共同开发市场为目标的市场合作联盟等。这些趋势都将对企业组织形态的变化产生深远影响，重构社会分工协作体系。

8.2 组织结构演进与变革

8.2.1 组织结构变革与创新相关研究

组织结构理论认为，结构体现了组织内层级间的报告关系，明确了个体—部门—组织的组合方式，以实现部门内外沟通和协作机制。组织结构大致分为三部分：分工机制，即横向专业部门边界划分；等级机制，包括组织成员职责划分；协调机制，包含组织内生产资源协同。信息技术的应用促进了企业最优组织结构调整，包括企业权力结构的改变和决策权力的下放等。

学术界针对组织结构变革展开多个维度的探讨：一是组织边界变革相关研究。李海舰和原磊从制造业核心能力角度切入，提出企业应该通过无边界革命形成自身的价值网络。欧阳桃花等提出无边界组织可穿透性较强，内部的信息传递、资源流动速度较快。栾贞增和杨东涛认为，无边界价值观管理能够促进无边界化组织的实现。

二是非正式组织相关研究。齐旭高等提出制造业组织结构集权化对产品创新能力产生显著负向影响。Yang 认为，非正式组织是一类始于人际关系的社交网络，却不会在正式的组织结构图中出现。Scott 和 Davis 认为，与正式组织相比，非正式组织更能体现组织内成员的内心目标、价值观与态度。宋晨提出，非正式组织是一类具有自组织特性的复杂系统。

三是组织形态演进相关研究。面对科层制的弊端，国内外学者从多个角度开展了组织变革的创新探讨，包括虚拟组织、网络组织、项目组织，以及从科层制改良而来的矩阵组织（张光军等，2019）。近年来又兴起对模块组织、平台组织、模块化平台组织、分散化自治组织、生态组织，以及平台+服务+中小企业等组织形态的研究。谢康等认为，网格制是科层制伴随环境变化而变革的演进结果。这些研究从多角度和多层次对数字经济环境下各种新型组织结构的特征进行了分析，并对传统组织如何转变为新型组织，转变后具有哪些以往科层制不具备的组织优势，及存在哪些组织结构的不足等问题进行了论述。

8.2.2 工业经济环境下的科层制

现代企业主要采用三种基本层级制组织结构：以权力集中为特征的职能垂直型结构，即 U 型组织结构；控股公司结构，即 H 型组织结构；以企业总部和分公司之间分权为特征的多部门结构，又称事业部制，即 M 型组织结构。实践中，企业根据市场环境变化、经营规模扩张、战略多样化、资源积累、信息负荷等因素，在 U 型、H 型、M 型三种基本组织结构上，不断演进、优化出超事业部型、矩阵型、混合型等多种新型组织结构模式，但是组织结构演进、优化的核心依然是基于机械式设计的"层级制"。

组织内部关系和组织外部关系构成了组织的关系架构，组织成员的岗位关系与权力分配序列是组织主要的内部关系，与外部上下游企业之间的合作、互补抑或对抗是其组织外部关系。企业基于层级制组织机构，通过对组织内外部关系以及与权力匹配的调整、重组，有效协调企业内外部各类生产关系，以匹配工业经济时代缓慢变动情境下规模化、标准化生产技术特征。

1. 科层制内涵

组织作为管理学中最为重要的维度，是有效、有序实现企业战略目标的关系架构、信息系统、运行规范和资源集合。管理层级制是现代组织结构核心特征，泰勒科学管理理论体现了工业经济的理性思想。法约尔一般管理理论提出的"直线职能制"以及韦伯行政组织理论提出的"科层制"奠定了"机械层级制"组织结构基础，将工业经济的理性思想进行了提炼和升华。这种层级制组织结构能高效率、大规模动员和集聚生产要素，协调按照传统分工原理而产生的复杂生产过程，满足了工业社会中大规模生产的组织要求，大幅度提高了人类社会生产力。科层制建立起工业经济的组织制度，或者说，科层制是工业社会最高效率的组织制度，是人与人之间社会关系的秩序化。这主要体现在科层制提供了工业经济所需要的组织管理特征，尤其是科层制蕴含的理性精神或工具理性，强调效率优先，追求精确性、持续性和统一性，都是工业化时代规模经济发展所要求的。

2. 科层制结构特征

第一，行动者专业化且高度理性。行动者根据组织目标进行劳动分工并实现专业化，通过专业化培训使所有劳动者按照某个既定标准进行程序化操作。同时，组织中每个层面的职位占有者具有非人格化的理性，体现了工业经济的社会理性。

第二，行动者按权威、等级、流程与规章行动。组织建立合法权威，实行金字塔型的等级制度，以合乎逻辑和高效的方式完成复杂目标，保障组织控制与协调。同时，依靠严密稳定的规章制度运行，即规章制度成为科层制的管理基础。

第三，按普遍标准选拔和考核行动者。强调量化管理工具，重视通过绩效考核量才用人，通过普遍用人标准选拔专业人才，形成合乎理性的管理体系。

3. 科层制结构不足

科层制带来效率、标准、统一的同时，也使人日益异化，成为流水线或层级制中的一个个机械单元，因此，科层制受到了诸多批判。

第一，严密的专业分工和规章制度，造成了组织内部部门隔阂，阻碍了组织内部的高效协同。

第二，金字塔型的等级制度和非人格化理性，阻碍了组织内部高效沟通与合作。

第三，严密细致的流程管理和量化考核等，造成了组织结构刚性，阻碍了组织变革与创新。由此，科层制形成了庞大的中间管理层、复杂的管理流程及各种量化关键绩效指标。如波士顿咨询公司指出，在科层制下，企业的工作流程、管理层级、协调机构和决策审批程序等增加了50%～350%，导致了组织效率损失。

为了拆除部门墙、强化协同与合作，提高科层制管理效率，一方面，企业通过对IT的广泛应用推动一系列组织变革。例如，在运营管理中大量应用各种信息系统，包括产品数据系统（DM）、生产过程系统（PPS）、企业资源计划、供应链管理系统、客户管理系统，以及各种办公系统（OA）等。另一方面，企业通过使科层制流程与规则具备动态演化的能力，提升科层制运行灵活性，通过降低科层制严密分工与非人格理性程度，寻求与快速变化环境的适应性，将环境因素和文化因素融入科层制规则灵活性中，从而使科层制适应当代组织变革要求。然而，即使科层制不断提升灵活性，并通过IT提高信息共享程度降低协调成本，作为工业经济管理基础，科层制依然难以完全适应数字经济发展要求。伴随数字经济崛起，组织制度也在不断进行变革和创新。

8.2.3 数字经济环境下的网格制

1. 数据驱动的网格制结构

数据驱动、人机协同的组织学习，充分体现出数字经济环境下基于经验的组织学习与基于AI的机器学习相互融合。人机协同的适应性组织学习具有相互理解、相互协作和协同提升等特征。相互理解指，组织学习与AI算法学习有着不同的学习模式，两种学习的融合基于双方相互理解。基于大数据的学习正在逐步融入组织学习中，促进组织学习的适应性变革。相互协作指，组织通过数据分析师、IT人员与AI的紧密协作，通过深度利用数据形成协作系统促进组织学习和创新。协同提升指，大数据、AI与人的协同拓展人类的认知边界，形成组织学习与AI算法学习的协同提升效应。在从工业经济科层制到数字经济网格制的演进过程中，数据驱动、人机协同的组织学习扮演着不可或缺的促进角色，网格制可以视为数据驱动的组织结构适应性变革与创新的结果。

2. 网格制结构特征

第一，组织资源的集中与分散是相对的和变动的，组织流程、制度与形式具有极强的灵活性而适应环境的高度动荡。简言之，网格制源于组织的信息结构从不及时、不连续、不细化和不完整转变为及时、连续、细化和完整。工业经济环境下，由于信息的不及时、不连续、不细化和不完整，需要通过科层制的等级治理规则、金字塔权力及标准化行动进行组织管控和决策。尽管信息系统的应用有效提升了企业利用信息的效率,但上述信息结构的特征并未发生本质变化。数字化技术的出现,使信息结构逐步具有了及时、连续、细化和完整的特征。从组织生态学角度看,信息结构的这种改变使组织的运作从机械式转变为生命式,由此,工业化的串联式、封闭式、机械式管理转变为数字化的开放式、生态式和自组织管理。由于信息的及时、连续、细化和完整,数字化经济中的网格制可以通过平等治理规则、多中心权力结构及非标准化行动进行组织运作,形成各类共享经济平台、阿米巴组织、众包、众筹等组织结构,对环境变化具有高度适应性。

第二,组织的分层模块化结构支撑多层次的规则异构性和多主体的决策自主性,形成管理边界的可扩充性和可选择性,组织边界变得模糊而体现出边界不确定性的特征。数字化技术形成的分层模块化结构,使数字经济的网格制具有多样化扩充和选择弹性,支撑起规则的异构性与多主体的自主决策,形成组织创生能力或生成能力。同时,组织规则的异构性和多主体的自主决策过程会形成大数据资源,这些大数据不仅能成为企业经济发展的重要资源,也能使其他生产要素的属性特征发生改变,形成虚拟聚合与重组,资源属性逐渐表现为丰裕、共享和流动,具有高固定成本和低边际成本特征。由此,企业边界呈现出扩张或收缩的不确定特征,如数字经济环境下组织平台化扩张和组织专业化聚焦并存。

第三,组织具有多管理区域灵活组合的结构,行动者雇佣关系与非雇佣关系相互影响,支撑前端多主体决策与后端大平台决策的资源协同需求,形成多元化组织创新特征。互联网、大数据、AI 等新一代 IT 通过改变组织的信息结构和资源属性,实现前端小团队与后端大平台之间高效柔性协同的集体行动,从而使市场结构从垄断、竞争和竞合为主转变为以合作、共享和生态为主,形成互联化价值、开放性创新和平台化生态等多元形态,并在此基础上形成多样化的组织创新,包括小团队的灵活创新及小团队与大平台之间的协同创新。与工业经济科层制"统一、服从、精准、等级、单一"的效率特征相比,网格制具有"分散、自主、模糊、平等、多元"的创新特征。

3. 从科层制到网格制的演进

网格制是科层制根据环境变化进行适应性变革的结果,体现出组织结构的演进过程。与工业经济环境相比,数字经济环境下的资源属性、信息结构和价值实现方式均发生了根本性变化,从而促使组织结构也发生根本性变化,从科层制逐步转变为网格制。正如工业经济与科层制是一种协同演化、相互促进的关系一样,数字经济与网格制也是一种协同演化、彼此增强的关系。数字化技术的发展推动科层制不断进行变革,进而催生了网格制的产生,网格制促进了数字经济的创新,数字经济规模的扩大又强化了网格制的组织制度。

科层制向网格制转变的适应性变革有赖于适应性组织学习。现有研究指出，适应性组织学习是指，企业以各类有助于推动组织学习的技术为依托，根据环境的重大变化而形成即时反馈、即时调整、持续变化的知识应用和知识探索。在互联网、大数据、AI 与实体经济深度融合的背景下，适应性组织学习通常表现为数据驱动、人机协同的组织学习，构成影响组织创新活动和适应环境变化的重要学习方式，是对探索式和利用式学习的综合。

视频 8.3　网络型组织结构：正在流行的一种新形式组织设计

8.3　酒店企业传统组织结构面临的挑战

以移动互联网和智能物联网为代表的数字化技术，成为现代酒店企业创新新引擎。广泛应用数字化技术，实现数字化转型是现代酒店企业应对困境、重获增长的战略选择。近年来，酒店企业已逐渐实现对用户行为、营销推广、场景售卖、交易支付等相关环节的数字化改造。然而许多企业数字化转型成效却不尽如人意，虽有资金缺乏、战略模糊等问题，但究其本质是组织结构没有及时跟随数字化转型而做相应变革，导致管理无法应对多项新职能的出现。适应工业经济时代的层级组织结构，因其逐级反馈、逐级解决问题而缺乏市场响应的敏捷性，组织"刚性"凸显，损害了数字化成效，成为酒店企业转型升级的重要约束条件。

8.3.1　组织数据处理负担加重

随着酒店企业从内部管理、渠道、经营决策等各个环节的数字化转型，以及与平台企业的跨界深度合作，数据成为关键生产要素，是企业重构资源配置、获取市场竞争优势的基础。由于数字化技术手段可以实时刻录几乎所有存在物的痕迹，数据生产主体泛化、数据来源泛化，数据体量呈爆炸式增长。数据中不仅包含了购买数据、商品数据等规范化、结构化数据，也包含了网络评价、搜索索引、客服记录、视频等非结构化数据，海量数据增加了企业数据处理负担，而未经处理数据本身带有很强"噪声"干扰成分，处理能力不足反而会使数据膨胀，抑制数据价值发挥。构建数据池，强化数据收集、分析和应用，排除数据误差，从海量数据中洞察消费变化，为经营管理提供有效决策支持，酒店企业需不断增强数据处理能力。如何通过对数据收集、组织、选择、合成和分配挖掘数据价值，是酒店企业构建数据处理部门时应考虑的核心职能问题。

8.3.2　传统层级结构"刚性"凸显

一方面，以往酒店企业集团总部并不直接与顾客进行交互，酒店是接触顾客的主要入口。但是随着企业数字化转型，酒店不再是直接接触消费者的唯一入口，总部能从手机 App、PC 官网、社交媒体等诸多渠道与顾客直接交互，积累顾客数据，洞察消费需求，通过数据挖掘向用户精准推送营销方案。总部数字化处理能力持续增强，总部功能日趋强大，具备了消除层级、高度集中管理的可能性。

另一方面，数字化时代酒店企业可采取纵横两条线的全域营销策略，横向在社交平台、视频网站、电商平台等各种平台载体上，采用直播、图文和短视频等多种形式展示商品。纵向可分解销售过程，分为远场、中场、近场、零距离、后场等碎片化销售节点。销售碎片化、异步销售、修订式销售等增加了企业管理复杂性，组织决策日益困难，按照传统分工原理建立的层级结构对市场响应敏捷程度有限，其"刚性"凸显。

数字化情境下，出现了消除层级向总部高度集权的可能性和组织敏捷性的双重管理需求，组织线性层级结构已无法满足数字化转型下的双重管理需求。

8.3.3 价值协作模式有待迭代升级

数字化转型背景下，酒店企业与渠道合作者关系模式面临瓶颈。无限细分可能的个性化市场和长尾市场的出现，酒店企业和渠道商合作模式面临两个深层次变革需求。

（1）销售过程被切割成多个销售节点，在这个过程中，双方需要从产品研发开始就深度合作，共同对产品试错、纠偏、优化，形成基于产品合作的"一荣俱荣、一损俱损"的共生生态。在产品推向市场过程中，渠道商提供数据洞察给酒店企业，也要求酒店企业提供产品具有排他性，形成专供产品。

（2）线上线下全渠道销售对酒店企业要求高，双方可售资源共享，库存信息实时交互，双方通过信息连接成为共生一体化。传统合作模式在长期资源互补过程中，酒店企业与渠道商等通过学习、吸收和消化，都获得了供应链能力的增长，但也存在冲突。如渠道商凭借强大的平台能力，削弱了酒店企业市场份额。酒店企业与渠道商等的价值链协作模式有必要升级迭代，双方需克服协作中的竞争因素，在产品研发、库存优化等多个方面形成共生关系，实现全链路深度融合。

8.4 酒店企业数字化转型与组织结构创新

8.4.1 酒店企业组织结构数字化转型

1. 酒店企业业内部管理数字化转型

酒店企业数字化转型可追溯到以计算机信息管理系统（management information system，MIS）、企业资源计划、销售时点信息系统（point of sale，POS）为代表的早期信息技术的导入。集团借助信息管理系统实时掌握各酒店经营销售情况，将传统纸质或散乱的电子化信息整合形成完整、可追踪的企业数据流,并计算销售额、坪效、RevPAR、出租率等关键绩效指标,支持运营决策,实现购、销、存、调的管理信息化,提高企业运营效率。以国际酒店集团和经济性酒店为典型代表,酒店企业内部管理数字化转型,打破了区域市场的空间刚性约束,实现连锁扩张,形成了"总部+分店"的现代组织结构。

处于该阶段的企业虽然在运营效率上已大有提升,但由于应用的科技手段单一,应用目的主要是迭代传统人力劳动,且数据主要来源于企业内部,仍属于数字化发展的初级阶段。

2. 酒店企业渠道数字化转型

进入 2000 年,随着互联网技术成熟,以携程等线上 OTA 为代表的新业态分流竞争日趋激烈,酒店企业纷纷自建网站,拓展线上数字化渠道。该阶段线上渠道以 PC 端官方网站为主,但线上线下处于相互割裂状态,客房管理、业务管理、人员管理等职能线上线下基本分开,企业营销、IT 等职能部门专门负责线上渠道销售与管理。此后,企业渠道数字化转型经历了 PC 电商、移动电商、社交电商等阶段,并向线上线下融合发展。比如,品牌酒店企业打通线上线下生态圈,在客房产品、营销、收益等方面实现数据共享,形成了"PC 端+App+微信小程序+公众号"的全渠道模式。同时,越来越多的酒店企业开始与互联网公司或大型电商平台合作,通过平台强大的数据收集和处理能力,实现线上线下流量共享,优化客户体验,提高运营和价值链效率。

随着线上线下进一步融合,企业 IT 部门职能范围不断外延,从作为辅助与营销、前台等业务部门开展线上实践,到调整与协调其他业务部门,再到向数字化运营中心演化,从而赋能企业各业务部门围绕数字营销工作。

3. 酒店企业全链路数字化转型

2018 年,伴随促进新旧动能转换政策引导,数字化技术日益丰富与完善,线上线下打通,产业互联网发展条件日趋成熟。数字化技术正在从提供资讯、搜索、电商、购物、社交等直接面向消费者的服务,逐步扩散到企业内部,改变传统企业运行模式与效率。国内部分领先酒店企业数字化转型开始进入智慧应用阶段,即从以渠道为中心转变为以顾客为中心,以顾客需求为导向,用户识别、用户触达、用户服务,所有产品、顾客、消费行为、业务流程等都可以实现数字化,全方位数字技术应用覆盖全产业链条的数据收集与分析。数字技术创新对企业整体"溢出效应"显现,酒店企业开始逐步走向万物互联、智能决策的数智时代。

酒店企业数字化转型经过几年创新实践,正在从浅层应用阶段向深入掌握阶段跨越。在营销推送、在线预订、无缝安全支付等环节具有较多优势,但在敏捷价值链、数据分析、数字化技术架构、生态合作伙伴协同等方面仍有待提升。目前数字化转型正处于关键时刻,酒店企业能否具备新旧职能有效结合,并形成统一整体所必需的组织架构，将关系到各部门履行职责的效率与效果，组织结构创新成为能否跨越"数字化发展陷阱"的关键一步。

8.4.2 酒店企业组织创新对策

1. 建立以数据为中心型组织结构

酒店企业数字化转型给传统组织结构带来严峻挑战，但同时也通过改善组织数据产生、传播方式，极大降低了企业内信息不对称和不完备程度，从而为业务流程再造和组织创新提供了新条件和新手段。在总部数字化能力增强、对市场响应敏捷性双重管理需求下，酒店企业应重构部门间关系，改变层级职能部门制度，强化总部赋能功能。数据是关键生产要素，经营各个环节需要依靠数据作出决策，酒店企业需要成立专门数据运营中心，统合各种数据来源，减轻数据处理负担，并作出有意义的数据处理。以数据运营中心为驱动中枢，整合各个部门各种数据来源，避免信息孤岛，对结构化以及非结构化数据进行规范化处理，使原先隐蔽、复杂的真实需求易于获取和显现，从而形成丰富和高质量的消费大数据，提高分析、应用能力，无限接近真实需求，提升数据价值。将经过有意整理后的数据提供给各个部门，为各个部门提供决策支持。总部与各部门之间不再是授权与被授权、命令与被命令的层级结构，而是由数据运营中心赋能的平行结构，数据运营中心是赋能中枢，驱动各个部门围绕轴心运转，而各部门数量多寡、运行质量如何则取决于中枢动能有多大。数据运营中心能力越强，赋能效果越好（图 8.1）。

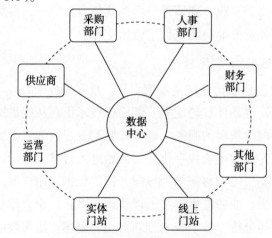

图 8.1 酒店企业组织结构示意图

2. 重构部门职能

企业由层级结构向以数据运营中心为中枢的组织结构演进同时，需重构部门职能。顾客圈层化、销售过程碎片化、消费需求变化不确定性，使得传统由营销部门推广，房务、餐饮等部门提供产品与服务，基于职能分离的业务开展成为羁绊，企业需要有多支灵活运转的团队，进行产品与服务开发、市场推广等，实现市场敏捷反应。

在成立产品团队基础上，原先职能部门应拓展新职能，为基本运营团队提供专业化服务，建立共享、专业、集成、精准的后台支持体系，具备问题解决的平台功能，为各个产品团队研发产品并向市场推广提供强大资源支持，弥补产品团队组织功能缺陷。酒店企业数字化转型的同时必须改革传统架构，向团队制转型，重构部门职能，驱动"总部＋酒店企业"向"平台＋团队"的组织结构转变。

3. 共建共生型合作伙伴关系

数字化运营与管理对成本和顾客需求及时响应能力要求高，要求酒店企业进行流程再造，以形成适应数字化情境下的销售流程，满足远场、中场、近场、零距离、后场等消费者触达点及反馈优化的碎片化需要。酒店企业和渠道等合作伙伴建立共生关系，携手共同进行产品与服务研发、生产与提供，将渠道商和酒店企业所拥有的异质性资源融合成一体，创造单方面都无法创造的新价值，促进价值网络整体增值，获得可持续发展。数字化转型下，双方超越竞合双重性，在信息交互中共同创造价值。双方打通研发、生产、营销、售后等活动环节，进行供应链协同管理，并以消费者大数据作为驱动，借助大数据、云计算、物联网、区块链等分析平台以及人工智能信息系统整合供应链，实现信息同步共享；运用数字化分析和预测手段，同步协调供应链。

4. 酒店企业与跨界合作平台的新型组织外部关系

为适应快速变化和不确定市场竞争合作环境，增强竞争合作的可持续性和战略柔性，企业应逐步从过去仅关注竞争转向构建多重竞合关系，将竞争合作层次从单一技术产品的竞争、合作升维到智能技术产品（服务）群的竞争合作，从资源要素竞争合作升维到新型能力体系的竞争合作，从组织之间竞争合作升维到供应链、产业链和生态圈之间的竞争合作。企业数字化转型具有高初始固定成本、低边际成本特征。要积累人、货、场的海量数据，涉及海量数据的存储、连接、计算，以及算法和算力的持续优化，需要物联网设备、交互网络、云端设施、智能终端等大规模硬件投入。酒店企业与数据生产要素的建构者，如阿里巴巴、腾讯、石基等数字原生企业跨界合作，可以降低酒店企业数字化投资压力，助力酒店企业建构消费场景、开展精准营销等。酒店企业与平台企业之间的组织关系是一种新型组织外部关系，有别于传统酒店企业与软件公司买断产权一次性关系，酒店企业需与平台企业进行长期战略合作，包含数据沉淀、数据交互以及数据应用等。

新型组织外部关系拓展了酒店企业盈利空间，在构建统一底层数据库体系上，与平台企业交互合作，促进数字化产品诞生，开拓了酒店企业盈利新来源。酒店企业数据的高度专业性和复杂性，融合平台数据的多维性，云计算、大数据、人工智能、位置服务等技术能力，酒店企业能够实时追踪消费者个人行为，更新顾客偏好，实时模型化顾客行为模式，快速识别出消费者在什么时候接近购买决策，然后量身定做针对顾客个性化的促销手段和产品。同时，酒店企业构建的底层数据体系赋能平台企业，促进平台企业创新服务，改善支付、顾客识别、个性化推荐、小程序等功能，优化平台用户体验，与平台企业建立"共生共赢"的组织外部关系。

8.5 数字化转型与组织创新政策建议

数字化时代的到来，对企业组织架构管理提出了新挑战，组织文化价值塑造、组织形态多元化、领导力及人才能力新要求等成为未来组织转型的核心议题。站在企业发展立场上客观分析，数字化转型在成本、安全、共享和人才等环节存在难题，环环相扣、协调难度大。虽然每个企业面临的挑战和转型道路各不相同，但对什么是数字化及如何实现数字化必须要有清晰认知和理解，企业数字化转型与组织创新是密切相关的。相较以往，在数字化时代运作逻辑下，企业传统金字塔式组织结构弊端日益凸显。

8.5.1 组织机构变革满足数字化转型需求

新时代下，组织、人才和战略都要进行调整，以匹配市场变化。酒店企业数字化转型，要求强化组织能力和人员能力，激发组织内部活力，迫切要求企业进行组织转型。传统企业和互联网企业的组织文化、组织模式、组织架构形态和管理手段等方面均有不同，酒店企业在数字化转型期，需要明确此阶段组织架构转型的目标方向和方法论，结合企业自身业务、管理实践进行主动探索，组织文化需要如何改变、组织架构和模式需要怎样调整，组织转型的具体方法和路径是什么。随着企业数字化程度提升，组织形态也在不断进化，从"职能式+项目制""小前台+大中台"模式到生态型组织，目标是适应复杂多变的外部环境。

8.5.2 数字文化与价值观塑造是数字化转型的前提

（1）文化塑造是组织转型的起始关键规范动作。从明确组织转型的目标及原因，到理解转型背后的内外部需求，再到共创协同、培养能力、积累成果，最后到持续巩固转型，形成自己的组织文化和企业价值观，成为组织数字化转型的必要前提条件。

（2）注重员工培养，加强员工数字化意识。数字化转型不是万金油，在这个过程中不能忽视对酒店企业员工培养。很多企业在转型过程中存在着依靠技术手段就能实现企业转型的认知误区，且极有可能导致转型失败。尤其是在日益激烈的竞争环境中，人才与技术合理搭配至关重要。数字化转型不能一味追求技术，创造数字产品、提供数字服务要充分分析对人、组织和社会造成的影响，如在工作职能方面不能一味追求使用机器替代人，而应该更多考虑人机互补、人机偕行，激励员工以企业主人翁精神在日常管理、产品与服务更新等方面不断实现突破和创新。

（3）深挖消费潜力。以往企业经常根据消费者平均需求来估算市场规模，提供产品与服务。但是，随着顾客需求日益多样化、个性化，粗放式生产方式已经无法适应变化，旧模式与新需求之间的"技术冲突"日益显现。随着对顾客的数字化解构，越来越多个性化、定制化需求呈现在酒店企业面前。企业应不断基于数据挖掘消费潜力，提升优化用户体验，快速响应市场需求并提供产品与服务。同时，酒店企业将社会责任贯穿到整体经营活动中，企业对数据挖掘得越深、顾客画像越清晰，顾客的隐私需求就越强烈。员工社会责任感的建立，合规合法、可续经营。

8.5.3 明确发展目标，时刻保持初创精神

企业数字化转型正在不断全面与深入，酒店企业也需要思考一个新的问题：当所有企业都将开展数字化作为必要条件时，如何进行前瞻性布局才能形成竞争优势？缺乏明确目标以及实现目标的科学流程，是导致高失败率的原因。麦肯锡报告显示，各类企业向数字化转型是一个庞大的价值工程，但70%的尝试最终都以失败告终。数字技术，一方面赋予了行业领军者新武器、新发展动力，使他们有了更大话语权，并且更自信面对未来挑战；另一方面也带来了更大挑战，即如何保持企业行为和动机，促使企业具有像初创公司那样的灵活性和紧迫性。Tony Saldanha 指出，宝洁的 IT 和全球业务服务被认为具备业内第一流水准，但宝洁更大的竞争对手不再是其他跨国大型公司，而是初创企业。全球在线旅游经过 20 余年发展，尽管不时有斜枝横出，但通过合并洗牌，目前在线旅游市场形成了 Booking 集团、Expedia 集团和携程集团三大巨头，还有共享住宿品牌 Airbnb。Booking Holdings 集团 CEO 兼总裁 Glenn D. Fogel 在"2020环球旅讯峰会&数字旅游展"主论坛上指出，"无论是谷歌、亚马逊、Facebook、携程，还是最近正式提交 IPO 申请书的 Airbnb，都是 Booking 集团强劲的竞争对手。但也许最大的竞争对手来自还没有登场的新公司"。初创公司拥有50%的成本优势和10倍的灵活性优势。企业应将组织视为不断发展演进的过程，保持竞争和创新的欲望，强化组织能力、人员能力，保持组织结构与新商业模式的匹配与演化。

8.5.4 营造创新氛围，提升企业经营能力

（1）正确衡量创新与风险。数字技术带来了成本结构、运作结构和交易结构的重大改变和创新，使酒店企业从以生产和服务为核心的体系转为以信息和数据为核心的体系，这个过程中风险客观存在、不可避免。企业需谨慎衡量两者之间关系，既不冲动盲目，也不知难而退。

（2）提升决策层数字化思维。创新机遇的预测，需要高效数字化运作组织，决策

者要有极为敏锐的数字思维和应用能力。创新性数字化思维能够帮助企业更快实现从自给自足到开放合作的竞争优势转化，在产品、服务设计与提供方面从线性开发到快速响应，在信息安全方面从被动合规到积极应对等。区别于传统领导能力要求，数字化时代对于领导者在科技驱动、迷途领航、共创整合、调动人心、全局思维等方面能力要求更为凸显。根据安永研究，数字化时代对于专业人才的要求也在发生变化，复杂问题的解决能力、批判性思维和创造力成为人才最关注的技能。在工作中由于科技、机器占比提升，谈判和以人为中心的技能重要性有所下降。与此同时，情绪智力和认知灵活性是处理智能技术、机器的关键。组织该如何转型，一是要通过诊断评估看清方向，二是要明确转型的方法和步骤。

（3）激发内部创新活力，加速酒店企业数字化转型。增加创新性研发、数字化人才培养、激励等方面投入，在企业内形成全员创新的良好氛围，提升员工数字技术创新与应用能力，更好地推动企业数字化、高效化运转。

根据组织转型 3D 模型（diagnose 诊断、define 定义、develop 发展），从现状审视思考出发，以未来定义未来，并在数字化迭代发展中不断探索从现状转型至未来的路径。基于对企业数字化转型的现状和目标确定，诊断差距，从战略、组织结构、流程、员工等不同方面进行针对性转型。组织转型不是一蹴而就的，是个长期适应变化不断调整的过程，未来的组织会演变成什么样，现在还无法给出确切答案，但未来组织最重要的功能已经越来越清楚，那就是赋能，而不再是管控。组织职能不再是分派任务和监工，而更多是让员工自我驱动自我激励，为共同愿景和价值工作。世界是变化的，酒店企业需要与时俱进，组织转型与变革是永恒话题，不同时代有不同特征，为了适应外部相应生产关系和环境变化，内部组织架构和企业文化也需要相应的调整。结合组织自身进行主动探索，组织文化需要怎么改变、组织模式和架构需要如何调整，组织转型的具体路径怎样规划，通过深入分析思考确定组织转型的方向和路径，才能确保企业数字化转型成功。

数字化技术改变了人与人、人与物之间的连接方式，降低了信息不对称程度，改变了信息的搜寻与匹配范式，引发企业内部与外部组织性质发生重大改变，组织边界趋向模糊，由上而下的决策系统以及指令执行，使企业越来越难以有效、快速、柔性响应高度不确定的外部市场环境，现代企业层级组织结构已不能满足企业发展的需要。跟上企业数字化实践步伐，揭示数字化技术的要求、特征和原理，创新企业组织结构，已经成为数字经济时代极其迫切的管理课题。在我国新旧动能转换的时代背景下，现代酒店企业在数字化转型道路上越走越远，要适时创新组织结构，解决数字化技术应用带来的数据处理负担、新职能产生等组织变革问题，建立以数据运营为中心的组织结构，重构部门职能，建立共生协作关系以及与平台企业跨界深度合作的新型组织外部关系，为数字化技术带来的顾客价值增值、企业降本增效提供组织实现保障。

即测即练

第 9 章

酒店企业数据化业务运营体系构建

本章学习目标：

1. 理解国内外学者对于数据驱动企业运营的不同视角解释。
2. 理解企业业务与数字化融合的内涵与作用。
3. 理解"企业数据应用成熟度模型"，并能根据模型评估酒店企业数据应用能力。
4. 理解酒店企业数据化业务体系构建步骤。
5. 理解酒店企业全场景需求梳理的五个构成方面。

9.1 数据化运营

数据化运营是近几年兴起的概念，它在运营的基础上，构建了"以数据驱动决策"的思路。数据运营体系是数据分析的集合与应用，也是数据现行战略的体现，它不仅是运营人员的工作，也是产品人员、市场人员和研发人员的共同愿景。

9.1.1 大数据的定义

大数据在企业实践中应用比较广泛，由于研究视角和领域的多样性，学术界对大数据的定义尚未达成一致。目前主要聚焦于三个角度。

（1）从属性角度出发，大数据技术代表着技术和体系的深度融合，是通过高速获取大规模多样化数据，发现、分析并提取数据价值。该定义将容量、多样性、速度和价值界定为区分大数据和传统数据的核心属性。

（2）从流程角度出发，由于大数据无结构化的性质，大数据系统分解为数据生成、数据获取、数据存储和数据分析四个模块。其中数据分析是大数据发挥隐藏价值属性的重要环节，通过大数据分析处理能够描述过去发生的事件，预测未来的概率和趋势，驱动企业管理者决策制定并提升分析效率，它能够对企业管理机制和决策模式产生重大影响。

（3）从资源观角度出发，大数据被认为是反映物质世界和精神世界运动状态和变化的信息资源。

9.1.2 大数据特征及驱动效应

1. 大数据特征

美国国家科学基金会将大数据定义为：由科学仪器、传感设备、互联网交易、电子邮件、音视频软件、网络点击流等多种数据源生成的大规模、多元化、复杂、长期的分布式数据集。一般而言，大数据需满足 3V 特性，即规模性（volume）、多样性（variety）和高速性（velocity）的特征。随着数字技术的应用与发展，学者们关注到大数据的价值性（value），形成了 4V 特性。后续研究者不断增进理解，进一步扩展到大数据的 5V 甚至 7V 特性，增加了真实性（veracity）、动态性（vitality）和可视性（visualization）等。在一定程度上，大数据的价值并不仅仅在于数据资源本身，更多在于数据与具体流程、惯例相结合而产生的驱动效应。

大数据除具有传统数据的特征外，还具有容量大、种类多、传递速度快和低密度高价值的特征。随着大数据在管理领域的应用，其已经成为引导企业生产经营的关键战略资源，大数据进一步衍生出复杂性、决策有用性、高速增长性、价值稀疏性和可重复开采性等特征。对于制造业而言，大数据主要由四类组成：产品数据、运营数据、价值链数据和外部数据，管理学领域对于数据驱动的研究处于萌芽期。

2. 大数据驱动效应

国外学者大多聚焦于大数据对于企业日常经营管理的影响，将大数据视为组织文化、结构、流程和能力转变的推进器，围绕大数据产生的促进作用发生在组织达到大数据的"属性转折点"一定程度之后。

（1）文化方面，大数据有助于企业形成以数据和客户为导向的开放性文化。

（2）结构方面，大数据为组织跨部门合作创造了机会。

（3）流程方面，大数据 3V 属性改变了新产品研发过程，ACE（autonomy、connection、ecosystem）原则有效反映了大数据对新产品研发模式的颠覆。

（4）能力方面，企业能够利用大数据容量、速度和多样性分别优化模式识别、实时决策和协同探索三个过程，提升组织服务创新能力。

国内学者主要从三个方面诠释大数据对管理的影响。

（1）战略领域，基于大数据的营销模式引导企业对价值获取的认知，转竞争为合作，提升利益相关者之间价值共创，并实现企业智能化转型。

（2）生产领域，大数据是一种新的生产要素，是提升企业生产效率的杠杆，企业通过大数据与信息系统融合对生产过程实施精准控制，实现智能化生产。

（3）营销领域，大数据能够提升营销针对性，降低物流和库存成本，降低投资风险。

由此可见，大数据的价值体现并不局限于数据本身，而是体现为与具体流程惯例相结合而产生的驱动效应。对数据驱动的管理决策研究具有重要理论意义和实践价值。

企业根据实际需求对数据进行收集、编辑、处理、分析，发挥数据驱动效应，充分发掘和利用数据价值，作出科学经营管理决策以构建竞争优势。

现有关于数据驱动效应对企业运营和流程活动的影响研究可以划分为以下两类。

（1）基于嵌入视角，探究数据驱动嵌入组织结构和组织文化对管理决策的影响机制。数字技术打破传统事业部制组织结构，通过引入具备数据知识和技能的科学家、IT运维团队等，使得决策参与者角色发生改变，进而影响企业管理决策。数据驱动嵌入组织文化通过影响组织决策原则和信念模式等，最大化数据分析的商业价值。

（2）基于流程视角，探究数据驱动对于企业运营管理的影响机制。高质量、可扩展和可适应的数据智能系统或数据平台连接了包括供应链管理、客户关系管理、企业资源管理等在内的不同系统，有助于企业实现客户关系个性化管理和供应链敏捷性打造。

简言之，数据驱动效应推动组织对其业务和流程管理进行适应性调整，企业正积极实施数据管理进行市场竞争，但由于缺乏数据驱动嵌入具体流程的经验，许多企业仍处于数字化转型早期阶段。因此，值得深入探究数据全生命周期管理，以及其与企业业务模式和流程创新的相互作用。

9.1.3　数据化运营体系

数据化运营，是指企业运营业务高度数据化（信息化），数据化管理思想全面应用，数据驱动运营成为企业业务拓展提升和优化决策的主要动力。传统企业对数据分析、数据挖掘开始关注、使用和重视，也从简单数据分析向数据化运营转变。"数据化运营"作为现代企业管理思想，一定比仅仅一个个孤立数据挖掘项目应用更能带给企业深刻影响，一定是高于"数据挖掘项目"的更深层次、更广范围、更有企业战略含义的企业运营管理方法论。数字经济时代下，大数据成为企业通过数字化转型建立可持续竞争优势和挖掘潜在机会的重要引擎。企业通过大数据管理，可以更好地理解商业环境和客户需求。

1. 数据化管理

通过数据分析得到知识，重组运营的输入、过程和输出流程，改变管理的配置（流程、标准制度、指标等），核心是应用数据技术对运营行为进行改造或影响。用数据重新配置运营管理方式，用数据技术、数据思维改进提升运营管理水平。数据化管理要求业务在线，不是一部分业务在线，更不是小部分业务在线，是要把核心业务、主体业务全部实现在线，最终目标是实现一切业务在线。用在线方式全面替代传统线下运行方式，实现企业数据化管理。不能是在现有业务体系、企业组织基础上通过+手段+工具简单实现数字化转型，需要涉及企业整体业务模式改变、组织流程转型等一系列重大变革。

2. 数据驱动运营

数据驱动是企业利用大数据改善运营管理、提升企业解决问题和创造增量价值的动态过程。数据驱动能够实现企业文化、能力、结构和过程的颠覆性转变，包括数据驱动运营决策、绩效提升、业务流程优化、人财物资源配置、项目管理等各种日常管理活动。数据驱动决策，企业在做每一个决策之前，都需要分析相关数据，并让这些数据结论指导企业业务发展方向。

数据驱动是企业数字化转型、实现在线转换过程中，所带来的一个非常重要的企业运行模式转变。传统企业运行模式是靠人驱动和流程驱动，数字化时代是要把靠人驱动、靠流程驱动的传统企业运行模式，变成数据驱动。数据驱动成为业务运营主线，人变成数据驱动环境下的执行者。不管是在线还是数据驱动，给企业带来最直接变化是效率的改变和成本的降低。数据驱动模式给传统企业的组织管理带来新挑战，需要重新梳理企业业务运营体系，理清数据与人的关系，构建企业新的业务流程和工作标准。

3. 酒店企业数据驱动的运营体系构成

酒店企业运营体系核心包括外部顾客（营销）、内部资源流（人财物）、服务作业流（生产）、管理流（流程）及运营策略等几个方面。在信息化时代，信息系统的建立使得信息处理、流程运转、管理效率大大提升。企业运营体系进行数据化改造后，数据分析技术才能得到应用，企业级数据中心得以建立和发挥核心作用。数据分析作为一种生产力成为公司运营的一项自觉行为，运营管理者开始应用数据优化对客服务链、项目运作、再造业务流程、降低成本和主动防范各类风险，并以月、周和日为周期开展运营活动管理，及时优化资源配置和业务活动。这个基本逻辑是，在线产生链接—链接产生数据—数据产生智能—数据智能形成数据决策、数据执行、数据协同创新的企业数字化运行模式。酒店企业数字化转型过程中，应先是建立体系，再推进工具方法。数字化转型过程中，不能是简单的工具、方法思维，而是需要建立系统化、数据化业务体系思维。数字化转型复杂的不是技术、软件，是企业业务模式的重新设计、业务流程的重新变革、组织管理体系的重新调整。

视频 9.1　什么是数据驱动？

9.2　业务和数字化融合的关键诉求

9.2.1　业务与数字化融合的内涵

随着数字化进程的加快，企业为了进一步获取市场资源与份额，通过移动化、智能化和数据化给目标客户带来更便捷服务、更实惠价格和更好体验，每一个业务环节都包含数字化融合空间与融合价值。企业各业务与数字化融合可以从两个角度理解，企业内部融合和企业外部融合，融合范围包括从生产、服务提供、运营到销售的整个价值链。

（1）从内部角度出发，各个企业在生产或提供产品与服务时，会在内部分配每位员工的职责与角色，每个环节之间存在一定联系。在人工智能、区块链、云计算和大数据深入发展背景下，各企业正在谋求各业务与数字化在各环节上的融合，以充分配置企业人力，实现最优配置，减少成本，扩大企业盈利面。

（2）从企业外部来看，业务之间的数字化融合可以是同行业的，也可以是跨行业的，甚至可能是整个市场生态圈层面的协同发展。各行业的数字化融合可以让双方或多方都发挥自身独特优势，实现强强结合。

随着数字化转型过程中，酒店企业洞察力的提升，将引领企业由传统竞争模式向数字化时代新的竞争模式发展。优化与目标顾客的交互，实现产品、服务、流程和数据处理的优化升级，在降低成本的同时增强对客服务能力。在整个优化过程中，酒店企业业务需要科技扮演更为关键的角色，为企业个性化产品服务、平台化运营管理和智能化决策提供支撑。

9.2.2　个性化产品与服务

移动互联时代，顾客个性化需求越发凸显。酒店企业需要更加关注顾客体验，提供精准、多元、个性化产品与服务。以往顾客需求数据较为分散，采集、整合、分析和使用成本过高。因此，个性化更多集中于为酒店带来更多收益的高端客户群体，忽略了其他大众市场或长尾顾客数据。随着大数据、人工智能、移动互联网等技术发展，企业可以以更低的成本、更广泛的渠道采集和分析数据，了解多层次顾客个性化需求，为更多细分市场提供个性化产品与服务，提高顾客满意度与忠诚度。

9.2.3　平台化运营管理

满足顾客个性化、多样化需求已成为酒店企业提供产品与服务时的重要目标，通过业务融合渠道，实现内外部顾客服务整合，提升顾客服务体验。在流程优化方面，企业可以通过跨角色、跨时序的业务流程定制实现。对客服务整合与建设，提高了酒店企业快速创新和响应顾客需求的能力，有利于酒店企业收益管理的灵活定价，提供了全行业统一顾客视图。互联网时代，数据共享成为可能，数据成为核心生产要素，酒店企业可以充分利用各方面数据资源，实现服务渠道线上化、风控模式数据化、服务方式智能化，为各类顾客群体提供全面、精准、个性化服务，满足顾客不断发展变化的需求，实现资源有效整合和多赢共享，并与顾客建立更为紧密、全面、深入的新型合作关系。

关于平台化运营实践，可以参考京东集团构建的数据驱动三大平台，即数据分析平台、数据运营平台和数据赋能平台。三个平台相互协同，发挥不同属性的数据驱动效应，最终汇集多层级企业数据，实现信息数据化、流程数据化、业务数据化、产业数据化和生态数据化，具体内容如表 9.1 所示。

表 9.1　京东三大数据平台

平台	数据分析平台	数据运营平台	数据赋能平台
动因	组织进行信息形态的转变，统一数据标准，实现市场机会感知	组织利用数据打通流程，提高运营效率，实现产品和服务升级	组织实现数据知识创新和结构变革，支持和辅助整个产业链协同，实现数字化生态
内容	信息数据化：企业决策基础突破原有信息形态边界，新增由标准化数据编码的信息	流程数据化：实现标准化数据与企业内部流程的配合，以满足提高内部运营流程效率的目的 业务数据化：实现标准化数据与企业各业务单元的配合，以满足传统业务升级和新兴业务开拓的需求	产业数据化：以企业内部数据外向赋能为主线，实现数据资源与产业链上下游各主体协同衔接 生态数据化：企业内部数据资源与生态系统中各主体基础设施层、数据资源层和业务应用层的再造与转型
方式	数据采集提取、数据智能分析、数据质量监控	数据挖掘利用、数据流动互通、数据循环反馈	数据内化重构、数据开放共享、数据知识创新
效果	实现数据信息的有效产生、采集、储存、分类、监控和初步挖掘	实现数据信息在企业内部全流程和各业务单元的流动、共享和互通	实现数据知识创造，以及数据信息在产业链、生态系统的外溢、交换、共享和协同

资料来源：焦豪，杨季枫，王培暖，等. 数据驱动的企业动态能力作用机制研究——基于数据全生命周期管理的数字化转型过程分析[J]. 中国工业经济，2021(11): 180.

（1）数据分析平台。为感知最新数字化趋势，京东构建了数据分析平台，利用数据库管理系统将模拟形态的信息转换为数字形态的信息，并将数据传输到数据库聚合成为数据池，通过统一数据标准实现标准化的信息大数据，进而开展初步分析以洞察市场动态趋势，为数据信息后续指引业务决策和分析奠定基础。

（2）数据运营平台。在进行数据的采集、处理和监控等操作之后，如何将数据驱动效应嵌入企业的流程链和各业务单元实现数据及时利用迫在眉睫。京东构建了数据运营平台，通过将内部流程进行模块化分解，针对性地分配相应数据信息，形成了全流程的数据信息传递和各部门间协作。与数据分析平台产生的具有独立性的标准化数据，以及产生客观数据分析结果不同，数据运营平台重点在于实现数据信息在企业内部全流程和各业务单元的流动、共享和互通，避免"数据孤岛"。

（3）数据赋能平台。单个节点内部数据利用能力与外部网络关系能力的提升触发了网络主体的反馈行为，各个节点能够基于数据协作为用户创造价值。企业的变革重构能力激发组织内部的知识创新与结构变革，同时帮助组织构建外部数字网络。京东通过构建数据赋能平台，利用数据的流动性整合数据网络，通过数据知识创造，打破组织间、产业间的边界，实现数据信息在产业链和生态系统的共享。在该阶段，企业以数据交换节点为基础，以产业数据化和生态系统数据化为特征，形成行业生态数据动态实时更新与创新应用，实现生态系统的数字化。

通过数据分析平台、数据运营平台和数据赋能平台的迭代发展，京东实现了大数据全生命周期的管理。数据收集、传输、存储、处理、过滤、分析、挖掘和应用等过程可以称为"数据全生命周期"，不同生命周期阶段企业面临着差异化的数据开发挑战。京东通过三大数据平台的功能设计，最大化有效利用生命周期各阶段的数据，为后续流程升级优化提供了技术支持。因此，本书认为，数据驱动是企业顺应数字技术的发展，以数据作为单位生产要素，通过外部赋能或内部重塑的方式，构建并激活数据平台的不同特性功能，实现企业全流程和运营活动的数据效应释放，进而提升企业数据价值以实现竞争优势的动态过程。

9.2.4 智能化决策

人工智能可以使大数据之间潜在联系得以显现。通过运用丰富的数据资源，辅以人工智能等科技，挖掘出数据之间多层次关联与关系，发现各细分市场顾客潜在需求，提供因人而异、随时随地的定制解决方案，如智能推荐、提前预判、智能客服、智能监控等。同时人工智能具有自我学习、自我进化功能，企业可以从历史数据和经验中不断挖掘出新的、有价值的信息，并在数据中发展自身所具备的独特服务方式和模式，开创新的服务领域或创新服务战略，服务模式向定制化、个性化演进。

9.3 敏捷性与酒店企业数据化业务体系

9.3.1 敏捷性

查尔斯·达尔文推测，生存下来的未必是最强壮或最聪明的人。相反，幸存者往往通过灵活变通和快速适应新环境而获得成功。这里的关键词是：敏捷。随着经济全球化和信息技术的飞速发展，企业内外部环境不断发生着变化，企业面临着更加严峻的挑战，顾客需求多样化与大数据爆发式增长，大幅度提升了环境不确定性，企业必须提升应对不确定性的能力，形成核心竞争优势。为应对市场动荡性，国内外学者聚焦于企业敏捷性（agility）探索，将敏捷性视为匹配外部动态性的推进器。敏捷性是企业应对未知、识别商业环境威胁，并把不确定转为可控机遇的能力，是企业为应对环境高度动荡性和不确定性，在内部与主要供应商和客户一起快速适应或应对市场变化的能力，涵盖组织结构、信息系统、供应链流程和思维方式的全业务能力。

（1）敏捷性被视为实现大规模定制的前提，敏捷性的最终体现是通过高度灵活的流程和集成为客户提供单独设计的产品和服务。基于大数据的管理域信息技术促进了企业服务流程创新与客户体验创新。由此可见，大数据在提升企业供应链敏捷性中扮演着重要的角色。

（2）信息技术的集成性和灵活性为实现价值链敏捷性提供了保障。一方面，以"大数据"为代表的信息技术使企业进入万物互联阶段，数据成为企业生产运营的重要资源；另一方面，大数据技术使企业能够拥有分析和处理海量数据的能力，大规模定制变得触手可及。

9.3.2 业务流程敏捷性实现机理

1. 打造柔性化生产服务流程数据链

企业大数据不仅存在 3V 属性，还包括真实性、可变性、价值性和可视化的特征，大数据的动态使用是实现数据价值的关键。数据价值体现在价值链每一个流程，企业利用大数据技术将关键流程数据化处理，以数据流驱动整个业务流程再造。

以大数据作为流程再造的驱动资源能够大幅度提升关键流程效率。通过打通数据链，整合数据资源，实现全生产流程数据驱动，既削减了生产成本、缩减产品生产周期，还提升了产品质量，形成大规模定制模式。在将外部消费者需求进行数据化后，通过建立数据节点，根据顾客需求将现有生产、服务提供流程模块化分解，针对性将部门或岗位所需要对应数据以指令方式进行分配，形成以消费者需求数据为节点的流程模式。其原理是建立起消费者与员工交互渠道，将顾客视为流程中的"分析单元"，助力企业更容易达成顾客多样化需求。同时，以基于物联网技术的数据传感器，持续不断收集任务完成状况，高效弹性化实现生产服务流程基础信息架构。之后，企业推动数据流动，通过对可视化数据合理应用，员工实时掌握产品服务进程，实现高效、协同与智能化工作。在建立数据节点和推动数据流动两种方式基础上，企业打通数据链，形成以消费者数据驱动为核心的信息高效传递、流程协同运作的全数据化生产服务流程。大数据推动不同部门和团队之间达成"顾客需求"，流程数据化运作为需要协作的员工创建了一个大数据环境，确保员工能够更加高效地沟通和知识共享，大幅度提升部门之间的协作能力。

2. 数据驱动流程敏捷性实现机理

利用大数据创新业务流程至关重要，以数据驱动生产服务流程再造。通过建立数据节点和推动数据流动两种方式形成数据链，实现对数据可分割性、可整合性、可视化和流动性四种属性的激活，促进企业流程敏捷性提升。

（1）大数据能够为顾客提供高价值产品流程。企业通过对数据资源的模块分割、定向分配，使流程架构更具弹性，提升企业流程再造能力。在能力提升过程中，员工与顾客需求被置于同一节点，能够大幅度提升产品功能和顾客偏好之间的契合度，提供更加符合顾客需求的个性化产品。

（2）可整合性体现为将分散的数据进行整合，如顾客预订信息、住店信息及离店反馈等信息，激发数据可整合特性，实现自动匹配，一位顾客的整个流程汇聚，原本分散的数据自动聚集，提升流程工作效率。

（3）可视化是推进数据流动的关键流程，是大数据提升流程管控能力的根本途径。大数据为企业提供实时感知、管控决策和动态分析的可能，企业通过构建全流程可视化，对生产服务流程进行控制，实现柔性管理、敏捷开发，做到质量管理，提升企业流程管控能力。

（4）在可分割性、可整合性和可视化激活的基础上，激活数据流动性，打通数据链，数据在流程链条中流动，使各部门员工跨部门协同合作完成任务，部门协同合作能力得到提升，员工能够有序进行工作，及时纠正生产服务环节错误，大幅度降低顾客投诉率，提升员工工作效率。

敏捷性不仅包括感知外部环境变化的能力，同时涵盖对外部环境迅速作出反应的能力。企业打造数据链条，实现消费者数据自动流通，充分利用大数据可分割、可整合、可视化和流动性的属性，提升企业流程再造能力、流程管控能力和协同合作能力，使企业意图更加贴近消费者需求，从成本控制、产品生产周期、员工工作效率等多个方面提升企业流程敏捷性。

（1）流程再造能力是实现流程敏捷性的基本能力，通过对流程进行重新建构，组织形成以消费者需求数据为核心的新流程惯例，各部门或工序之间泾渭分明却又因客户需求相互关联。

（2）流程管控能力的提升实现智能化生产和实时监督，保障企业敏捷生产与服务，从根本上缩短企业产品的交货周期，使企业迅速、高质量地完成生产流程的系列活动，提升敏捷性。

（3）协同合作能力的提升减少员工完成任务的质量冲突，激发员工协作活动，员工组建成自组织完成任务，第一时间纠正生产环节错误，帮助公司节省大量时间，消除团队大量不必要的双重沟通，提升整体工作效率。关于信息技术对企业敏捷性的影响，以往认为信息系统的技术功能与业务流程高度融合能够提升企业环境稳定性，但存在刚性，导致业务流程固化和组织结构僵化，无法获得长期竞争优势。但学者研究发现，大数据能够实现组织业务流程再造，使员工直接对应消费者需求，实现柔性化、个性化生产与服务提供，同时能够促进员工之间协同合作，提升流程运作柔性，有效解决"IT—敏捷性"矛盾。简言之，从数据驱动视角，企业通过数据驱动，包括建立数据链、激活大数据属性、释放驱动效应、促进企业动态能力提升，从速度和质量两个方面提升满足客户多样化需求的能力，实现流程敏捷性，具体体现为重构后的流程具有高度柔性，模块之间的高度协同。

9.4 敏捷性酒店企业数据化业务体系构建

酒店企业数据化业务体系的构建需要具备敏捷性，快速实时响应顾客需求，提供个性化产品与服务，协助员工与管理者基于数据作出科学决策。为了科学构建数据化业务体系，首先应评估企业数据应用能力与数据技术水平，进而依据四个步骤构建敏捷性数据化业务体系。

9.4.1 数据应用能力与数据技术水平评估

建设数据驱动型企业已成为众多企业战略目标之一。在这一趋势引领下，很多酒店企业开始了新一代数据平台（例如数据中台）建设工作。然而在启动这一具有挑战性工作之前，企业首先需要冷静客观地审视一下自己的数据生态，弄清楚目前所处的能力水平，以及下一步努力的"方向"。"我的企业目前在数据应用上处于什么水平？接下来应该朝哪个方向努力？"只有这样才能确保后续工作沿着正确方向展开，这也是酒店企业在构建全新大数据平台或数据中台前最先需要弄清楚的问题。

1. 企业数据应用能力评估

企业数据应用能力决定了企业在"数据"这座金矿中所能攫取的价值大小。收集并统一存储数据只是建立良好数据生态的第一步，数据背后的真正"价值"需要通过专业手段进行挖掘才能获取。"如果数据是燃料，那么分析就是引擎"。对于企业而言既要储备燃料，也要装配引擎，只有同时具备了数据和分析能力才能从数据中提炼出有价值信息。为了清晰度量企业在数据应用上的能力水平，根据"企业数据应用能力成熟度模型"，对数据应用涉及的多个方面进行评估与分析（图9.1）。

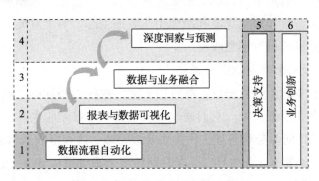

图 9.1 企业数据应用成熟度模型

资料来源：耿立超. 大数据平台架构与原型实现：数据中台建设实战[M]. 北京：电子工业出版社，2020: 7.

根据"企业数据应用能力成熟度模型"，通过四个等级和两个维度度量企业的数据应用能力。

1)第一层级:数据流程自动化

数据流程自动化指的是,数据从产生的源头到使用的末端是全自动的流程,中间没有手工操作,全部通过系统间对接完成。可能有人会认为这一能力不足以成为一个独立等级,因为大多数高度信息化企业都已实现了系统间的集成,即使是以最原始的文件形式交换数据也实现了流程自动化。然而在很多企业中,实际的情况却并非如大家想象中那样理想。

现实中企业数据来源丰富多样,既有自身业务系统产生的数据,也有外部系统和供应商提供的数据,还有业务人员日常手工维护的大量表格和纯文本数据。很多企业可能已经完成了对自有应用系统的自动化数据采集与处理,但是对于大量外部数据和业务人员手工维护的数据,往往还没有建立起有效的自动化处理机制。这些数据往往有如下特点:格式不规范、经常变动、缺乏基本校验、容易出现错误数据、数据供给周期不固定等。这些原因导致了这类数据很难被自动化获取和处理,很多时候这些数据恰恰又是业务流程闭环中的重要组成部分,缺失这些数据会导致无法进行分析或极大影响结果的准确性。

造成这类数据大量存在的原因有两点:一是企业的信息化程度依然不够,在业务的某些局部环节或领域存在系统空白,从而需要业务人员手工介入,以文件和表格的方式维护数据;二是企业的数据资产意识不足,对数据规范化的重视程度不够,缺乏一些管控和约束机制。

相应的,企业实现数据流程高度自动化需要做好如下两点:一是持续进行企业信息化改造和升级,将 IT 系统覆盖到企业全部业务流程中,这可以最大限度避免手工维护数据的情况发生。当所有业务流程都通过 IT 系统驱动时,数据会自然沉淀到系统后台数据库中,且这些数据都经过了系统校验和规范化处理,质量已得到大幅提升,同时能被提取出放入数据平台。二是从企业管理层开始建立"数据资产"意识,成立专门数据治理组织,有计划地规范和治理企业数据生态,对于重要数据制定统一规范格式,避免对数据格式进行随意改动。

2)第二层级:报表与数据可视化

收集到足够多的企业数据后,就可以开展常规报表和数据可视化开发工作,这是目前多数传统企业所处阶段。它们通过传统数据仓库技术收集并整理了大部分企业数据,通过报表工具向业务和管理人员提供常规报表,这些报表通常面向生产、供应链、销售、市场、财务等不同业务环节,在时间粒度上最细可达 daily 级别。数据展示形式多以表格为主,同时也会借助报表工具进行图形化展示。

过去,报表大多在 PC 端展示,随着移动应用的兴起,开始出现越来越多面向企业用户开发的手机 App 和微信小程序,在这些终端上提供报表服务正越来越受企业业务用户的欢迎。在这一层级上的企业对于数据处理和分析表现出如下一些特征。

（1）基本上完成了与各个业务系统的对接，数据能被自动化采集。

（2）已经建立了数据仓库体系，企业数据可以被有效地统一管理。

（3）已经开发了业务上迫切需要的核心报表，业务对数据系统依赖度高。

（4）依托于成熟数仓平台，新的报表和数据展示需求都可以较快地开发完成并投入使用。

第二层级是很多企业目前停留的阶段，并且可能在这一层级上停留了很多年，因为很多企业都在这一层级上遇到了"瓶颈"，很难再发展到下一层级，主要原因有以下三点。

（1）传统的单体数仓系统缺乏水平伸缩能力，已经无力应对企业数据爆炸式增长，不得不放弃或暂缓了对某些新业务数据的集成。

（2）传统数仓只能处理关系型数据，对于越来越多的图片、视频和其他非关系型数据无能为力，而这些数据往往是由新业务形态产生的，对于这类数据处理能力的缺失会让企业错失新的市场机遇。

（3）传统数仓只能进行批量处理，缺乏实时数据处理和供给能力。

如果企业想突破这些瓶颈，就需要将自己的数据平台升级到以大数据和 AI 为技术核心的新一代数据平台，然后重建数据版图。

3）第三层级：数据与业务融合

在第二层级时，对于数据的应用只局限在"描述"业务上，并没有使数据参与到业务中。各种报表在业务用户的工作中扮演的是一种辅助性角色，对于业务的影响是通过业务用户和管理者在报表支持下作出的判断和决策。从成熟度模型上看，这是一种被动和滞后的数据应用方式，并没有充分发挥出数据蕴含的潜能。

在进入第三层级之后，这个状况会逐渐被扭转，数据开始与业务进行融合，数据以及数据处理能力将全面参与到业务流程的各个环节中，从而产生更大价值。这是一个全新阶段，是数据驱动型企业在具备了大数据处理能力之后，借助 AI 和机器学习而达到的一种更加智能的企业信息化水平，在这一层级上企业将具备如下能力。

（1）数据直接赋能业务，数据分析结果将直接反馈回业务系统，作为业务系统某些关键性操作的直接输入。

（2）已对丰富的多维度数据进行了融合，可以更加准确地刻画数据背后的"事实"。已具备实时数据处理能力，可以让业务用户实时掌握业务动向。

（3）大数据平台已经成熟且稳定。

（4）已经出现基于传统机器学习和数据挖掘的应用，在某些局部领域开始出现小范围深度学习案例。

第三层级看上去有些抽象，可以通过企业会员体系案例理解。会员体系是 CRM 系统中的核心功能，其中会员积分计算是一个逻辑复杂且牵涉数据量巨大的操作，顾客每一笔交易和若干行为都会触发积分的计算。传统 CRM 系统很难实现用户积分实时计算，基本都是按天进行批量处理。这样一来，用户体验就会变差。现在很多新的 CRM 系统都在积极引入大数据流式计算引擎，通过实时处理用户交易和行为数据，确保用户积分及时累加与兑换，大大提升了用户体验。这是数据与业务融合非常好的案例，即借助大数据计算能力实现业务数据处理需求。

另一个案例是用户画像系统。用户画像是基于用户基本信息、消费记录、社交行为等多种数据进行数据建模之后，通过算法生成关于用户的一套标签体系，这些标签全面刻画了用户的特征和属性，因此被称为"用户画像"。用户画像系统在 CRM、精准营销和以用户为中心的产品与服务创新上发挥着重要作用，是酒店企业等很多 2C 端企业非常看重的系统。同时它也是典型的大数据系统，但功能和定位又是业务性极强的应用系统。

从第二层级跃升到第三层级时，企业数据基础设施会面临脱胎换骨的革新。传统关系型数据库、数据仓库和 BI 等基础设施已经不能支撑第三层级诸多需求了，需要企业构建下一代数据平台。业界对于"下一代数据平台"的认知经历过一些更迭，早期方案是使用大数据技术替换传统数仓系统，后来出现了 Data Lake——数据湖理念，理念上比传统数仓有创新，但其方案还是以大数据作为主要技术支撑。现在业界特别是国内最认可也是呼声最高的方案则是"数据中台"。

数据中台是一套可持续"让企业的数据用起来"的机制，一种战略选择和组织形式，是依据企业特有的业务模式和组织架构，通过有形的产品和实施方法论支撑，构建一套持续不断把数据变成资产并服务于业务的机制。数据中台是数据采集连通、统一治理、建模分析和服务应用于一体的综合性数据能力平台，为企业数智化转型提供能力底座。数据中台是人工智能等新技术加持下的企业数据的高阶应用新阶段。

4）第四层级：深度洞察与预测

现在人们的一个共识是：数据除了可以告诉我们现在，还可以"预知未来"，深度洞察与预测是数据金字塔最顶端的价值输出，也是目前企业可以达到的数据应用能力的最高层级，即运用 AI 和深度学习对数据进行深度洞察，揭示传统分析方法无法发现的数据特征，并基于现有数据对未来趋势进行预测。

企业到达第四层级后会具备哪些能力呢？智能门店选址案例，就是第四层级上的一个代表案例。对于零售行业来说，门店选址是非常重要的，会直接影响到零售商的销售业绩。传统选址的做法是通过人工现场勘查，再经过主观判断而确定。这种方式选出的门店，其实际效果难以量化，成功率无法保证。而如果能够基于人口、消费、竞争对手、环境业态和交通路网等丰富的多维度数据，再配置适当人工智能算法进行综合分析，可以得出更加精准的选址方案。并且不单单是门店位置，还可以给出门店预计销售额、门店产品上货策略等更加细致和完备的数据。

另一个示例是智能客服系统。这类系统可以针对顾客提出的问题进行语义识别，然后根据提出的问题在知识图谱中进行搜索，寻找匹配答案或决策。人工智能客服可以 7*24 小时在线，随时解答顾客问题，既提高了顾客满意度又节省商家人力成本。

以上四个层级并不一定非要自下而上逐层构建，实际上很多企业的数据生态是在上层业务的驱动下自然形成的，并不会像模型中描述的这样层次分明。但是能力模型能让企业管理者清晰认识到，自身企业目前整体上停留在哪个层级以及接下来应该向哪个方向发展。

5）两个纵深维度：决策支持与业务创新

在成熟度模型图右侧，还有两个贯穿始终的维度：决策支持与业务创新。它们既是企业构建数据平台、进行数据分析的价值导向，也是企业数据应用能力持续输出的效果。企业达到的层级越高，对于决策支持与业务创新起到的支撑作用就越大越明显。

在这两个纵深维度上，建立业务部门与技术团队的互信，产出业务价值。进行业务创新作为双方共同追求的目标，同时潜移默化培育企业"数据文化"，在企业内部形成"用数据说话"的氛围。这两个纵深维度更多考察的是，企业在数据方向上的管理、协作以及企业文化，需要从管理者缔造和推动，全员参与，形成良性互动。在这一过程中，业务团队需要培养更好的数据素养，善于通过数据分析业务现状，并依靠数据进行业务决策。而技术团队则应不断加强数据平台的各项能力，确保更好地服务于业务分析，同时积极主动学习业务知识，从 IT 视角为业务创新提供新鲜素材。

2. 企业数据技术水平评估

前面是从数据应用"效果"观察企业数据能力，当落地到实现层面时，"技术"是不可或缺的。构建数据平台通常是从基础设施建设开始，然后配合业务需求，逐步完善和打通各个技术环节。如果企业想晋升到第三层级或更高层级，需要以大数据技术作为基石构建新的数据平台（图 9.2）。

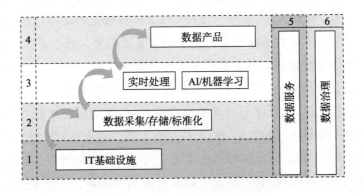

图 9.2 企业数据技术成熟度模型

资料来源：耿立超. 大数据平台架构与原型实现：数据中台建设实战[M]. 北京：电子工业出版社，2020:12.

1）第一层级：IT 基础设施

首先，IT 基础设施是当然的前置条件，构建基础设施包括硬件机器的安装，组网和调试，操作系统和必要软件工具的安装。然后，在硬件资源之上安装和维护一个大数据集群，这个集群将负责承载企业全部数据的存储和处理任务。如果再宽泛一些，用于支撑平台运行的基础服务，如 DevOps，数据和算法服务使用的容器和容器编排服务等也都算在基础设施内。

过去，企业的 IT 基础设施大多建设在自有机房或是租用数据中心的服务器，随着云计算的普及，越来越多的企业开始把部分的基础设施迁移到云上，形成"混合云"架构。基于云平台的基础设施在运维的便捷性、性能的可伸缩性和成本控制上都有显著的优势，同时，在 PaaS 层面上，云计算厂商也提供对标 on-premise 的数据平台服务，如 AWS 的 EMR 等，这些因素促使越来越多的企业选择将新一代数据平台建设在云上。需要提醒的是，在云平台上企业需要特别重视数据安全问题。

2）第二层级：数据采集/存储/标准化

有了必要的基础设施之后，就可以展开数据的采集、存储和标准化工作了，这一工作也可以简单地表述为数仓的建设过程。这一阶段需要将分布在各个业务系统里的数据收集起来，在进行一些必要的规范化处理之后，存储到一个统一的大数据平台上，这是一个长期的迭代过程，特别是在建设初期，上层对数据的广泛需求和下层集成数据源的繁重工作之间会存在冲突，我们建议企业通过启动一个到两个大型项目来驱动这一阶段的建设工作，然后在中后期维持一个规模较小的团队持续跟进其他数据源的接入工作，当企业在这一层级积累一段时间后，就可以交付相应的报表和数据可视化应用了。

3）第三层级：实时处理、AI/机器学习

进入第三层级就要将技术平台推升到更高水平了，这里有两项非常重要的技术拓展：实时处理和 AI/机器学习，这是现代大数据平台两项标志性的技术能力。实时处理是指通过流式计算、NoSQL 数据库等技术实现大体量数据的实时处理和读写，实时的数据处理能力对一些实时性要求很高的业务场景至关重要，这也是以往传统数据平台很难做到的。由于实时处理对技术和研发人员的要求都更高，因此大多数企业一般会先完善平台的批量处理能力，然后再逐步拓展到实时处理领域。

另一个领域就是 AI/机器学习方面的建设了，这一领域对技术能力的要求更高，且参与人员的角色和背景也与传统的 IT 人员有所不同，进入该阶段时，IT 团队需要引入数据科学家、算法工程师等 AI 领域的人才。最后，实时处理和 AI/机器学习这两大领域的能力是可以同步培养的，彼此之间没有太大的依存关系。当企业具备了第三层级的技术能力之后就可以有力地支撑应用能力模型中的最高层级"深度洞察与预测"了。

4）第四层级：数据产品

技术维度上，企业的数据能力还有一段上涨空间，那就是以业务领域为划分依据，将现有各个层级上的技术能力进行提炼并培育成"数据产品"，从功能、性能、灵活性和可扩展性等多种维度上进一步提升数据平台的技术成熟度。甚至一些长期服务于某些行业的乙方公司，基于它们常年的积累，可以有能力将一些完善的内部数据平台进行二次封装与提炼，形成行业解决方案。

5）两个纵深维度：数据服务和数据治理

与四个层级建设并行的还有两项贯穿始终的工作：数据服务和数据治理。数据服务是指将数据平台上的各种数据以服务的方式提供给其他系统，这种"服务"可以通过 Restful API、JDBC、ODBC、FTP 等形式或协议体现出来，这是将数据应用能力辐射到企业的各个系统与业务领域上的关键一步，没有灵活而有效的数据接口，数据平台在企业范围内发挥的作用就会受到限制。与此同时，数据治理也是一个长期的、持续性的工作，数据治理就是对企业的数据资产进行清晰的梳理，明确管理职责，建立配套的标准规范，同时要确保所有策略和规范能落地执行，数据治理的最终目的就是保障数据质量。

应用能力成熟度模型和技术成熟模型之间是有关联的，根据我们的经验，当企业的技术成熟度达到第二层级时，可以支撑应用能力成熟度的第二层级和部分的第三层级，当技术成熟度达到第三层级时，就可以支撑应用能力成熟度的第三层级和第四层级了，至于第四技术层级是一个技术上更加完备的等级，通过将数据服务产品化为终端用户提供更加高级和便利的服务。

9.4.2 敏捷性酒店企业数据化业务体系构建步骤

研究指出，50%的企业经营者与经理人都无法获得及时、完整的经营数据、信息。更有 90%的人不了解或是根本不会使用已经呈现在他们面前的数据。如果不能用指标描述业务，业务就不能有效增长。业务指标化是酒店企业搭建数据化业务体系的重要一环。建立数据化业务体系，不仅是拉报表，而是要结合数据分析思想，用数据驱动业务，实现业务精细化运营，这是数据化的核心思想，也是数据分析的最终价值所在。也就是说，数据指标不是恒定不变的，它依托于产品业务流程或功能流程、目标及目标实现路径。

酒店企业数据化业务体系建立五个核心步骤，即确定分析目标、梳理业务指标体系、明确使用对象、明确业务场景、构建数据分析体系（图 9.3）。

1. 确定分析目标

数字化体系的建立不是一蹴而就的，酒店企业在搭建体系时不建议设置过于激进的目标，在长远目标指导下首先确保目标设置符合战略需求，再分阶段实现，这是确

图 9.3　酒店企业数据化业务体系建立步骤
资料来源：石基信息. 从 0 到 1：酒店如何构建数字化业务分析体系白皮书[R]. 2020.

保体系建立成功的关键。以酒店管理集团为例，数据业务体系建立的总体目标，实现前后台业务一体化、营销一体化、业财一体化并建立用户数据平台，全面实现酒店管理集团数字化转型。在总体目标引领下，可以分解为以下三个阶段性目标：①打通各个酒店系统壁垒，实现各酒店数据实时获取和多维度分析；实现渠道数据的整合和呈现，了解各渠道表现，优化渠道管理运营和投入。②清洗会员和用户数据，打造单一身份识别系统和用户数据分析平台，提升用户全生命周期价值，实现精准营销。③实现财务系统对接，实现业财一体化，提高财务部门工作效率。在制定项目目标时，需要"看得远，快步走"。"看得远"是指需要预见未来项目发展的方向和前景。"快步走"是指不能够期待在一期项目中完全实现所有目标，而是要分阶段实现。

2. 梳理业务指标体系

业务指标体系梳理是业务团队和技术团队沟通阶段最重要也是最需要花费时间的环节之一。项目团队需要能够明确核心业务指标以及指标之间的相互因果关系和计算方式。构建统一口径的指标体系是打造数字体系的关键一环。只有这样，酒店才能够在统一认知下深入挖掘与追溯分析指标间的逻辑关系和指标预警值，实现指标变化预警和业务经营原因追溯分析，实现管理问题分析逻辑标准化和统一化。

1）建立指标体系

明确指标及维度定义、指标及维度来源、指标逻辑等。

2）统一 KPI 口径

统计口径须统一，特殊口径须明确无异议。

3）建立指标维护机制

对于影响分析结果的维度数据建立维护机制，保障长效分析。

通常来讲，酒店企业业务指标有两种分类方式。

（1）原因型指标和结果型指标。特别需要厘清各项指标之间的因果关系，数据模型的算法也将基于此进行计算和展开。许多企业，往往只关注了"结果指标"。这就导致，只知道结果如何，但是不知道应该如何提升。如 RevPar 为"结果指标"（lagging metric），而影响 RevPar 的 ADR 和 OCC 都是"原因指标"（leading metric）。

（2）数量型指标和质量型指标。比如，官网 Web 的 PV、UV、访问量，App 的 DAU、NDAU 等，都是数量型指标；平均访问时长、访问深度、跳出率等都是质量型指标。

3. 明确使用对象

明确使用对象意味着要回答"明确数据谁用、数据怎么用、数据用什么"三大问题。数据化运营体系会影响到组织不同层面的使用人。以酒店管理集团来说，需要在项目之初就明确谁用、怎么用、用什么的问题。按照组织结构分主要涉及集团总部、Cluster 和酒店三个层面。按照部门划分，包括市场营销、运营管理、财务管理几个大部门。按照人员角色划分，主要分为战略决策层、经营管理层和经营操作层三个方面。

企业级数据平台主要面向目标用户，从垂直上看包括集团、区域、单店层面领导者，从横向上看包括各级总经理、部门经理等领导者，不同用户关注的内容不一样，在业务设计上须区别（图9.4）。

图 9.4 酒店集团数据用户、关注与需求分析

资料来源：石基信息. 从 0 到 1：酒店如何构建数字化业务分析体系白皮书[R]. 2020.

4. 明确业务场景

明确场景能够确保项目不脱离实际使用需求。产品设计完成进入开发后，可能会遇到技术问题，诸如为什么要开发这个功能、可不可以把几个功能合并成一个功能等。

如果不回到业务场景、用户使用产品的场景，不能从用户使用场景角度回答、沟通问题，很多时候会出现沟通不顺畅，以及产品推进受阻现象。业务场景是产品往下设计的原点，这项工作没做好，后面设计的产品可能没有使用价值。分析场景、找需求时，要从整体框架思考，否则容易造成需求有遗漏、产品无法形成闭环等问题。

每一个业务场景之下可能还包括很多不同的小的场景，场景梳理也是需求梳理的过程。结合了场景之后，更加能够确保建立体系后，可以用得起来，而不是束之高阁，脱离实际场景和业务需求。

1）业务场景构建五要素

（1）梳理场景要素。

（2）梳理尽可能详细的业务流程。

（3）基于业务流程找到对应的全场景。

（4）基于全场景找到对应的用户需求。

（5）确定边界（即确定哪部分场景需求需要系统支持，哪部分场景需求不需要系统支持，哪部分是手工+系统支持）。

梳理场景要素包括以下七个方面

（1）用户：使用者是谁，可以是一个人或者是某一类人。如小王、创业者、产品经理。

（2）环境：空间、材料、设备等物理环境，或是物质、工具、时间、金钱等的约束条件。如星期一晚上下班回家的路上；公司销售办公室内。

（3）时机：触发用户产生目标事件或者是影响用户行为的环境变化。如本来艳阳高照，突然倾盆大雨；一位老太太倒在了马路中间。

（4）目标：任务结束的停止条件。如实现公司明年收入 1 000 万元；赶上最后一班地铁。

（5）动作：为了实现目标，采取的一系列动作，简单、具体、最小化的任务。如打开电脑、打开文件、开始打字；掏出手机、点亮屏幕、长按语音。

（6）载体：和什么样的载体发生了互动，介质的背后可以是另一个用户。如手机、电脑、纸、企业宣传栏。

（7）任务：通过一系列动作，完成了任务，通常是逐步进行的。如发送一条消息；爬上了山顶。

简言之，场景七要素，用一句话总结就是：在某一个环境下，出现了某一个时机，然后某人带着某个目标，通过某个载体，采取一系列动作，最终完成了任务。

下面我们看个案例。北京某 3A 景区经理小王今天早上坐在办公室，想到最近上新了一套门票系统，想把景区相关门票上传到系统供游客查看、购买，于是他打开了电脑进入后台、门票管理模块，进行了门票相关信息的添加，门票信息添加完以后，点击提交完成门票的上传。

这个案例当中，"小王"是用户，"今天早上坐在办公室"是环境，"最近上新了一套门票系统"是时机，"想把景区相关门票上传到系统供游客查看、购买"是目标，"电脑"是载体，"进行了门票相关信息的添加"是动作，"完成了门票的上传"是任务。

以上场景七要素还可以变成四要素，也就是仅需要四个要素，也能把一个场景描述清楚。这四个要素分别是用户、环境、时机、事件。

用户、环境、时机的相关解释，上文中已提到。事件的意思是，要推动什么样的事情向前发展。也就是说，场景四要素里的"事件"，把场景七要素里的"目标、动作、载体、任务"替代了。

同样，我们看个案例。小张是一家家居装修公司的销售人员，星期一早上到公司上班后，打开 CRM 系统，在后台看到了线索池里多了一条线索，于是小张在线索池里把线索领取了。

这个案例中，"看到线索后，把线索领取了"就是事件。在实际工作过程中，进行场景需求分析时，以上提到的场景七要素和场景四要素，可以灵活匹配运用。

分析完一个完整的场景应该包含哪些要素之后，接下来就是"如何梳理业务全景需求？"

2）梳理尽可能详细的业务流程图

讲到业务全场景，必须先梳理出主业务流程图。因为业务场景是由某岗位完成、相对独立、可汇报的业务活动，而业务流程是由不同岗位之间通过协作，满足外部服务请求的过程。因此梳理完整的流程图，基本上覆盖了需求的全部场景。

业务流程梳理三个关键步骤：一听、二问、三确定。

（1）一听，听客户的需求与讲解，倾听的过程中不要打断，不要陷入细节，以最简单的方式梳理业务主流程

（2）二问，沿着主流程提问，梳理相关分支、异常情况、相关规则，能纳入主流程图的就纳入，纳入不了的可以重新画流程图，或者用文字表示。

（3）三确定，最后给相关客户或业务专家复述一遍，做最后流程确定。

这里我们也看一个案例，一家民宿门店的预订系统（本章后面的均案例据此展开）。

（1）一听，听客户讲解，梳理出主业务流程图。

（2）二问，根据主流程提问，将相关异常情况、分支流程、相关规则梳理出来，补充进主流程图（图中加黑部分），如图9.5所示。

其中，有1个异常情况，流程图中无法加入，用文字表示，如下：熟客或者店长

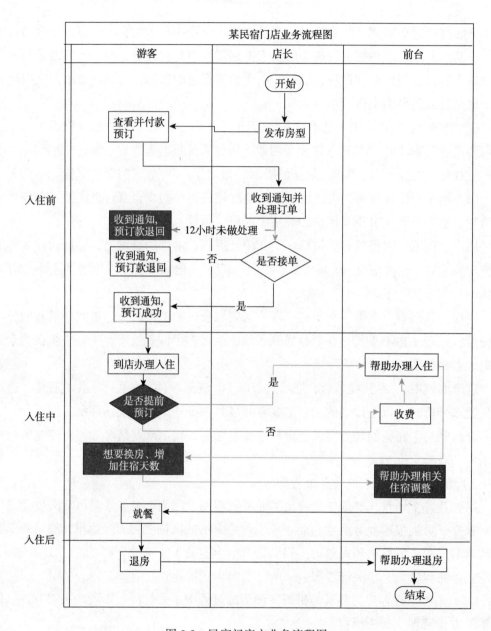

图 9.5 民宿门店主业务流程图

资料来源：芦金宇. 为什么要做业务全场景的梳理？[EB/OL]. (2021-02-09)[2022-03-06]. https://blog.csdn.net/ch1209498273/article/details/113770136.

朋友提前打电话来预订，需要工作人员预留房间。

（3）三确定，确定梳理的民宿预订系统业务流程，是否有补充或者不同意见。最终，确定住宿预订系统业务流程。

3）基于业务流程找到对应的全场景

基于以上民宿门店业务流程图，梳理出对应的全场景如表 9.2 所示。

在梳理业务全场景需求时，经常会遇到困惑，到底业务场景的颗粒度多大比较合适。即场景颗粒度的标准如何界定。一个完整的业务场景应该是独立的、可汇报的、可暂停的单元。因此从某种角度来讲，颗粒度是由组织分工决定的。基于此，案例中分了三点，游客查看下单、经理确认订单、游客收到短信通知。这三点进而分为三个不同场景，因为这三者分别都是独立、可汇报、可暂停的单元。

4）基于全场景找到对应的用户需求

基于以上民宿门店全场景图，梳理出对应的全场景需求，如表9.2所示。

可以看到，全场景需求图中，场景与需求的对应关系是一对多的关系，也就是一

表9-2 基于民宿门店业务流程的全场景图

分类	场景	用户
入住前	小王是一家民宿门店的经理，之前门店的游客预订房间要么是到店预订，要么是在各大旅游平台预订，最近门店购买了一套民宿系统，经理希望以前的老客户、营销推广获得的客户可以在自己家的民宿系统里预订，于是开始在系统后台上传门店已经有的各种房型，并进行了发布	经理小王
	马上国庆了，小张家一家三口，想到郊区游玩，在准备预订房间的时候，想到郊区附之前住的民宿还不错，于是小张找到之前关注的民宿公众号，打开公众号查看房间信息，预订了房间	游客小张
	经理小王收到短信通知，有客人下单了，需要确定订单，小王收到通知以后，立即到后台查看是否有房，确定有房以后，点击确认了接单	经理小王
	游客小张收到短信通知，商家确认了接单，游客打开了订单进行相关信息的查看	游客小张
	经理小王收到短信通知，有客人下单了，需要确定订单，经理收到通知以后，立即到后台查看是否有房，确定没有房以后，经理点击了不接单	经理小王
	游客收到短信通知，商家拒绝了接单，退款已经原路返回，游客点击查看钱是否全部到账	游客小张
	经理收到短信通知，有客人下单了，需要确定订单，但是经理由于手机坏了的原因，12小时之内没有进行订单确认，此时系统自动给游客发送通知，预订款自动原路退回给游客	游客小张
入住中	游客小张到达门店接待处后，凭身份证和手机号办理了入住，拿着门卡抵达了房间；前台小李，按照小张的手机号，在系统后台办理了入住登记，并把门卡给了小张，告诉小张如何到达房间	游客小张 前台小李
	游客小张没有提前预约，到门店后才开始付费，然后凭身份证和手机号办理了入住，拿着门卡抵达了房间；前台小李，收费以后，按照小张的手机号，在系统后台办理了入住登记，并把门卡给了小张，告诉小张如何到达房间	游客小张 前台小李
	在入住的过程中，游客小张想要在附近多玩几天，也想要把住房日期延长，于是来到门店接待处，告诉前台，想要多住几天，然后付了款；前台小李在系统后台进行了小张订单的修改	游客小张 前台小李
	到了午餐时间，小张饿了，小张打开民宿门店的公众号，看看附近有什么吃的，看到了一个不错的特殊火锅，于是一家三口去到了火锅店吃火锅	游客小张
入住后	小张家一家三口，入住3天以后，准备回家了，于是到接待处办理了退房，启程回家了；前台小李，对小张家的订单进行了离店处理	游客小张 前台小李
异常情况	熟客或者店长朋友提前打电话来预订，需要工作人员预留房间，于是工作人员在后台快速地增加了一个订单信息，预留了房间	经理小王 前台小李

资料来源：芦金宇，为什么要做业务全场景的梳理？[EB/OL]. (2021-02-09)[2022-03-06]. https://blog.csdn.net/ch1209498273/article/details/113770136.

个场景中有多个需求。比如,全场景需求图中的第一个场景,这个场景中就有发布房型和管理房型两个需求。

5)确定边界

确定边界,也就是确定哪部分场景需求需要系统支持,哪部分场景需求不需要系统支持,哪部分是手工+系统支持。为什么要确定呢?因为产品就是有边界的解决方案。梳理出的结果如表9.3所示。

表 9.3 民宿门店全场景需求图

分类	场景	用户	需求
入住前	小王是一家民宿门店的经理,之前门店的游客预订房间要么是到店预订,要么是在各大旅游平台预订,最近门店购买了一套民宿系统,经理希望以前的老客户、营销推广获得的客户可以在自己家的民宿系统里预订,于是开始在系统后台上传门店已经有的各种房型,并进行了发布	经理小王	发布房型、管理房型
	马上国庆了,小张一家三口,想到郊区游玩,在准备预订房间的时候,想到郊区附近之前住的民宿还不错,于是小张找到之前关注的民宿公众号,打开公众号查看房间信息,预订了房间	游客小张	查看房型相关信息提前付款预订
	经理小王收到短信通知,有客人下单了,需要确定订单,小王收到通知以后,立即到后台查看是否有房,确定有房以后,点击确认了接单	经理小王	可以查看房态、可以接受订单
	游客小张收到短信通知,商家确认了接单,游客打开了订单进行相关信息的查看	游客小张	可以收到通知,可以查看订单信息
	经理小王收到短信通知,有客人下单了,需要确定订单,经理收到通知以后,立即到后台查看是否有房,确定没有房以后,经理点击了不接单	经理小王	可以查看房态、可以不接受订单
	游客收到短信通知,商家拒绝了接单,退款已经原路返回,游客点击查看钱是否全部到账	游客小张	可以收到通知,可以查看退款情况
	经理收到短信通知,有客人下单了,需要确定订单,但是经理由于手机坏了,12小时之内没有进行订单确认,此时系统自动给游客发送通知,预订款自动原路退回给游客	游客小张	可以收到通知,可以查看退款情况
入住中	游客小张到达了店接待处后,凭身份证和手机号办理了入住,拿着门卡抵达了房间;前台小李按照小张的手机号,在系统后台办理了入住登记,并把门卡给了小张,告诉小张如何到达房间	游客小张 前台小李	可以核销
	游客小张没有提前预约,到门店后才开始付费,然后凭身份证和手机号办理了入住,拿着门卡抵达了房间;前台小李,收费以后,按照小张的手机号,在系统后台办理了入住登记,并把门卡给了小张,告诉小张如何到达房间	游客小张 前台小李	前台小李收款;可以在后台添加入住订单
	在入住的过程中,游客小张想要在附近多玩几天,也想要把住房日期延长,于是来到门店接待处,告诉前台,想要多住几天,然后付了款;前台小李在系统后台进行了小张订单的修改	游客小张 前台小李	前台小李可以在后台修改订单信息
	到了午餐时间,小张饿了,他打开民宿门店的公众号,看看附近有什么吃的,看到了一个不错的特殊火锅,于是一家三口到了火锅店吃火锅	游客小张	可以通过公众号查看有什么好吃的
入住后	小张一家三口,入住3天以后,准备回家了,于是到接待处办理了退房,启程回家了;前台小李对小张家的订单进行了离店处理	游客小张 前台小李	可以办理退房
异常情况	熟客或者店长朋友提前打电话来预订,需要工作人员预留房间,于是工作人员在后台快速地增加了一个订单信息,预留了房间	经理小王 前台小李	工作人员可以在后台添加订单信息

资料来源:芦金宇. 为什么要做业务全场景的梳理?[EB/OL]. (2021-02-09)[2022-03-06]. https://blog.csdn.net/ch1209498273/article/details/113770136.

表 9-4 中灰色部分需求，不需要系统支持，也就是"通过公众号查看有什么好吃的"不需要系统支持。图中游客订单 12 小时之内，商家未进行订单确认，需要自动退款、短信通知，这个需求需要系统支持。其他部分场景需求，需要手工＋系统支持。

表 9.4 确定产品边界的民宿门店全场景需求图

分 类	场 景	用 户	需 求
入住前	小王是一家民宿门店的经理，之前门店的游客预订房间要么是到店预订，要么是在各大旅游平台预订，最近门店购买了一套民宿系统，经理希望以前的老客户、营销推广获得的客户可以在自己家的民宿系统里预订，于是开始在系统后台上传门店已经有的各种房型，并进行了发布	经理小王	发布房型、管理房型
	马上国庆了，小张一家三口，想到郊区游玩，在准备预订房间的时候，想到郊区附近之前住的民宿还不错，于是小张找到之前关注的民宿公众号，打开公众号查看房间信息，预订了房间	游客小张	查看房型相关信息，提前付款预订
	经理小王收到短信通知，有客人下单了，需要确定订单，小王收到通知以后，立即到后台查看是否有房，确定有房以后，点击确认了接单	经理小王	可以查看房态，可以接受订单
	游客小张收到短信通知，商家确认了接单，游客打开了订单进行相关信息的查看	游客小张	可以收到通知，可以查看订单信息
	经理小王收到短信通知，有客人下单了，需要确定订单，经理收到通知以后，立即到后台查看是否有房，确定没有房以后，经理点击了不接单	经理小王	可以查看房态，可以不接受订单
	游客收到短信通知，商家拒绝了接单，退款已经原路返回，游客点击查看钱是否全部到账	游客小张	可以收到通知，可以查看退款情况
	经理收到短信通知，有客人下单了，需要确定订单，但是经理由于手机坏了的原因，12小时之内没有进行订单确认，此时系统自动给游客发送通知，预订款自动原路退回给游客	游客小张	可以收到通知，可以查看退款情况
入住中	游客小张到达门店接待处后，凭身份证和手机号办理了入住，拿着门卡抵达了房间；前台小李，按照小张的手机号，在系统后台办理了入住登记，并把门卡给了小张，告诉小张如何到达房间	游客小张前台小李	可以核销
	游客小张没有提前预约，到门店后才开始付费，然后凭身份证和手机号办理了入住，拿着门卡抵达了房间；前台小李，收费以后，按照小张的手机号，在系统后台办理了入住登记，并把门卡给了小张，告诉小张如何到达房间	游客小张前台小李	前台小李收款；可以在后台添加入住订单
	在入住的过程中，游客小张想要在附近多玩几天，也想要把住房日期延长，于是来到门店接待处，告诉前台，想要多住几天，然后付了款；前台小李在系统后台进行了小张订单的修改	游客小张前台小李	前台小李可以在后台修改订单信息
	到了午餐时间，小张饿了，他打开民宿门店的公众号，看看附近有什么吃的，看到了一个不错的特殊火锅，于是一家三口去到了火锅店吃火锅	游客小张	可以通过公众号查看有什么好吃的
入住后	小张一家三口，入住3天以后，准备回家了，于是到接待处办理了退房，启程回家了；前台小李对小张家的订单进行了离店处理	游客小张前台小李	可以办理退房
异常情况	熟客或者店长朋友提前打电话来预订，需要工作人员预留房间，于是工作人员在后台快速地增加了一个订单信息，预留了房间	经理小王前台小李	工作人员可以在后台添加订单信息

资料来源：芦金宇. 为什么要做业务全场景的梳理？[EB/OL]. (2021-02-09)[2022-03-06]. https://blog.csdn.net/ch1209498273/article/details/113770136.

综上所述，在进行全场景需求梳理时，可以从以下五个方面展开。
（1）场景要素。
（2）尽可能详细地梳理业务流程。

视频9.2 业务场景分析

（3）基于业务流程找到对应的全场景。

（4）基于全场景找到对应的用户需求。

（5）确定边界。

5. 构建数据分析体系

构建数据分析体系需要弄清楚三件事：数据从哪里来？数据怎么来？数据怎么看？

1）数据从哪里来：做好数据收集前期准备工作

酒店前端系统中存储了大量数据，这也是 BI 体系的主要数据来源。酒店信息收集，包括酒店的经营方式、所属品牌、所属城市、所属省份等。系统使用信息收集，每家酒店目前使用了哪些系统、是哪些品牌。需要注意的是，建立统一的数据口径对于数据分析来说是重中之重。如对于平均房价的定义，是只含服务费不含早餐，还是不含服务费不含早餐？对于可用房的定义，是否剔除了3O房？

2）数据怎么来：数据仓库、数据湖与数据中台

对于酒店管理集团来说，最常采用的是构建传统数据仓的方式。这种方式的优点在于报表性能相对较高，但数据的实时性较差。数据仓库也是一种费用相对较低的方式，主要涉及实施费用和ETL工具费用。对于单体酒店来说，可以考虑第一种方案，即直连各业务系统，以确保数据更新的实时性（图9.6）。

企业数据平台的设计理念在不断进化，从最初的"数据仓库"到后来的"数据湖"，再到今天的"数据中台"，方法论革新背后是大数据技术的强力支撑。目前国内外领先的酒店集团已开始着手构建自己的数据中台。

方案	优点	缺点	费用
方案一 直连各业务系统	• 操作简单，快速见效 • 无须掌握数据仓、ETL等技术 • 数据实时性较高	• 会对业务系统造成压力 • 报表加载速度较慢，受数据量和涉及系统数量影响 • 很难形成对数据的规范化管理机制 • 结果难以重复利用 • 扩展性相对较差	各前端系统的系统对接费用
方案二 构建传统数据仓	• 对数据实现规划化管理 • 数据运营不会给业务系统造成压力 • 报表性能相对比较高 • 部分计算结果可以重复利用	• 数据实时性差 • 随着访问量以及数据量成倍增加，性能提升空间有限 • 有一定的停机风险	费用相对较低，主要是前端系统对接费用、实施费用以及相关ETL工具费用
方案三 基于GP的MPP技术	• 对数据实现规划化管理 • 数据运营不会给业务系统造成压力 • 报表性能很高 • 数据实时性很高 • 扩展性高，可以很好地克服后续数据量不断增大的问题 • 几乎不会出现停机现象	• 新技术，需要较专业的实施团队	产品免费，需要一定的实施费用

图9.6 数据来源途径与解决方案

资料来源：石基信息. 从0到1：酒店如何构建数字化业务分析体系白皮书[R]. 2020.

3）数据怎么看：确定需求，构建分析体系

数据分析体系的问题，也是确定数据分析维度和钻取深度的过程。维度是建模的基础和灵魂。不同维度看待数据可以形成"横看成岭侧成峰"，通过不同角度看待同一组数据，实现更好的数据洞察。在业务建模过程中，需求的不确定性是普遍存在的，如何处理这一问题是需求工程的核心。结合业务目标模型、业务场景模型和业务过程模型等方法的多层次多视图模型，可从系统用户、业务分析人员和软件开发人员等角度建立完整的业务过程模型。业务目标模型用于获取业务和系统的目标，制定实现目标的可选方案以及确定目标贡献值的大小。因此，目标模型可以识别系统目标和暂时性的粗粒度需求，建立业务系统的初始目标模型。业务场景模型从参与者的角度出发，关注实现业务功能的行为过程，从而定义系统的交互式行为模型。业务目标模型和业务场景模型是相辅相成的，场景交互细节的确定有助于进一步识别系统的业务目标和附加场景，明确系统需求。因此，业务目标模型与业务场景模型之间的语义一致性，对于构建正确、有效的业务模型具有重要作用。

若一个目标没有涉及任何场景，则表明该业务目标可能是不正确的，或者该目标超出了目标模型的描述范围；如果一个场景对任何目标既不是必需的，也没有任何贡献，则表明该场景设计有误或者目标模型需要改进。

视频 9.3　大数据和预测分析：酒店行业的案例

数据钻取的深度决定了数据模型下钻的深度。对于酒店管理集团来说，数据下钻一般为三层。第一层：结果数据看板，也是核心数据看板。第二层：针对看板中的异常数据进行深入数据呈现，看看是哪里出了问题。第三层：对问题的进一步深查（图9.7）。

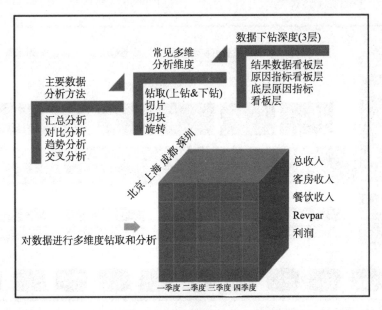

图 9.7　数据分析方法、分析维度与下钻深度

资料来源：石基信息. 从 0 到 1：酒店如何构建数字化业务分析体系白皮书[R]. 2020.

核心数据、维度和指标体系梳理及确认，是需要花费最多时间和精力的部分。在确认好这些核心需求的同时，酒店也需要能够同时确认好其他方面需求。比如图表呈现方式、多终端适应、消息推送、预警、是否能导出、权限设置、批注分享等（图9.8）。

图9.8　酒店业务分析主题示例

资料来源：石基信息. 从0到1：酒店如何构建数字化业务分析体系白皮书[R]. 2020.

简言之，需要明确数据分析业务逻辑，然后进行数据分析模块拆解，确定好数据分析指标，进行走势与业务同步发展洞察，从而驱动业务增长，最终形成数据体系，实现体系赋能业务（图9.9）。

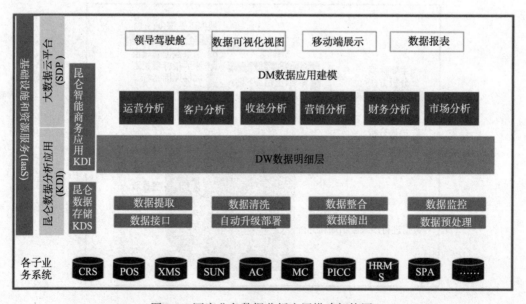

图9.9　酒店业务数据分析应用搭建架构图

资料来源：石基信息. 从0到1：酒店如何构建数字化业务分析体系白皮书[R]. 2020.

即测即练

第10章

基于场景的酒店企业房务服务与运营设计

本章学习目标：

1. 理解场景理论对服务设计的推动作用。
2. 理解数字化应用场景构建策略。
3. 结合"酒店数字化宾客触点和运营场景微创新地图"，理解酒店企业房务服务场景分析步骤。
4. 理解场景颗粒度与酒店企业数字化转型目标实现的关系。

现代企业必须深刻明白，每一次与顾客的线上、线下接触是挑战，更是机会，是创建顾客独特体验的机会，是塑造企业竞争力的机会。相比于零售业、快消业、航空业等，酒店等旅游企业应该是也必须是创造顾客体验的典范与代表，没有任何一个行业有如此多的机会与顾客接触，让顾客"留痕"。但凡事都有双面性，高接触机会也必然带来风险，如果管理不好这些接触点，不能让顾客形成良好的独特体验，就会对企业竞争力形成负面效应。对于酒店企业来讲，必须清晰梳理出每个线上线下接触点的场景，以及在此场景下如何满足顾客的个性化需求与期望。上一章已经结合酒店企业数据化业务体系构建步骤，分析了业务场景，本章将进一步从理论与实践上探讨酒店企业房务场景构建。

当今企业对于顾客个性化需求、期望的理解与满足，应该是也必须是建立在大数据基础上的精准顾客画像构建与分析，只有这样，才能高效、针对性满足顾客个性化需求与期望。更确切地说，正在经历数字化转型的企业，在营造恰到好处的顾客体验方面，承受着巨大的压力。满足顾客对于商品和服务交付方面的期望，已经变成了最基本的"门槛"标准，品牌企业还必须展示出某种与众不同之处，设计出能够产生亲密度和信任感的顾客体验，进而赢得顾客喜爱，使企业能够在竞争中脱颖而出。

10.1 场 景

科学技术的发展史，一直都是围绕场景在创新，如汽车代替马车、枪炮代替刀剑、冰箱代替地窖等。之所以在信息技术领域感觉不明显，是因为过去一直是技术迭代在驱动应用，人们只把它当成新奇事物看待，只要有更新、有迭代就会尝鲜，不需要花多大力气进行推广。但随着信息技术的普及，尤其是移动互联网+消费互联网的持续迭代，数字化营销已进入个性化阶段，越来越多的营销手段需要借助流量变现，于是"场景"这个促进人类社会进步与创新的重要变量再一次被挖掘出来，并随着产业互联网的兴起，传导到企业信息化领域。无论是"互联网+"，还是"+互联网"，传统企业信息化建设模式都在向数字化转型方向演进，而其中平滑过渡的桥梁和载体就是"数字化场景"。通过对业务场景和应用场景的重现与分析，找到影响业务拓展效率与效果的关键情景，借助信息技术手段，实现数字化，从而突破瓶颈，形成新动能。

10.1.1　场景理论相关研究

1. 场景理论起源

最初，"场景"指电影、电视、戏剧中的"场"和"景"，或泛指生活中的情景。比如，在影视剧中或真实生活中出现的由人物和生活事件所构成的具体画面，诸如劳动、办公、开会、宴请、谈话等。后来，由于许多社会现象无法用传统理论解释，社会学研究者开始运用场景理论解决这一问题。随着计算机信息技术发展，学者用场景理论研究互联网现象。这大大扩宽了场景理论的适用域，将场景从物理场景延伸到了电子信息场景。数字化场景是指借助最新的信息技术手段，针对真实生活中的情景进行再构建，创造出一个个充满个性化的新情景，进而形成虚实结合的新世界，给人们带来全新的体验。

"场景"的英文单词有 situation、scene、context，它们的含义略有不同，situation 虽然有情况之意，但更强调有形场景；scene 指场景、情景，不再限于有形场景，也包括无形场景；context 有背景、环境等意思，强调的是事物经历的宏观背景、环境。欧文·戈夫曼（Erving Goffman）视社会为舞台，将场景（situation）界定为在有形建筑物内组织的社会生活以及知觉感知不到的地方。约书亚·梅罗维茨（Joshua Meyrowitz）为了解释媒介如何影响社会行为而提出了媒介场景理论，将媒介视为地点间的传播渠道，因地点的差异而塑造了形形色色的场景。20 世纪 90 年代，消费中心在城市形态中占主导地位，特里·尼科尔斯·克拉克（Terry Nichols Clark）提出了场景理论（the theory of scenes），认为场景由社区、有型建筑物、不同主体，以及将以上三者要素链接起来的特色活动构成。随着大数据时代的到来，罗伯特·斯考伯（Robert Scoble）、谢尔·伊斯雷尔（Shel Israel）在《即将到来的场景时代》一书中断言：互联网在未来 25 年间将进入新时代场景时代（Age of Context）。这标志着场景理论的发展进入新阶段，也预示着场景理论将成为解释与互联网相关行为的重要工具。

2. 国内外研究概述

场景是依据某个物理环境中人的行为活动来定义的，其最开始源于传播学学者欧文·戈夫曼，他将人们的某些行为区域，即后来的场景解释为任何在某种程度上感觉受到屏障限制的地方，罗格·巴克认为行为场景具有有界的、临时的、有形场所三方面的特征，劳伦斯·佩尔温则认为场景首先应该是一个特定的地理空间，同时需要包括特定的人物，在特定的时间，这些人物进行某种特定的活动。

欧文·戈夫曼在《日常生活中的自我呈现》中写道，"场景可以被认为是知觉受到一定程度的限制和障碍的地方。同时，场景受到限制产生的影响决定于知觉受到障碍的信息传递媒介"。戈夫曼将以地域为界限的具体地点定义为场景，并研究"场景的特征，包括任务、目标、规则、角色、传统、临时因素（季节、月、天、时间、会面的长短）、出场人的特征（人数、年龄、性别、身份等）以及对参与者的主观看法"，以此研究在场景中活动的人的行为。戈夫曼将场景视为某种舞台，场景中的人们就是在舞台上表演的演员，场景被分为"台前"与"幕后"，相应的人的行为就分为"前区"行为和"后区"行为。他认为，人在"台前"时人的行为会趋向于某种演员式的表演要求，即人希望去表现出的行为及性格特征，而当人在"幕后"时人的行为则更趋向于人的真实自我，其行为特征就是表演者本身的特质和形象。依据戈夫曼的理论，这种如同舞台的场景，对人的行为具有影响和改变的作用。

约书亚·梅罗维茨在《消失的地域：电子媒介对社会行为的影响》中提出场景应该被当作一种信息系统，对场景中的人的行为及互动内容起到关键作用的并不是场景的空间环境特征，而是基于场景的信息流动模式，因此在研究有中间媒介的互动交流场景时，需要对场景进行重新定义，将原来只包括特定时间与空间中的面对面交流的场景定义扩展到具有更强包容性的信息获取方式这一概念之中。梅罗维茨的理论主要源于当时电视的发明，他提出信息传递的媒介（当时的电视）是场景的发生地，进而提出"新媒介—新场景—新行为"的理论，并在戈夫曼的"前区""后区"的基础上提出了"前前区""中区"概念，并且认为"前前区"行为是场景中人们行为被触发的重要因素，"中区"则是指一种侧台行为，指表演者在观众可以同时看到前区行为和后区行为时所显现的行为特征。梅洛维茨认为这里的中区可以解释为前区新场景的行为特征，通过这种解释，来说明场景对于行为的改变和影响作用。

马克·贝尼奥夫在《这个时代已经到来》中写道，当代人的生活无时无刻不与互联网和云计算相连，这一现象伴随就是第三次计算机革命，技术的广泛运用将人们日常生活中的一切都关联在了一起，改变了人们的生活和工作方式，即人们要适应与社交网络以及云计算服务相融合的生活环境。随着技术进步和生活的变革，场景时代随之而来，成为新技术进化和衍生的产物，人与人之间的沟通交流方式、人们的工作方式、生活方式，都会不断随着场景的变化而变化。

蔡学镛的《在场景时代找到你的商业价值》一文中通过各种智能设备和先进技术手段运用，描述未来的场景时代会改变和影响各个行业及其细分的垂直领域，人们的场景行为会发生巨大改变,并对未来生活场景进行一些描绘和展望。徐钊在《拥抱场景感知的新时代》中写到场景感知是指通过对场景时间、地点、人物等信息进行挖掘和收集,找到用户在当前场景中的需求内容,去引导和启发用户认知推送信息,进而实现对用户在该场景中交流及互动需求的服务配适。他认为,用户所需要的信息是现成且巨量的,但是如何根据用户的场景需求去挖掘和收集,进而对用户进行该场景的合理配适,是现代商业运营的巨大挑战。罗伯特在《即将到来的场景时代》中提出依靠移动端、传感器、大数据、社交媒体、定位系统五种场景技术手段,可以为用户建立自然、便捷、高体验的场景服务体验。移动端主要指在用户移动端口(手机、手环、智能手表、车载智能设备等)上搭建支撑服务业务的 App 平台工具,来实时获得用户的场景数据,与用户保存持续的信息交换和信息服务,移动支付发展之后,App 平台工具也可以内嵌支付系统,从而进行移动支付和线上购物;传感器技术指嵌于移动端或实际服务场景中,对用户行为进行感知的电子设备,传感器的运用可以帮助记录用户的行为轨迹和实时状态,以帮助商业后台进行商业判断和决策;大数据则指场景中积累的大量的用户需求及行为数据、订单流水等,大数据可以帮助企业分析和总结消费者喜好和行为模式,进而为消费者提供更适宜的产品、信息和服务;定位系统指卫星通信定位、LBS 定位技术等,通过对用户地理位置的实时获取,可以帮助分析用户的潜在需求,并进行合理预测,进行商业营销,支撑业务服务流程。

吴声在《场景革命:重构人与商业的联系》中写到商家应该通过找到符合自身特点的场景去发掘特定的目标人群,才能找到忠诚的产品或服务用户,构建自身服务或产品的品牌社群,进而得到特定的社群文化和价值的体现,然后不断和品牌社群塑造新的亚文化,而品牌亚文化是拥有引爆互联网内容能力的,这种内容引爆可以带来巨量流量涌入,作为消费场景转化的基础。同时,吴声提出了构建场景的"四即"方法论:产品即场景、分享即获取、跨界即联系、流行即流量,并认为支撑场景的核心要素是体验美学、空间链接、社群、数据这四大方面。吴声认为在场景消费时代,场景不只是一个名次,而成为一种定义用户与企业服务的连接关系,他认为新的消费体验是伴随新的场景而生成的,新的市场趋势,则体现着新的场景洞察,而新的场景洞察和场景服务,会造就新的生活方式。彭兰在《场景:移动媒体时代的新要素》中谈到空间与环境、用户实时状态、用户生活惯性、社交氛围是构成场景的四个基本要素。他认为通过研究用户的移动轨迹可以帮助理解线上场景或线下场景替换的逻辑,分析用户从何处来、此时此刻的状况、到何处去是理解用户在各场景中的行为目标和心理预期。其同样认为线上场景与线下场景有相似之处,场景分析的最终目标是提供特定场景下的配适信息或服务,其内涵在于理解特点场景中的用户,找到并推送与他们需求相适应的内容或服务,决定着配适水平。彭兰认为基于地理位置的推送及用户需求的推送可以让用户避开与他们无关的信息、获得个性化信息或服务与公共性信息或服务的平衡。其同时认为，场景分析不仅可以设计新产品、提升服务质量，同时也可能侵蚀人的良好天性，破坏人与环境（空间的或人际的）友好关系，因此，对于场景的开发与应用，应保持警惕与节制，场景分析的目标也许并非渗透，而是进行规避。

3. 基于场景设计的理论模型

场景可以分类为客观场景、目标场景、实际场景（图10.1）。

图 10.1　场景类型

资料来源：罗欢. 基于场景理论的博物馆数字化体验设计研究——以苏州博物馆为例[J]. 美术教育研究，2021(24): 52.

其一，客观场景。客观场景描述用户最真实的使用环境。设计师利用客观场景分析、洞察用户需求，对产品现状、目标用户进行调研分析，从而了解用户最真实的需求。对于客观场景的构建、分析就是为了找到问题点，通过用户调研，获得辅助设计进行的前期用户资料，以构建用户画像，准确理解并传达用户需求。

其二，目标场景。在客观场景需求洞察的基础上，通过聚类分析，设定优先级，有针对性地解决用户的需求问题，并根据相关的设计原则、设计策略等指导产品设计，得出初步的产品设计概念。

其三，实际场景。设计师运用实际场景测试产品的可用性、易用性等，并根据用户测试结果，迭代优化设计。实际场景是设计方案落地前对产品的评估，也是产品生产与商业化的场景验证。

视频 10.1　场景理论

10.1.2　服务场景

1. 服务场景概念与内涵

服务场景是指服务经历、交易或事件所处的直接有形环境和社交环境，在形成顾客期望、影响顾客经历和实现服务组织差异化等方面，发挥着重要的作用。在早期有关服务场景的研究中，学者将服务场景划分为氛围，空间布局与功能，标识、象征物和工艺品三个维度。在此基础上，学者加入社会性因素，把服务场景划分为氛围元素、社会元素、设计元素三个维度。消费服务场景划分为一般室内变量、室外变量、购买点及装饰、布局与设计、人员变量五个维度。

随着服务场景相关研究的不断深入，服务场景的范围、维度与应用情境不断拓展。在不同的研究情境下，对服务场景的测量也有所差异。李书昊等把酒店服务场景划分为实质型服务场景、交际型服务场景两个维度，发现酒店服务场景对客户感知价值具有显著正向影响。从网络服务场景角度，李慢等把网络服务场景划分为财务安全、功能布局、审美诉求三个维度。Tan 等基于对生鲜零售线上+线下服务场景的研究，将之划分为物理变量、感知变量、社会变量三个维度。赖红波指出，数字技术的发展推动了服务场景的智能化进程，大数据、人工智能、人脸识别、数字支付等技术被广泛应用于零售服务场景，通过提供线下终端载体，以及立体交叉的消费行为大数据，进行人、货、场的深度设计和人机交互。

对于酒店企业而言，服务场景由线上服务场景与线下服务场景两部分构成。线上服务场景主要包括网站和 App 的界面色彩、服务内容、搜索浏览、功能排序、展示效果等感官冲击，追求人性化和艺术化的用户体验；线下服务场景主要包括景观视野、室内设计、房屋主题、周边环境等身心体验，追求身心的满足和情感抒发。线上服务场景是线下服务场景的表现形式，线下服务场景是线上服务场景的具体来源，线上线下服务场景的良性互动，不仅可以提高企业服务的质量水平，对用户形成强大的吸引力，而且可以大大满足用户的个性需求和情感归属，提升用户的切身体验。因而，在进行服务场景的设计时需要遵循与企业形象定位相一致、优化服务流程、美学、主题性、文化性、弹性和安全性等多维原则。

2. 场景理论对服务设计的推动

在"场景"走上舞台之前，互联网时代下的现代商业已经经历了流量时代和数据时代。流量时代基于互联网发展之初，企业通过流量获取对市场份额进行快速占领，而数据时代是流量增长缓慢后，企业开始逐步利用大数据与云计算技术对用户需求深耕、不断打磨产品功能，当企业无法再单纯依靠线上服务激发用户参与服务并加大投入时，互联网开始进入场景时代。因此，场景时代的来临对应的是企业需要构建可以真正介入用户的真实生活的产品和服务，来构建垂直化、细分化、个性化的用户产品体验时发展出的产物。可以说，场景化服务是互联网数据化服务的深层优化和布局，因此，数据支撑是场景化服务成立和长远发展的根本基础，而功能与体验的优化是场景化服务的基础特征。除此之外，在场景理论引导下，场景化服务同时还具有沉浸式品牌文化体验、帮助品牌社群构建的特点。

1) 对用户需求的深度洞察和抓取

在场景时代以前，企业在进行用户需求挖掘时一般以问题为导向，分析问题原因和产生机制，直接进行需求向功能的转化，这种对用户需求的认识趋于表面和想当然，解决问题的方法也以逻辑推理和常识思考来推进，在这种情况下，企业的产品或服务总是停留在表面,不能真正深入用户内心,发现用户真正的诉求点。但是随着场景的引入,企业方或设计师在获取用户需求之后,首先应该针对需求去思考和挖掘产生该用户需求时的用户场景,通过需求想到具体的用户和生活画面及其发生时的时空位置、环境特征、社交氛围,从而深入地解读和洞察用户需求,找到表层用户需求下用户真正的心理动机和心理状态,将显性需求和潜在需求同时掌握。表10.1展示了产品经理单纯讨论需求与考虑场景的需求的异同点。单纯思考需求时,面向的是用户遇到的问题,目标是解决该问题,其思考方式通常会局限在逻辑推理和自我常识中,难以从用户角度感同身受,无法产生更适应用户所处情景的设计方案。而当从场景角度对需求进行思考时,面向的是真实用户、需求发生时的环境空间以及需求发生时的一系列事件和情景状况。可以联想到真实用户在解决问题时的方案,并对这些方案进行重新审视,通过用户在场景中产生的数据和服务选择进一步推理功能,这样更能得到符合用户真实生活情形的产品功能或服务空间。

表 10.1 单纯讨论需求与考虑场景的需求的异同点

单纯讨论需求	考虑场景的需求
面向的是问题	面向的是人物、环境、事件
目的是解决问题	目的是检验解决方案
主要依据常识和逻辑推断	主要依据数据和实例支撑

资料来源:邢郁川. 基于场景理论的新零售服务设计策略研究[D]. 无锡:江南大学,2020: 25.

基于场景理论的思想,从场景入手对用户需求进行解读和洞察,通过场景列举和场景分析,企业可以更好更全面地了解和串联用户的显性需求和潜在需求,得到其中的服务逻辑,进而更有效地规划和布局服务或者服务产品的功能和框架,从用户的视角打磨和精炼产品,降低成本,提高服务转化,不断完善产品和服务功能,获得用户的青睐。

2)提高服务配适和服务体验

通过场景列举和场景分析,企业与架构师对用户需求进行全面而深入的解析和排查,全面掌握用户显性和潜在需求,有效串联服务逻辑,对服务场景中各要素和功能内容进行合理布局和设计。场景理论还提倡,企业进一步通过场景技术实时获取用户数据构建场景化服务。场景化服务即用户需求的实时掌握和即时满足,通过对服务场景中用户实时数据捕捉和分析,即时推送和提供用户需求服务,提高服务的配适效率和用户体验。

场景化服务不提倡对用户进行集中式、规范化服务,而是在各种细分场景中、在用户真正需要时出现,因此可以充分释放消费者个性化生活方式和生活习性,对用户即时需求和行为动向进行个性化匹配和满足。群体性、组织性行为被瓦解,服务具有很高自由度，机动性灵活，适应性强，能够最大化满足消费者的个性化、碎片化的即时场景需求。

3）构建基于亚文化的品牌社群

场景理论认为通过在服务和产品上附加一定的场景话题或塑造相关的场景故事，可以将具有共同兴趣或价值观的用户通过场景故事聚集起来，进行话题的讨论和衍生，逐渐形成基于场景故事的品牌亚文化。参与话题的用户，会在讨论和参与中，逐渐形成品牌社群或交流社区。随着用户对场景故事所倡导的亚文化的认同感增加，用户会开始自主向熟人和朋友分享品牌服务或品牌产品。伴随分享，品牌链接的用户越多，品牌社群亚文化的影响力就越深远，品牌的产品和服务价值就不再只仅仅具有功能属性，而更多地具备了自我认同和精神价值。这种精神价值，就是场景的情感属性。通过场景情感属性构建，企业可以有效传递品牌文化，提高品牌社群忠诚度，提升产品或服务场景的用户体验和服务价值。

4）对服务商业价值的探索与推动

基于场景理论构建的场景化服务，不仅能够极大提高产品或服务的用户体验，同时对于提高产品或服务的商业价值和市场效益也具有积极作用。

（1）用户行为习惯的养成。场景化服务的重要特征在于，其与用户真实生活的融合和对用户习惯的培养。通过对用户真实生活的渗透，全面、即时挖掘用户场景中的显性和潜在需求，让用户乐在场景化服务中，形成新的行为习惯，实现用户流量和需求数据向商业价值的不断转化。在真实场景中建立的场景化服务，或者在服务中建立真实场景，都逐渐成为现代社会真实生活画面或场景。比如随着移动互联网的深化和用户体验设计的不断完善，各种在线打车和外卖已经成为现代人的主要生活方式。

（2）企业与用户合作的价值共创。场景化服务模式下，企业提供的服务完全由用户所主导，服务及信息配置随用户场景需求变化而变化，企业和用户成为产品内容和服务的共创者。用户在场景中行为发展和心理变化，不断为企业提供更多服务入口和机会。同时，企业与用户之间通过品牌社群会保持良好互动和合作，用户为企业提供源源不断的长尾效益，企业与用户联系更加紧密。比如抖音、快手等短视频平台，企业对用户生活需求的细致理解，让用户创造和自我表现充分依赖短视频平台。与此同时，用户创作的内容和达人用户，又组成了短视频平台的品牌氛围和文化价值，影响产品传播和推广。

（3）企业服务迭代完善。随着时代的发展人的行为和需求不断变动与发展。信息和数据的交换快速、瞬息万变，企业要想充分适应用户行为和用户场景，就需要依据场景数据快速迭代自己的服务与产品，保持持续适应用户不断变化和发展的场景行为和需求。在更新和迭代场景过程中，旧的服务得到调整，新的服务被构建，经过试错，有些被舍弃，有些被暂时保留，有些被投入实际应用，场景服务的边界也随之扩张或收缩，高迭代性是场景化服务商业模式的重要表现。

10.1.3 场景驱动理论相关研究

1. 场景驱动设计思想

场景驱动的设计思想，主要被应用在产品设计实践阶段，将工作的重点从定义系统转变为人。场景驱动理论的另外一个应用是由凯伦·霍尔兹布拉特和休·拜尔提出的情境交互设计，强调以用户体验视角出发，以用户为中心的设计流程。该应用综合利用多种学科方法，强调在设计调研阶段通过定性、定量研究收集与产品相关的信息和需求点。国内场景驱动理论的设计方法主要集中在移动互联网行业的交互设计和媒体传播领域。电子媒介、移动互联网技术的到来推动了场景概念由 1.0 到 3.0 的发展与演变（图 10.2）。场景 1.0 以社会学家欧文·戈夫曼提出"拟剧理论"为主要代表，指物理空间维度中的场景；场景 2.0 是指约书亚·梅洛维茨在新兴电子媒介影响下发展出的新的场景概念和"新媒介—新场景—新行为"理论；场景 3.0 是罗伯特·斯考伯在移动物联网时代提出关于场景构成的观点。

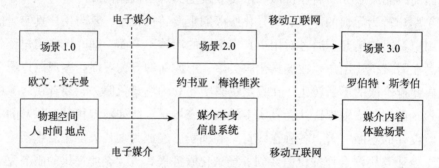

图 10.2 场景概念由 1.0 到 3.0 的发展与演变

资料来源：罗欢. 基于场景理论的博物馆数字化体验设计研究——以苏州博物馆为例[J]. 美术教育研究，2021(24): 52.

2. 基于场景驱动的设计策略

玛丽·贝斯·罗森和约翰·M. 卡罗尔构建的基于场景设计的框架建立在场景分类的基础上，他们将场景分类四大类：问题场景、活动场景、信息场景和交互场景。其一，问题场景：描述当前环境的特性和用户的处境；其二，活动场景：实现从问题场景到设计功能场景的转变；其三，信息场景：指用户如何感知和理解信息；其四，交互场景：制定和响应用户目标与需求的行为。

在四类场景划分的基础上，进行基于场景设计的框架搭建（图 10.3）。阶段一——需求阶段：主要通过问题场景挖掘并分析用户的需求；阶段二——设计阶段：通过活动、信息、交互场景的构建完成设计，并基于信息技术、人机交互等理论，不断在可用性要素下进行分析与再设计；阶段三——评估阶段：进行可用性测试，在用户测试结果的基础上，进行方案的优化迭代。基于场景设计的框架较为全面地考虑了一个设计任务从需求分析到可用性评估的过程，为后续场景设计理论的发展奠定了基础。

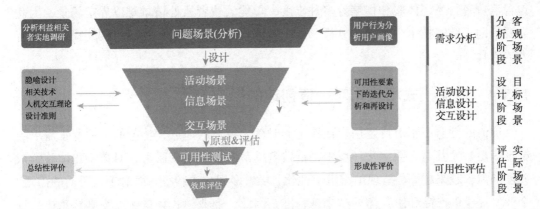

图 10.3 　基于场景设计的框架搭建

资料来源：罗欢. 基于场景理论的博物馆数字化体验设计研究——以苏州博物馆为例[J]. 美术教育研究，2021(24): 52.

3. 场景营销

场景在管理领域的应用起源于市场营销。市场营销中将场景定义为消费者日常生活与工作所处的情景。消费行为都是在特定的场景中进行的，场景助力消费者认知产品或服务。因此，消费者对产品或服务的认知与所处的场景有极强的关联性，这启发营销人员基于场景化的思维，构建场景化的营销方案，将产品与服务的卖点和消费者在特定场景下的需求相连接，更好地满足消费者痛点，激发消费者的情感共鸣，满足消费者在独特场景产生的需求。持续的场景营销，帮助销售者和消费者之间建立良好的互动，形成消费者黏性和提升消费者忠诚度。场景营销迎合了消费升级的大趋势。在消费升级过程中，消费者的需求经历了从基本消费到品质消费，从物质消费到精神消费，从显性消费到隐形消费的转变。消费升级导致消费者需求方向多样化，消费行为更加注重感受，因此品牌方在进行营销时，营销方案需要考虑消费者在特定时间和空间下的行为和情感需求，采取对消费者浸入感最低的方式将产品与服务推送给他们，这也是场景营销的精髓。

消费领域的场景是消费者的筛选器和分流器。当前消费者需求呈现非常强的多样性，导致企业难以把握需求，从而形成供给和需求的错配。构建场景成为更好地把握消费者需求的工具。同一场景下，消费者需求具备相似性，因此，通过构建场景可以将具备相同需求的消费者筛选出来。在对消费者依照场景筛选后，即可以按照不同场景，将他们分流。对于分流后的消费者，企业可以为所有场景都提供独特的产品，也可以聚焦于单一场景供给产品。场景界定了特定需求的边界，从而设计更有针对性的营销方案；实现从传统营销手段将消费者"拉向"产品或服务向将产品或服务"推向"消费者的转变；针对性地满足消费者需求可以帮助企业获取更多的附加值；特定场景的挖掘可以创造需求。然而，场景的构建并非根据消费者所在情景即可以完成，场景包含消费者行为、体验和情绪等多种维度，单凭消费者所处情景难以界定场景，因此需要借助于数字技术。大数据分析、人工智能等技术的发展，为场景构建提供了强有力的工具。

10.1.4 商业模式场景化对价值创造的影响

　　价值的创造源于对特定用户在特定的时刻、特定的地点、特定的事件背景需求的精准满足。尤其是在数字化环境中，消费者的消费诉求改变巨大，对数字化体验的依赖度和需求越来越高，呈现出需求个性化、场景多元化等特征。面对千人千面的需求，企业所提供的产品和服务需要越来越精准。因此，商业模式场景化成为必然趋势，且已成为商业模式创新的新范式和新路径。

　　场景是在一定的时间、空间内发生的一定的任务行动，或因人物关系所构成的具体生活画面。在价值创造领域，场景则是指在特定的时间、特定的地点、特定的场合、特定的情感等元素构成的特定场景中，即时提供产品或服务满足用户需求并增强体验，由企业、用户及其他相关主体间的关系、行为所构成的具体画面或特定过程，也即5W1H（who 何人、when 何时、where 何地、what 何事、why 为何、how 如何）。场景是设计和验证产品原型或者商业模式时最重要的依据。而商业模式是描述企业创造、传递和分配价值的基本原理或框架；商业模式创新则指企业遵循新的主导逻辑来创造、传递和分配价值的创新范式。由于场景化是将场景元素嵌入某个载体的过程，所以商业模式场景化是将场景元素嵌入商业模式形成场景型商业模式的创新过程。因此，场景型商业模式就是描述企业在特定场景中创造、传递和分配场景价值的基本原理或框架。然而，与交易价值（用户交易产品或服务时实际支付的货币数量）和使用价值（用户对某一产品或服务的体验或感知而产生的支付意愿）不同，场景价值是指用户在特定场景中对客观产品或服务的收益感知或支付意愿，具有主观性特点。

　　（1）用户场景化与价值创造。用户场景化是指将场景元素嵌入用户模块。数字化时代，用户洞察和画像基于人口统计学特征（如性别、年龄、区域、收入状况等）遇到了挑战，企业的商业模式需要深入顾客的生活方式和应用场景，才能创造更好的顾客体验和价值。

　　（2）企业在对用户画像时，需在年龄、职业、收入等人口统计学特征基础上，进一步刻画用户的生活方式和应用场景，实现精细化和精准化。一方面，借助大数据、人工智能等数字化技术，对顾客购买习惯、个人喜好、个性体验等进行多方位分析，实现精准画像，不断满足客户个性化需求，建立稳定的忠实顾客群。另一方面，应从

"企业为中心"向以企业与顾客间的交互和价值共创转变。互联网等数字化技术消除了企业与顾客的距离，重构了"人、货、场"，顾客在价值创造中的角色已由价值的被动接受者转变为主动创造者。

（3）企业在进行商业模式设计或场景化创新时，应更加关注情感化价值主张。随着消费升级，产品或服务不再以单一功能为中心（功能变成了最基本的参数），顾客更需要的是整体解决方案。在洞察消费者的应用场景时，企业应更多关注体验、情怀、调性等基于生活细节的情感体验，有着情感主张的深度连接是创造场景价值的核心要素。

10.2　基于数字化改革视角的场景分析

数字经济相比于传统经济更强调应用场景，其根本原因在于数字化应用场景的可塑性很强，且其设计效果直接决定了需求和发展前景。网络空间中的场景可以是完全由代码编写的虚拟环境，如 AR/VR 体验、数字游戏等；场景还可以是现实空间与网络空间互动组成的，如在线课堂、移动互联网出行、线上生鲜超市、在线酒店预订、虚拟景区等。数字化应用场景把时间和空间做了延伸和拓展，又构建了人与人、人与物、物与物之间的泛在连接，数字孪生常用来表达现实空间和网络空间的这种耦合关系，它极富创造性，容易产生新业态，这也正是第四个工业革命带来的巨大经济增长点，备受全球关注。

10.2.1　构建数字化应用场景的重要性

（1）有了应用场景，数字化改革才可落地。数字化改革不是单纯的信息化，线上数字世界和线下现实世界密不可分，要通过数字空间重塑物理空间与社会空间，最终实现数字、物理、社会三元空间的融合。这就需要在现实世界中，针对特定空间、特定对象，打造具有特定功能的数字化应用。且此时的数字技术，融入相关感知、计算、决策、执行的整个闭环中，在硬件上也需要增加相应的智能感知和自动化的设备。

（2）有了应用场景，数字化改革才可聚焦。推动企业数据和平台公司数据开放共享，是数字化改革的必然要求。然而，企业各部门及企业间数据"烟囱林立"、条线壁垒，互联网平台公司也从自身利益出发未必愿意共享。此种境地下，无目的、无边界地追求数据共享而共享，必然阻力重重。只有预设特定的应用，且该应用必须依靠多个部门、多源数据的共享才能实现，方能以此为支点，聚焦小切口，开出数据清单，稳步推进数据共享和开放。

有了应用场景，数字化改革才可体验。数字化改革要以问题和需求为导向，聚焦企业痛点、难点、堵点，瞄准企业和基层需求最急迫领域，出实招创实效，需要拿出一看得见、摸得着、可体验的成果，解决实际问题。

（3）有了应用场景，数字化改革才可迭代。数字化改革，贯彻的是系统观念和迭代思维。在整体谋划上，有顶层设计、总体架构；在具体推进上，点状突破、急用先行，最终实现小步快走、快速迭代。因此，要把系统性数字化改革任务，分解为一个个快速推进的应用场景，再通过这些应用场景各自的评价反馈、优化调整、迭代升级，形成一个个成熟适用的功能模块，最后把这些功能模块组装起来，才能促成数字化改革的成功。

当前，数字化场景已经进入快速发展的关键阶段，无论是政府还是企业，都需要加强战略层面的思考。一方面，数字化应用场景并不是新鲜事物，共享出行、智慧零售等场景早已进入我们的生活之中，在数字化转型加速期，众产业纷纷拓展新技术在各自产业领域的应用场景，可以说我们已经进入了"场景为王"的时代。另一方面，数字化应用场景存在大量的待定要素，如数据的共享与保护问题，如何与公共领域市场有效融合等。

10.2.2 数字化应用场景构建策略

（1）需求分析对象的转变，即变传统系统升级（即关注系统）为业务场景洞察（即关注业务体验）。传统上大部分的信息化规划与项目立项，都是根据系统软、硬件的生命周期进行按部就班的升级与替换，即使有新业务需求，也多是站在内部流程支撑角度审视。但现在必须转变为先对业务场景进行全方位观察与分析，从影响客户使用体验的角度洞察，设计新的更好的情景，黏住客户的眼球、影响客户的心智、强化客户的认知，从而实现业务的可持续拓展。打造一个应用场景，必须给使用对象带来获得感，才具有生命力。从需求导向来评价，需关注几个维度：一是服务面，应用场景设计所服务的对象，是小众人群还是比较广泛的群众对象，决定了应用场景的使用价值，虽然小众人群的需求也要重视，但初始阶段瞄准大多数人的需求出发将更容易成功；二是使用频率，作为一个数字化的产品，用户需求使用频率越高，则用户黏性越强，产品越容易迭代，而那些建立在低频用户上的应用，即便服务对象数量巨大，也很难形成稳定的产品；三是紧迫性，应用场景所解决的，应该盯住用户久拖不决的老大难问题，抑或是新形势下爆出的新需求、新挑战，不要在细枝末节问题上浪费资源，争做雪中送炭而非锦上添花；四是替代性，数字化的应用场景是否是解决某个特定问题的唯一途径，或者是绝对的最佳路径，如具有不可替代性，则该应用场景的价值更大。

数字化改革在场景层面的延展，就是针对酒店企业发展遇到的新痛点、新需求，运用数字化思维、认知、技术、方法等，找到解决痛点、满足需求、提升体验的方法，并对其进行场景化技术重构与制度重塑。场景主要包含四个要素：主体（法人或自然人)、时间、空间、事件。场景与需求相伴而生，需求通过场景来实现和激发。新的需求会创造出新的场景，新的场景又会进一步激发新的需求。通过场景化解决问题并激发新需求，从而将单一场景演变成广覆盖、高频次、用户体验好的多跨场景，实现老场景的迭代创新及新场景对老场景的兼容和覆盖，形成场景革命。这种场景革命，可以有效促进老场景的竞争迭代、优胜劣汰，保留满足需求的最佳场景，形成最佳实践与应用。在数字化改革中，需求是导向，也是改革的切入点；多跨场景是关键，也是数字化改革不同于数字化转型的最本质特征，在需求分析基础上掀起的场景革命，才能真正推进改革突破、流程再造、制度创新。

（2）参与主体的转变，即变以服务方为主为被服务方为主。既然是从顾客业务体验出发，那就要把内外部顾客（即被服务方）放在主体位置，让顾客参与到新情景的重塑当中，与服务方一齐设计、完善、改进并快速迭代，从而有强烈的代入感、置入感、自洽感。比如线上预订酒店、线上入住登记与结账离店等，既方便了顾客，也提高了效率，降低了服务方的人工服务满意度不稳定带来的风险。另一方面，数字化技术作为先进生产力的一种，理论上是解放劳动者，为员工减负赋能。数字化改革具有双重性，自上而下顶层设计和自下而上应用场景创新的结合。在应用场景设计时，必须以一线员工体验感受为重点，贯彻为一线人员减负增效的原则，把数字化工作设计为传统工作的有效替代，通过数字化技术来简化流程、赋能员工。

（3）技术手段应用方式的转变，变强调功能与性能为突出业务数据积累与业务建模。要实现真正的数字化场景，就要重拾信息化"3712 法则"，即三分技术、七分管理、十二分数据。由于大数据与人工智能技术的进步，以及消费互联网的有益探索，现在已初步具备了发挥数据价值的基础。只有持续地进行数据积累与业务建模，对现有场景的数字化，创造虚实结合的新场景，才能把客户体验的提升落到实处。酒店企业信息化从直接交换信息，进入挖掘数据价值的新征程，巧妙地利用专有大数据。一个成功的数字化应用场景，必须是建立在大数据基础之上，在具体评价上有多个维度：一是数据是否独特而多源，大数据不同于传统的统计数据，其颗粒度更小，具有全样本和即时更新等特点，如果能开创性地利用多个渠道整合而来的独有大数据，则打造的应用场景将更具创新性，且数据来源于多个部门的话，客观上也推动了数据开放共享和部门间的工作协作；二是获取数据是否以巧妙的低成本方式，虽然通过增设大量的数据感知设备，能够采集独有的大数据，但往往需要巨额的资金投入，如果以巧妙的方式激活和利用原先沉睡的数据（业务流程所沉淀的数据、相关活动的痕迹数据），则更值得提倡；三是数据能否自循环和自巩固，利用多源大数据打造出应用场景，让数据汇集更加结构化和标准化，并通过应用形成新的数据沉淀和回用，逐步形成数据中台。

（4）体现人工智能技术特征。数字化改革首先运用到的是数字化技术，而评价数字化技术先进性的重要依据就是人工智能的应用程度。根据数字化进程中智能技术的应用水平不同，可将其划分为不同阶段：一是初期信息化阶段，通过搭建业务系统，把线下工作环节转为线上流程，以提高工作便利度，固化日常业务流程，做到"有迹可循"，此阶段尚非人工智能；二是数据可视化阶段，经过一定时期的信息化，已经有大量数据沉淀下来，将各类数据汇集梳理，实现可查询、可追溯，进行可视化分析，并通过"数字孪生"技术量化描述一个组织、一个系统、一个城市的运行状态，为管理者提供决策辅助，此阶段属于弱人工智能；三是治理智能化阶段，在大数据和人工智能等技术的支持下，能动地满足特定需求，对运行逻辑进行数学建模，通过计算预测和监测对比，反向指导或控制事物运行，具备自适应、自校正、自协调等能力，此阶段已进入强人工智能；四是社会智慧化阶段，随着5G、人工智能、物联网等技术发展，进入万物互联、人机物高度融合的智慧型社会，具有万物互联、人机共融、海量数据、泛在智能等特点，属于人工智能演进和应用的终极阶段。

（5）基于人工智能构建消费场景。消费场景是指直接面对消费者的场景，也是当前场景营销发生的主要领域，如场景营销、场景金融、场景教育等都属于消费场景。消费场景的数字化，主要基于大数据分析和人工智能技术。场景需求是高度个性化的，因此当前营销通过构建用户画像实现场景营销。大数据分析技术帮助营销人员挖掘消费者更多的瞬间兴趣内容并为此构建动态标签，建立更加接近消费者处于"当时"场景中实时状态的画像，更动态化的用户画像可以确保营销过程呈现的信息富有感情。人工智能技术可以更加细致地划分场景，增加场景的颗粒度，呈现动态的场景，促进自动化的场景营销实现。

大数据分析与人工智能技术构建消费场景为传统营销方式配置了"眼睛"与"大脑"。"眼睛"利用各种埋点和传感器被动地实时地获取现场数据；"大脑"则分析实时、细粒度和现场的数据，发现数据间的关系，支持决策，二者结合将场景营销数字化。

基于大数据与人工智能技术获取用户信息，构建用户画像是场景构建中的常用手段。构建用户画像的第一步就是对数据进行标签化处理。大数据与人工智能技术可以多渠道地采集信息，这些信息不仅包括传统营销可以采集到的结构化数据，更重要的是包括非结构化数据。例如语音、人脸等生物信息，移动轨迹等行为信息。数据采集后即可根据业务需求和应用场景梳理标签指标体系。在人工智能参与的用户画像构建中，需要注意数据挖掘类标签的建立。在标签指标体系的基础上，梳理数据/任务之间的关系，打通数据仓库与各业务系统的接口，构建出画像的逻辑框架。

在逻辑框架基础上，对用户画像进行产品化。用户画像产品化与应用需要画像开发负责人与业务人员、技术开发人员对接特定场景下消费者的触点以及满足触点的产品功能实现形

视频10.2 设计理论——一听就懂的用户体验设计法则

式。该阶段，需要根据具体业务场景设计解决方案，因此业务人员的参与尤为重要。用户画像开发过程中，数据人员关注数据表、数据之间的相关关系等；业务运营和客户服务人员关注用户的圈定、数据标签的定义等工作；只有业务人员是画像产品的真实用户，他们应用画像数据、画像产品，满足特定场景下的需求。

10.3 场景理论视域下的酒店企业服务与运营设计

场景理论是互联网进一步普及应用之后的产物，是一种从用户场景出发的服务设计思想与设计经验的集合。将场景理论引入酒店企业服务设计，不仅可以为企业提出一系列基于顾客体验的场景服务设计策略，提高酒店企业服务效能和运营效率，同时，作为场景理论的应用研究，可以进一步发展和提炼场景理论的服务设计思想，发展和深化场景理论在酒店企业服务设计领域的应用研究。基于场景理论与顾客全程经历，结合"酒店数字化宾客触点和运营场景微创新地图"，对酒店企业房务服务与运营涉及的领域进行分析和解构，梳理酒店企业房务服务设计中的关键问题和设计需求。

10.3.1 场景理论引入酒店企业服务设计的价值

罗伯特提出了场景化服务的概念，他认为通过"移动端、传感器、大数据、社交媒体、定位系统"的场景五力运用，企业可以全面掌握和解读用户所在时空中即时即刻的需求，从而进行精准配适的信息传播和服务，比如用户与朋友线上商讨去喝啤酒时，为用户推荐附近酒吧优惠券，也可通知选定的酒吧进行座位预订。场景思维与服务可以全面革新社会出行、工作、医疗、购物、旅游等众多行业模式。随着互联网行业的发展，场景理论开始广泛运用到商业模式的改良之中，并发展出诸多经验。

（1）场景理论可以总结为企业从场景的角度了解和解读用户需求，充分考虑场景的时空、环境、用户故事、社交氛围，以此为用户带来精准的服务配适，提高用户体验、营销转化率、塑造和巩固自己的品牌影响力、提高企业服务效能。重构"人、货、场"是阿里巴巴提出的发展新零售的主要方法，人即消费者，货即零售货品，场即消费者、货品与提供货物的场所，通过一系列手段重构三者内涵及关系，建立全新的消费场景，推动形成全新的零售服务体系。重构"人、货、场"提出了一种服务场景的改革之路，这与场景理论涉及的对服务行业认识论和发展方法不谋而合。由于旅游业对服务体验和服务手段的重视和革新，将场景理论引入酒店企业服务设计，不但可以帮助企业找到服务改革创新的有效策略，弥补目前酒店企业服务设计缺乏全面的策略研究和理论总结，而且可以为进一步发展和完善场景理论提供更多的应用研究经验。

（2）将场景理论引入酒店企业服务设计，有助于企业与管理者从场景角度对酒店企业服务进行解构与分析，将服务内容众多、改革手段众多的产品与服务系统创新探索方法瞄定到顾客视角，建立符合当代企业发展逻辑。基于场景理论观点，酒店企业服务体系支撑了传统线下体验、线上预订、线上线下叠加场景，其服务具备了多时空特点，顾客各消费环节可以在不同时空灵活展开。酒店企业服务与运营系统需求展现出复杂性和多样性的特点，从顾客服务场景入手，可以帮助企业以消费者为中心展开，对系统诸多要素进行梳理和分析，发现系统构建的正确方向和合理策略，帮助企业循序渐进地进行服务与运营革新和设计。

（3）场景理论已有研究成果、在互联网商业服务中积累的实践经验，有助酒店企业服务设计的用户研究、优化服务服务流程、提高服务用户体验，帮助企业对旅游业服务进行全面设计和创新构建。同时，酒店企业线上线下渠道的日益融合、对用户体验的重视、对新营销手段的革新，对技术的综合运用，也为场景理论在服务设计中着陆提供了沃土，可以发展和深化场景理论在服务设计领域的应用研究。

10.3.2 酒店企业房务服务场景分析

场景分析是构建场景化服务的基础，对酒店企业服务场景进行拆解分析，有助于梳理场景要素。酒店企业服务的多样性与融合性，同时具备了电子和物理的双重属性，即同时具备了线上与线下两种服务场景。顾客既可以在线上渠道进行预订与购买，也同时可以或需要线下购买与体验，并在相应预订、购买与体验画面过程中形成线上消费场景和线下消费场景。场景分析模型包括场景空间与环境、场景社交氛围、用户实时状态、用户生活惯性等。石基信息基于顾客入住经历，构建了"酒店数字化宾客触点和运营场景微创新地图"（图10.4）。该地图细致分析了从顾客需求激发阶段、预订阶段、入住阶段、在店阶段、退房阶段、离店后6个阶段、10个环节、20余个场景、100多个触点，勾勒出了每个场景涉及的用户—顾客与员工、系统/软件支持、人机协同内容与重点等。

1. 阶段分析

顾客从需求激发到预订、入住、在店、退房直至离店，构成了完整的顾客经历，也是酒店企业构建场景及进行场景分析的逻辑起点与终点。对顾客全程经历的全面理解，有助于酒店企业从根本上把握并细致规划每一个线上、线下、线上+线下服务场景。人类行为学家认为人类行为的一般模式是 S-O-R 模式，即"刺激-个体生理、心理-反应"。该模式对于消费者行为同样适用：顾客购买行为由刺激所引起，这种刺激既来自消费者身体内部的生理、心理因素，也来自外部的环境。消费者在各种因素的刺激下，产生消费动机，在消费动机的驱使下，作出购买商品的决策，实施购买行为，购买后还会对购买的商品及其零售商家作出评价。对于消费行为，其刺激因素又包括营销刺激和外部刺激，营销刺激包括产品、价格、地点、促销等，外部刺激包括社会经济、技术、政治、文化等。而消费者的心理活动则由消费者自身的特质和消费者的购买决

第 10 章 基于场景的酒店企业房务服务与运营设计

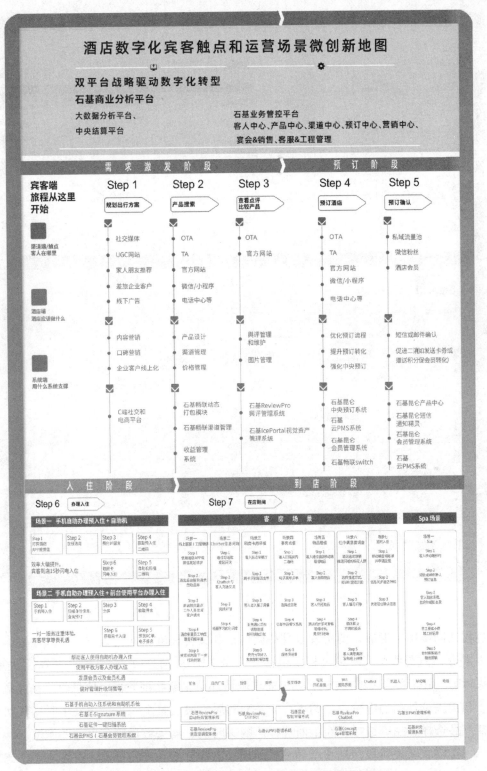

图 10.4 酒店数字化宾客触点和运营场景微创新地图
资料来源：石基信息. 酒店数字化宾客触点和运营场景微创新地图[R]. 2021.

图 10.4（续）

策过程共同作用下形成，消费者自身特质包括其文化程度、社会地位、个人性格、心理因素等，消费者购买决策过程则包括了"需求确认-信息收集-方案评估-购买决策-购买行为"五个环节（图 10.5）。其中需求确认环节是购物前阶段，信息收集、方案评估、购买决策是购物中阶段，购买行为是购物后阶段。整个购买行为发生时，其状态包括产品选择、品牌选择、经销商选择、购买时机、购买数量等多方面的维度。

（1）需求激发阶段包括 3 个环节，即规划出行方案、产品搜索、查看点评并比较产品。首先，旅行者出行方案的规划，会从基于信息技术发展的互联网社交媒体、UGC

（User Generated Content，用户生成内容）网站等获取信息，也可以从家人或朋友、线下广告等传统渠道获得。该环节既与顾客的实际需求相关，也与酒店企业传递给顾客信息的质量与数量相关。其次，旅行者会进行产品搜索，通过对 OTA、酒店网站、微信小程序等线上渠道或电话咨询等方式，进一步了解酒店产品的内容、价格等细致构成。最后，顾客需要进行产品的比较。比较所花费的时间与投入的资源因人而异，但这个环节是影响预订决策至关重要的一环。顾客会通过查看他人评价、酒店图片、酒店视频等感知并理解酒店产品的优劣，促成其作出决策。

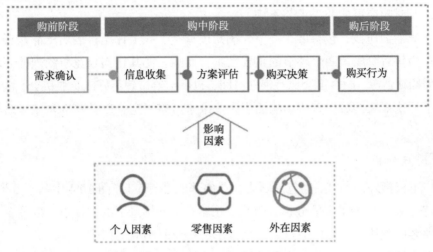

图 10.5　消费者购买决策过程

（2）预订阶段包括两个环节，预订酒店、预订确认。首先，作出选择并预订酒店。本环节顾客已作出决策，预订选择酒店。关键在于预订流程是否顺畅、便捷，不管是通过 OTA、酒店官网、微信小程序，还是电话中心等，酒店企业设置的预订流程要科学、合理、高效。其次，确认预订，这一环节一般与支付直接相关，至此可以认为顾客作出了购买决策及行为。支付环节要确保准确、高效，这一环节也是影响顾客再次购买的重要因素，酒店企业要在品质、速度、流畅性等各方面赢得顾客信任，争取保留顾客与忠诚。

（3）入住环节，指顾客办理入住登记。这一环节可以在酒店前台与员工面对面线下完成，也可以通过顾客自助在线办理。传统线下环节目前仍是大多数酒店尤其是高星级酒店采取的方法，但都会提供或多或少在线办理的支持。这一环节是顾客正式进入酒店，与酒店线下接触的开始，也是以往我们最关注的顾客经历起点之一。这一环节对于顾客信息的确认，包括偏好的了解非常关键，直接影响顾客入住体验与预期。未来在中台战略支撑下，所有顾客数据将通过汇总与处理，直接支持决策，包括一线员工对客服务策略与决策。

（4）在店期间，包括两个环节、若干场景。这个环节是最"传统"的与顾客亲密接触机会，也是目前大多数酒店最重视、投入资源最多的环节之一。随着5G、物联网等新技术的不断渗透，顾客在店期间的经历，包括前台、餐饮、休闲中心等可以创建出更多的智能化场景，提升顾客尤其是青年顾客的体验，增强酒店企业作为现代企业的科技感与时尚感。

（5）办理退房环节，指顾客退房离店。同入住环节一样，该环节同样可以线下面对面或线上自助办理完成。不管通过何种场景完成，账单的准确，流程的高效、便捷、顺畅都是顾客的基础需求。在此基础上，酒店企业应尽可能通过顾客在店期间的数据及分析，及时响应可能的需求与不满。

（6）离店后阶段，包括四个环节，满意度调查、线上评论、酒店产品购买、精准营销。作为售后阶段，四个环节的重要性不言而喻。尤其在当今竞争激烈的环境下，时间成为稀缺资源，顾客不会愿意浪费时间，也不会给口碑不好的企业机会，满意度调查、线上评论汇聚的数据直接影响酒店企业未来策略制定，以及精准营销策略实施的效果。

2. 用户分析

用户不仅指外部顾客，也包括酒店企业内部顾客、员工。图10.4中基于6个阶段、10个环节、若干个场景下的分析，明确了顾客在不同场景下的关注点，以及企业和员工针对顾客的关注点，如何通过数字化技术进行及时响应与回应。

数字化转型成功的企业，一定是用户体验好的企业。组织数字化转型的目标，是决策权向前线人员转移，数字化组织的重点由离前线（顾客）越近的人员调配资源，而不是由层级越高的人员调配资源，而更为关键的是，面临变化时的应变。

卓越的客户体验由卓越的企业体验所推动。现代员工体验以个性化、简单和赋能为特征，这要求领导层开展意义重大、切实可行的沟通；还需要诸如云计算、人工智能和物联网之类的技术解决方案以及协作和生产力工具。

酒店企业应将面向员工的数字化创新作为优先任务。员工需要移动解决方案，现场解决顾客服务问题。如销售团队需要下一步最佳行动仪表板，还需要人工智能和数据分析技术，帮助预测价值链优化和顾客生命周期战略。增强现实和5G技术可以让现场服务、维护、工程和设计、培训以及顾客服务水平更上一层楼。混合多云平台可以支持整个企业的员工随时访问所需的服务和数据。

3. 系统/软件支持分析

对于传统企业来说，业务是业务，IT是"不懂业务"的后勤保障部门、是业务部门提出需求后找供应商上IT系统的部门。但数字化却逼使IT部门不得不走到业务的最前线，去实时感知"用户体验"，去实时感知"前市场订单交付"与"后市场工单关闭"的全过程，去及时分析问题根因、把产品问题向研发反馈，去协助前市场与后市场业务实现精准决策与敏捷运行。无论是对新一代信息技术创新，还是对工业互联网、智慧城市应用，场景和需求被视为数字化转型的动力来源。当人们在讲数字化转型的时候，要看到想要实现的目标。软件体系在今天真正对经济发展起到核心关键作用的是在一个个具体场景中的应用，软件创新，就是要重新定义场景和用户。每一个场景里，对象系统的知识和经验是核心要素。工业软件不是 IT 产品，工业软件是工业品，也就是说工业软件的核心是工业的知识和应用，IT 只是它的一种工具和表现形式。中国的软件业现在面临的机遇与挑战有两点，一是下缺根，二是上缺对场景和应用的前瞻性的深刻的理解。理顺场景和用户在软件创新中的关键作用，就可以找到推动软件市场走向高端的思路。在以场景为中心的软件中，市场和用户的作用发生了根本变化。场景知识是形成产品的基础，应用是产品完善提升的基础，用户的知识、技能与经验是数字化转型软件创新的关键内容。

10.3.3　业务场景颗粒度、数字标签、标准化与规则

如前所述，基于不同业务的独特性与专业分工，当下企业的数字系统建设、部署基本是按照专业组织或部门展开。在此模式下，各业务组织站在各自对业务理解基础上构建业务场景，往往产生维度、颗粒度和数据标签、标准化不一致问题，导致业务系统之间难以耦合而形成数据孤岛，偏离了数字系统建设和数字化转型的初衷。尽管 ESB、BI 和数据湖、微服务等技术架构不断进步，数据治理理论也在不断深化，但通过接口"打通"数据或完成系统集中平台搭建后，却发现不同系统之间的数据仍然难以结构化应用。显然，单个业务系统架构再先进、功能再强大，面向特定专业的数据再丰富，并不能实现跨系统数据的链接和结构化应用，从而达成企业数字化建设和数字化转型的目标。

酒店企业数字化建设中应采用"数据治理-业务系统建设-系统集成"模式。通过数据治理前置，设计建立业务间融合、生产-服务-运营-管理一体的数字架构，确保各系统的底层数据标准化，并可关联、可结构化。与此同时，酒店企业应突出自身在描述场景、分解业务的作用，提升自身在数字化建设过程中业务架构、技术架构、数字架构设计的能力。只有在各业务系统建设前期，做实企业数字化建设的内部"新基建（场景、维度、颗粒度、数字标签、标准化和模型化）"，才能确保数字化转型目标的实现。

1. 维度与颗粒度是构建数字架构与数字化场景的基础

业务流节点既是数字系统控制和改造实际业务的时空窗口，也是业务流内部或业务与业务跨界相关性的链接点。为此，构建场景首先需要把握场景中业务与业务、业务与财务的维度，解析各维度中的节点，然后分解节点与节点内的各影响要素、打碎

业务（数据）颗粒度是不同系统数据结构化的基础。打碎业务颗粒度的意义在于，一是建立更广泛的数据"相关性"；二是扩大数据结构化范围与深度；三是发现跨界融合节点和路径；四是充分挖掘数据价值；五是有利于构建产业链生态。

2."相关性"并建立底层数据标准是治愈系统孤岛的唯一良方

如前所述，系统和数据孤岛顽疾之所以难以治愈，除了以往的系统建设模式和数据治理的局限性外，没有将业务相关性纳入"需求"也是一个明显的漏洞。任何业务系统在建设初期，都不能回避与其他业务之间的相互关系及其链接维度，需要站在企业整体数字化建设的高度，探索、挖掘其他业务与本业务的相关性，最大限度地将其他业务对本业务的需求作为本业务系统的建设目标，并在相关性原则下，建立与其他业务系统一致的数据标准。

数字化时代中，"以客户为中心"不再是一句口号、一个空泛的概念，而必须是一组结构化的、计算机可以处理的数据项。否则，一切决策模型，都不能保证其目标函数指向用户体验提升的方向。这里的用户可以是"终端客户""合作伙伴"，也可以是"内部员工"。体验则是"用户"通过购买及使用产品与服务满足自我消费或经营需求的过程。比如，购买及使用手机的体验是消费者实现其"社交"需求的过程；预订及入住酒店体验是顾客实现其"审美""认知""尊重"需求的过程。从"用户体验"的视角来看，工业4.0中提出的"大规模、订制化"生产指的不应该是一家企业的能力，而是由多个数字化企业组成的生态系统的综合能力。同理对于酒店企业来讲，用户体验的实现，应是包含企业本身、技术服务商、平台等生态系统成员共同努力的成果。

视频 10.3 《攀登吧，少年！》华住集团 15 年

即测即练

自学自测　扫描此码

第 11 章

基于属性的酒店企业房务产品定价与销售

本章学习目标：

1. 理解基于属性的销售模式内涵。
2. 理解 ABS 模式下，酒店企业预订模式与流程的变化。
3. 理解 ABS 模式对酒店企业房务产品设计的影响。
4. 理解酒店企业实施 ABS 模式面临的挑战与机遇。

11.1 基于属性的销售模式

试想一下，走进一家比萨店，那里只供应奶酪比萨或综合口味比萨。如果想要介于两者之间的任何产品，你必须按价格更高的综合口味比萨支付费用，并挑选出不想要的成分，或者选择基本的奶酪比萨，如果有特殊选项，你需花更多的钱。可以肯定地说，对这种经历顾客会感到不满意。而且比萨店也很有可能难以只满足这两类顾客的需求获得生存与发展。然而，这种不理想的售卖概念也正是当今酒店产品的销售方式。

11.1.1 基于属性的销售模式兴起背景

近年来，attribute based selling（ABS，基于属性的销售）概念在行业中被反复提起，也被称为属性模型（attribute model，AM）。对于这个概念，虽然业内人士还存在一些争议，但从另一角度来讲，我们正在迈进一个新时代。目前，几乎所有的国际酒店管理集团都已经开始试行 ABS 模式，或许不久的将来，ABS 模式将会成为酒店行业销售模式中的新常态。

不管是为顾客提供更大的灵活性，还是推动企业增加收入，有很多理由可以采用基于属性的定价模式。销售模式改变，部分因素来自其他行业对旅游业的冲击——顾客已经习惯了高度个性化的零售体验。与亚马逊、Netflix、星巴克（Starbucks）和 StitchFix 等零售商的互动，让人们期望能够定制旅游与酒店产品购买体验。整个旅游业中，有许多实施类似模式的例子，但酒店企业目前还未真正在 ABS 相关方面发力，这在一定程度上损害了酒店企业利益和宾客体验。

ABS 重新定义了传统的酒店产品（房价方案+房间类型），通过让顾客可以自由选择客房属性进行定价，即顾客只需要为自己想要的和愿意支付的属性支付费用。在 ABS 模式下，旅行者预订酒店时拥有极大话语权，可以个性化定制自己想要的产品，实现各种类型的产品组合。对于酒店来说，则意味着更多收入。总体来说，ABS 模式将为用户带来更佳预订体验。

11.1.2　基于属性的销售模式内涵

那么 ABS 到底是什么？顾客的需求以及酒店的目标有哪些呢？该模式怎么运行？正如本章开篇讨论的比萨店，酒店将房间类型作为价格单位销售给顾客。酒店的每间客房都被归类为一种特定的待售房间类型。房间类型可能因大小、位置、床型、视野、房间内容等而异。顾客感到沮丧的是，各酒店之间缺乏一致性。每个酒店、品牌或连锁店对房间类型的定义都不同，这就是为什么一家酒店的"豪华"房间类型可能与另一家酒店的"豪华"房间类型存在显著差异，即使这些酒店彼此相邻。

ABS 模式下，顾客会根据房间的各个方面来选择他们想要购买的产品。这里的关键是数据流和单个元素的定义。作为酒店经营者，会将酒店的各个方面加载到系统中，而不是加载预设包（即带大号双人床的房间、带湖景的房间）。作为一名顾客，可以选择一套带有湖景的初级套房，而之前该顾客可能只能选择一套带有湖景的标准双人房。

简言之，以往酒店会提前设定好房型和房价为客人提供固定的选择，而 ABS 模式将彻底打破这一点。酒店可以灵活地分配房间，而不是基于预先确定的房间类型和一组（有限的）库存数量，是基于消费者选择的属性来分配。当消费者创建自己的产品时，酒店不仅限于对特定房间进行硬库存盘点，而且只要这些单一属性可用，就可以分配或重新分配房间，从而创建一个更大的库存桶。顾客创造他们自己的产品，并为他们想要的东西买单。这一概念可以扩展到包括非客房属性，甚至可以扩展到非酒店"拥有和经营"的产品/服务。这种向消费者提供定制产品的能力不仅意味着客人更快乐，还意味着转化率和收入的增加（图 11.1）。例如，在最早的 DOS 系统上，由于电脑只能显示 24 行文字，从而限制了房型数量，一旦酒店的房型数量超过了 24 种，就无法再显示，这让预订变得非常困难，也在很大程度上给客人带来了不好的体验。

一些酒店从业人员认为，ABS 是酒店升级销售附加产品的另一种方式。比如香槟、延迟退房、更快的 Wi-Fi 等，酒店可以在客人预订的时候，针对这些产品进行升级销售。不过，这些是酒店几十年以来一直在做的事情，并不是酒店房型或者价格策略的一部分，因此这并不是 ABS 模式，也不是 ABS 系统。ABS 模式，实则是旅行者先整体了解每一个房型，以及其中包括哪些附加产品之后，再一次性下单购买。

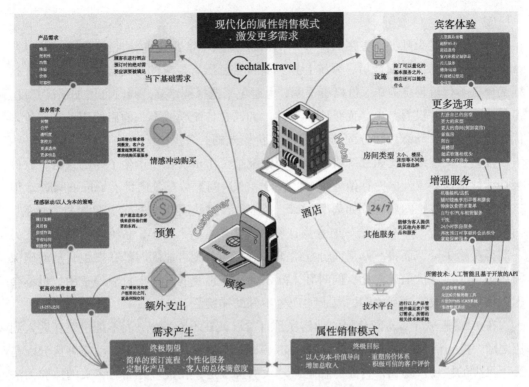

图 11.1 属性销售模式激发更多需求

资料来源：石基信息. 酒店分销的未来将不再以动态定价为核心！[EB/OL]. (2017-07-08). https://mp.weixin.qq.com/s/irZfcx7i-jYRPUwX2cmS6Q.

11.1.3 ABS 模式下的预订流程

在 ABS 模式下，客人不是在已经给出的既定房型中进行选择，而是以房型为基础，自由添加一系列想要的属性，创造出最符合自己要求的产品组合。

在传统预订模式下，某类房型需求量大，价格就会上涨。而在 ABS 模式下，每个属性都有价格，一旦某个属性需求量大、出现短缺，这个属性的价格就会上涨。在这样的情况下，随着属性的添加，一个标准房型的价格很可能会和更高级房型的价格一样高。举例来说，Jane 准备预订"梦想酒店"，酒店的四种房型价格分别是：

（1）标准间：100 美元。
（2）大床房：115 美元。
（3）标准套房：125 美元。
（4）高级套房：145 美元。

Jane 选择了她想要的房型，同时酒店也提供了很多属性标签供她选择，如：

（1）庭院景观（免费）。
（2）泳池景观：5 美元。

（3）海景：15美元。

酒店还可能为她提供更多属性选择，如楼层选择、靠近电梯/泳池/健身房、浴缸等。Jane选择了她想要的属性后，系统会立刻将符合她所有要求的房间自动分配给她。这样的预订不仅流程更简单、价格更透明，也避免了选择纠结症，同时也增加了满意度。但是，到这里并没有结束，而是刚刚开始。如同在传统模式下，酒店使用动态定价来优化收益一样，动态房间分配则是ABS定价模式的必备。

接着上文继续。比如系统将810房间分配给了Jane。由于产生了新的预订，软件会持续评估这些属性的库存消耗情况。假设810房间虽然充分满足了Jane的需求，但这个房间还有些别的属性，如远离电梯、浴缸等，这些属性是Jane并不愿意支付的。而另外一位客人，如Jack恰好愿意为这些属性买单。这个时候，系统就会重新分配另一间客房给Jane，而将810房间分配给Jack。客房分配可能随时都在发生，从而确保酒店每一间客房价值最大化。同时客人既不会为不想要的属性支付额外费用，也不会因入住后房间没有达到他们的要求而产生不好的体验。

在ABS模式下，房间分配的动作在预订阶段就在不断发生，而不是仅仅在客人到店之后。换句话来说，酒店如果采用ABS模式销售客房产品及服务，动态客房分配是必不可少的一环。现在，行业面临越来越大的挑战是，在很多方面对客人的体验无法掌控。客户的期待和需求在不断升级，因此，未来的酒店业需要不断探索和满足快速变化的客户需求，而ABS或许就是其中的一个解决思路。

11.1.4 ABS模式下的酒店收益

根据Saxton顾问公司的数据，ABS模式下酒店的收入能够得到2%~8%的增长。参考这种新模式下航空公司收入提升的情况，根据2019年航空行李托运报告，国内航空公司2018年单行李托运收入就达到了近50亿美元，而2008年这一数字仅有11亿美元，而行李托运仅仅是航空预订中的一个属性而已。对于酒店行业来说，房间带景观可以是一个属性，但床上放玫瑰花、房间配香槟、枕头上放置巧克力并不能作为属性。

预测性打包对于酒店和客人来说是否更好的选择？ABS模式下客人能够自由选择自己喜欢的属性，但是，一些业内人士也担心客人会认为这是一种升级销售行为，并因此感到反感。为了解决这一问题，预测性打包软件应运而生，它可以根据客人所选的房间属性，向客人推荐能够满足其搜索的匹配项，系统还可以告知这些匹配项是否100%达到了客人理想房型的预期。

另外，酒店也提前为每一个属性设定了价格，只是这些价格不在客户端进行显示。因为根据对客人行为的分析，预订时客人所考虑的往往不是单一的某个功能，而是整个房间的价值感。而酒店与航空公司的区别就在于，航空公司卖的是一种商品，而酒店卖的是体验。如果将每个房间根据其功能性和属性区别定价，酒店每天可售卖的价格点就能达到几十个甚至上百个,而更多的价格点,就意味着更多的销售额和更高的转化率。

数据表明,在 ABS 模式下,酒店每个预订带来的平均收入能够提升 12%。同时,客人在订房时也不会过于纠结,因为系统会根据客人的选择和需求推荐最优房型。此外,在这种模式下,酒店在进行促销时也会增强其灵活性。比如,软件在针对同一间房进行销售时,可以显示为"自然景观房",也可以显示为"高级套房"。尽管是同一间房,但第一种叫法可能会吸引度蜜月或者度假的情侣或夫妻,而第二种叫法则可能更加吸引对客房面积要求比较高的客人。

11.1.5　ABS 会是酒店分销的未来吗

尽管 ABS 模式看起来为酒店业提供了另一种营销模式和可能性,但并不是所有酒店都适用,比如经济性酒店。奢华酒店、城市中心酒店等则会在这种模式中看到价值。几乎所有的西方主要酒店连锁集团都已经开始尝试 ABS 模式。在未来,ABS 模式在国内可能会变得越来越流行,除了官网网站,也可能会被其他销售渠道采纳。

酒店业了解 ABS,也有一些先行企业正在采取措施,引导他们的品牌建议基于 ABS 的新方案。该方案将根据客户特定需求和期望定制服务。但对于酒店业整体来说,要全面转变为这种销售方式,需要 4~5 年的时间。这主要是因为,要实现这种模式,后台系统需要进行非常大的改变,目前的购物和销售模式并不完全支持旅行者特定的购物和购买。比如,首先要改变 CRS 和 PMS 目前运行的工作方式。

扩展阅读 11.1　基于属性销售(ABS)的升级销售战略

因为目前的大多数酒店依然通过 PMS 管理库存,将可售卖库存传送给 CRS。但 ABS 模式下,CRS 首先需要对每一个房间的图片进行存储,并动态分配房型给预订者。对于某些大品牌来说,将 CRS 改造为基于属性的销售模式需要很长的开发周期和大量投入。这件事情的更复杂之处在于,不是所有的分销渠道都可以支持这种方式。CRS 需要首先重新定义房型概念和与之匹配的价格策略,再提供给 OTA、批发商来进行分销。

11.2　ABS 模式理论溯源与探究

11.2.1　基于用户需求理论的 ABS 模式

ABS 模式成功的关键在于对用户需求的满足。用户需求分析指在系统或产品设计之前和设计、开发过程中对用户需求所做的调查与分析,是系统设计、系统完善和系统维护的依据。

1. 用户需求分析意义

互联网所具有的开放性，使得每个用户都可以更新互联网这个巨大的信息库，社交媒体、电子商务的发展，为用户提供了更加便捷的途径。与此同时，人们可以通过先进的搜索引擎，及时准确获取有用信息。然而对于企业来说，如何从这个巨大信息库中挖掘到有价值的用户需求信息，则是一个难题和挑战。另外，随着社会的快速发展和生产力的不断增强，人们的生活水平也在逐步提高，社会总需求日益增加，这既有需求规模的扩大，又有需求结构类型的变化和升级，因此用户的需求类型也逐渐变得多样化、个性化。而在新产品开发过程中，新的用户需求带动了新产品的开发，新产品的上市则满足了用户多样化的需求，同时诱导用户产生新的需求，新的需求又带动新一轮的产品开发过程。因此，用户需求是带动新产品开发的根本原因，是企业进行新产品开发的源头、依据和关键。

2. 用户需求来源及特征

用户需求是人们在具有购买力的条件下，由欲望转变的，即用户需求是人们具有购买能力的欲望。用户需求的满足过程即用户通过一定的购买行为来满足自身欲望的过程。与欲望不同的是，用户需求有些可以被感知，有些则难以发现，因此可以将用户需求分为两类：显性需求和隐性需求。其中显性需求是用户为保证基本生存和发展需要或现实有具体满足物的、已经意识到的、能够清楚表达出来的，用以达到基本期望的一种内在要求和行为状态；而隐性需求则是用户为获取高层次的精神满足产生的或客观事物与刺激通过人体感官作用于人脑所引起的潜意识、未明确表述的，并能够实现或超越消费者期望的一种心理要求和行为状态，并且有赖于需求分析人员进行挖掘、分析和推导。因此可以从用户需求的定义和来源，归纳出用户需求的以下五个特征。

（1）动态性。市场的快速变化、科学技术的进步以及产品的推陈出新等外部条件都会使得用户需求处于动态变化中。

（2）复杂性。需求表达方式的差异、需求种类的不同及产品的多样化导致用户需求的复杂多样。

（3）隐藏性。信息的爆炸性增长使得用户需求往往隐藏在一堆杂乱无章的无用信息中，同时隐性需求本身具有隐藏性。

（4）情感性。用户会受到周围人群态度和社会舆论影响，同时在表达过程中受个人主观倾向影响，使得用户需求具有情感性。

（5）模糊性。用户由于自身语言表达的特点，以及缺乏对产品的整体认知和研究，往往不能清楚地表达他们的需求，因此用户需求具有模糊性。

3. 用户需求分析的一般步骤

用户需求是产品开发成功必不可少的因素，而产品是满足用户需求的载体，是产品开发的具体操作对象，因此用户需求分析就是从用户需求转化为产品的一系列过程，是连接用户和产品的桥梁。从过程的角度看，用户需求分析的一般步骤为：首先发现用户需求，根据产品特征及市场定位确定目标用户群体，并通过各种渠道采集用户需求信息，主要包括确定用户需求信息来源、设定用户需求目标集、需求对象特征属性分解、用户需求信息的收集四个阶段。由于用户需求具有复杂性、隐藏性、模糊性等特征，同时这些需求信息中含有无用信息，因此需要对采集到的用户需求信息进行处理，主要是对其进行筛选和分类。然后对这些筛选和分类过的用户需求进行系统化组织，主要通过建立用户需求信息结构树和编写用户需求文档来实现。最后实现用户需求信息向产品功能的转化，包括评价用户需求信息、用户需求与功能特征映射和产品功能特征规划与决策三个阶段。用户需求分析的一般步骤如图 11.2 所示。

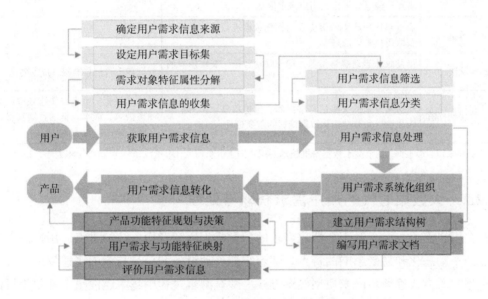

图 11.2　用户需求分析的一般步骤

资料来源：李玉博. 基于文本数据挖掘技术的用户需求分析研究[D]. 哈尔滨：哈尔滨工程大学，2017：10.

4. 用户需求分析常用方法

激烈的市场竞争提高了产品多样化程度，同时也给予了用户更大的选择余地，对产品的要求也变得更加苛刻。用户需求作为新产品开发过程中的重要影响因素，直接关系到产品成功与否，由此进一步凸显用户需求分析的重要性。相关学者和企业用户研究部门的从业人员一直在对用户需求分析方法进行研究和实践改进，以期找到最有效的用户需求分析方法，达到高效获取用户需求并对其进行深入分析的目的，从而实现有针对性地进行产品设计，开发出贴近用户真正需求的产品，适应快速增长的市场需要的目标。目前常用的用户需求分析方法主要包括用户访谈法、专家咨询法、可用性测试、调查问卷法、数据分析法、眼动实验法、文本数据挖掘法等，表11.1对这七种常用用户需求分析方法的步骤和特点进行了分析与总结。

表 11.1 用户需求分析常用方法

分析方法	方法介绍	方法特性
用户访谈法	由访谈员按照访谈提纲或问卷通过与用户个别面访或集体交谈的方式，系统而有计划地收集用户需求信息	问题深入，信息量大，费时费力
专家咨询法	利用专家在专业方面的经验和知识，用征询意见和其他形式向专家请教而获得相应信息	具有典型性、通用性、主观性
可用性测试	有针对性地选取部分优质用户，通过分析产品用后反馈，获得具有代表性的用户需求信息	样本可靠，成本较高，样本较少
调查问卷法	借助一份精心设计的问题表格，获取用户特定问题的观点，经过分析得到用户需求信息	省时省力，简单易行，样本量大
数据分析法	通过对用户产生的历史性结构化数据进行统计分析，获取用户需求信息	结构可靠，成本较低，信息陈旧
眼动实验法	借助眼球运动观察仪器，记录眼动数据，观察用户的心理和生理变化	数据翔实，信息准确，成本高昂
文本数据挖掘法	从纷繁复杂的文本信息中提炼有价值信息，作为半结构化数据和非结构化数据挖掘的重要途径	分析结果真实可靠，快速获取用户动态需求，成本较低的持续获得，实时采集用户需求信息

资料来源：李玉博. 基于文本数据挖掘技术的用户需求分析研究[D]. 哈尔滨：哈尔滨工程大学，2017：11.

11.2.2 大数据时代的用户需求获取与处理

在用户需求方面，对于个性化需求的探索成为研究者们关注的重点。用户需求具有复杂、动态化和易受影响的特点。随着智能移动设备和信息技术的飞速发展，过去求量型旅游方式逐渐转向求质型旅游方式。顾客游玩过程中越来越注重个性化旅行体验，诸如体现用户需求的旅游路线推荐等个性化需求满足技术成为研究热点，也是酒店企业旅企在大数据时代核心竞争力的关键构成。

1. 需求分析过程

随着互联网时代和经济全球化的到来，用户需求变化迅速，产品创新设计已成为企业提高市场竞争力的最有效手段。其中需求分析是产品创新设计的前提和基础，其实施的时效性和准确性对产品创新设计意义重大。需求分析过程包含两个重要方面：用户需求获取和需求权重计算。

（1）传统用户需求获取方式由于获取手段的落后，具有主观导向性强、缺乏个体性、成本较高等弊端，已越来越难以满足现代产品设计的需求。近年来，伴随信息技术的发展，基于数据仓库的用户需求获取方法得到了广泛应用。数据仓库是基于数学及统计学的严谨逻辑思维，并以"科学判断有效行为"为目标的技术系统。这种方法相对于传统方式有了显著的改进，但也存在以下问题：①数据仓库需要提前对原始数据进行严格的处理、筛选；②工作人员需要随时守候在工作岗位上，工作烦琐，时效性差；③数据仓库分析需要昂贵的硬件，经济性差。

（2）在用户需求权重确定方面，目前常用的方法主要包括主观赋权法与客观赋权法。主观赋权法的缺点在于耗时较多且具有一定的盲目性，而客观赋权法是在充分利用原始数据基础上计算权重，具有较好的客观性。粗糙集理论作为客观赋权法的一种，其通过已知信息库的上下近似集合来描述，不需要提供先验信息，更具客观性。

基于用户需求分析在产品创新设计过程中的重要作用，以及目前在用户需求获取和权重确定方面存在的主观性强和难以客观计算等问题，将大数据分析技术与粗糙集理论相结合，通过大数据处理使用户需求获取更加高效和准确，通过粗糙集理论使权重计算更具客观性，形成一种基于大数据分析和粗糙集理论的产品需求分析方法（图11.3）。

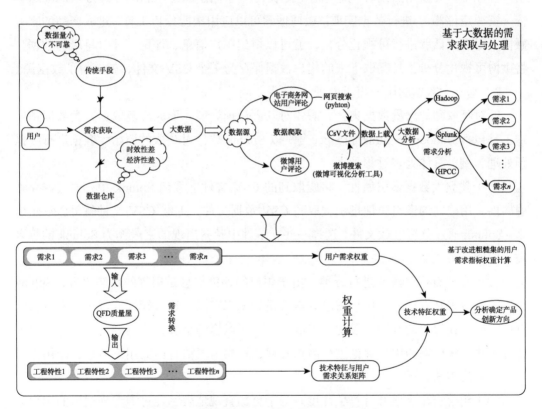

图 11.3 基于大数据分析和粗糙集理论的产品需求分析方法
资料来源：司光耀，王凯，李文强，等. 基于大数据和粗糙集的产品需求分析方法研究[J]. 工程设计学报，2016，23(6)：522.

2. 用户需求获取与处理

该方法包含两个主要阶段：一是基于大数据的用户需求获取，根据数据源的不同，采用相应的工具和手段爬取用户需求数据，并保存为 CSV 文件；二是基于大数据的用户需求处理，将爬取到的用户需求数据上载到大数据软件中，经过字段筛选和需求整理，最后形成规范的用户需求。

1）基于大数据的用户需求获取

获取无干扰条件下的用户需求，是保证需求分析准确性的前提。目前，越来越多的产品用户会通过网络表达自己对产品的看法，其中绝大多数产品评论是自发的、无目的性的需求表达，所以可以认为网络上的用户评论是产品用户在无干扰条件下作出的可靠数据。想要爬取网络上的用户评论数据，可以采用各种搜索引擎，如微博搜索、网页搜索、博客空间等。为了保证数据源的多样性，本书同时采用网页搜索爬取商务网站数据和微博搜索爬取社交网站数据。网页搜索可以通过工具编辑爬虫程序爬取网页数据，如 Python（一种面向对象、解释型计算机程序设计语言）脚本解释器。通过引入程序中需要使用的模块，找到需要爬取数据网址的 URL（uniform resource locator，统一资源定位器），进行数据爬取。微博搜索可以应用微博分析工具，进入产品的官方微博，对有关话题进行可视化分析，就可以得到用户信息、评论、评价星级等数据。将微博可视化分析工具爬取下来的用户数据保存为一个 CSV 文件，就获得了数据源。

2）基于大数据的用户需求处理

针对爬取到的大量数据集合，需要对其进行预处理并形成规范数据，大数据预处理工具包括 Hadoop、Splunk 和 Hpcc 等，以 Splunk 软件对获取的原始大数据进行数据预处理为例，具体处理过程如下：

（1）建立大数据索引属性。将爬取到的 CSV 文件上载到 Splunk 中，通过建立索引属性，用建立的索引属性指示爬取到 CSV 数据文件，上载 CSV 文件就可以显示出来。Splunk 通过分析上载文件，选择一些在事件中频繁出现的字段作为 Splunk 的感兴趣字段。

（2）提取有用字段并进行分类。由于用户的评价信息是模糊的自然语言，Splunk 给出的字段未必有用，对用户需求分析来说为无用字段，经过筛选或自主定义，获取有用字段。在保留的有用字段中，提取具有相同意思的字段，将其划分为一类。根据这种方法，将模糊的用户评论进行需求陈述，转换为简洁直白的用户需求，即用户对产品功能的需求陈述。

（3）组合有用字段并计算关注度。为了更加直观地表示经过需求陈述后的用户需求所包含评论的条数，可以将字段进行组合。通过分析这些组合后的字段所包含评价的条数（或其所占总条数的百分比）以及用户评论中所体现的满意程度，可以判定用户对产品的哪些方面比较关注和感兴趣，以及该产品在这些方面的性能表现。基于处理过的用户需求，要将其转化为设计问题并安排优先次序，确定各用户需求的指标权重是重要环节。

3. 基于粗糙集与QFD质量屋的技术特征权重计算

粗糙集理论是一种数据分析处理理论，由于其充分利用了原始数据，其处理结果具有较好的客观性。根据粗糙集理论的特性，对用户需求进行赋权计算，并通过QFD质量屋将用户需求转换为确定的设计问题，获得最佳的产品创新方向，如图11.4所示。

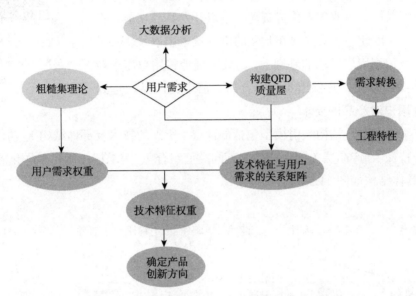

图11.4 基于粗糙集的用户需求指标权重计算过程
资料来源：司光耀，王凯，李文强，等. 基于大数据和粗糙集的产品需求分析方法研究[J]. 工程设计学报，2016，23（6）：524.

该过程主要分为三个步骤：一是根据粗糙集理论和大数据分析后的用户数据，列出用户满意度决策表，计算出用户需求权重；二是通过QFD质量屋进行需求和技术特征之间的转换，列出技术特征与需求之间的关系矩阵；三是将关系矩阵与需求权重相结合，计算出技术特征权重，进而明确产品创新方向。

11.2.3 用户需求向产品功能特征结构的映射

用户需求向产品功能特征结构的映射，是将用户需求转化为产品设计开发人员更容易理解的产品特性的过程，对提高产品开发质量和效率有着非常重要的作用。

（1）将用户需求映射到产品功能特征，能够降低用户与产品设计开发人员的语言差距，解决用户和研究人员双方理解偏差的问题，并且有利于将用户需求信息有效传递到产品设计开发人员那里，从而提高产品开发效率，准确有效地满足用户需求以及增强企业对市场需求的反应能力。

（2）在用户需求向产品功能结构映射的过程中，通过用户需求的深入分析，可以更深一步地把握用户需求实质，并对其进行分类汇总，从而使产品开发目标和范围更加明确，减少资源的浪费。

（3）产品投放市场后能否成功，取决于产品的某一功能特征或某些特征或特征组合是否具有强大的吸引力，而用户需求的映射过程，则能够有效发现用户较为重视的产品功能特征，从而可以帮助企业集中优势资源，重点开发某项功能，打造产品卖点。因此，产品要想在激烈的市场竞争中取胜，必须在获取以及识别用户需求的基础上，高效准确地将用户需求转换为产品功能特征，开发出更加符合用户需求的产品，达到甚至超过用户对产品的要求。

扩展阅读11.2　15种产品属性示例和类型列表

需求-产品-功能-结构映射模型包括部件层（所需的技术及部件结构）、功能层（产品的功能特征）、产品层（同一产品的不同类型组合）、需求层（用户多样化的需求信息），其具体结构如图11.5所示。

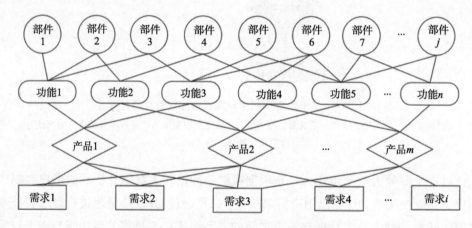

图11.5　需求-产品-功能-结构映射模型

资料来源：李玉博. 基于文本数据挖掘技术的用户需求分析研究[D]. 哈尔滨：哈尔滨工程大学，2017.

11.3　ABS模式成功实践与酒店业应用

随着"智能零售化"概念的崛起，通过分析工具了解潜在客人的预订行为和模式，从而进行预测性分析和推荐，酒店能够为客人提供的将不仅仅是房间预订，而是一份独特的体验。ABS模式在其他行业已经非常成熟了，并在将来可能深刻影响酒店业的销售模式。商品零售化程度越来越高，消费者越来越追求个性化旅行体验，而限制客人的选择只会降低满意度，限制收入增长空间。

11.3.1 酒店业定价模式的演变

到目前为止，酒店业主要集中在优化基本价格和可用性上，常用的一些策略包括以下几点。

（1）FPLOS（full pattern length of stay）——全模式入住，显示某个房价在抵店日期和入住期间是否开放（可用）的模式。

（2）最短入住时间房价（daily rates with length of stay restrictions）——有停留时间限制的客房。

（3）入住和退房限制（check-in and check-out restrictions）。

（4）按停留时间划分的最佳可用价格（best available rate by length of stay）。

（5）障碍点（hurdle points）——在需求不受限制的时期，根据价格限制预订。

（6）不允许到达（closed to arrival）——根据入住开始日期限制预订。

（7）基于入住率的定价（occupancy based pricing）——基于入住人数的定价。

事实证明，这些定价模型在最大限度地提高分销渠道的定价和可用性方面是有效的，然而，它们都没有打破房间类型和价格方案的行业规范。

11.3.2 包价销售与属性销售

通常酒店通过包价套餐，将非客房属性分组为主题，以帮助提高其对特定消费群体的吸引力，如蜜月/浪漫套餐或公司套餐。这些套餐不具备与属性模型相同的灵活性。关键是在个性化方面，目前的套餐服务是基于对客户的感知和需求设置，而不是授权客户选择与个人相关的产品。此外，这些套餐通常与固定成本的房价挂钩，以涵盖额外服务，或独立于其他公共定价。这限制了价格敏感顾客对真实需求属性的满足，从而限制了潜在受众和酒店营收。

航空业在属性模型（NDC，new distribution capability，新分销能力）的实施方面处于领先地位，而邮轮公司正朝着这个方向发展，提供饮料、食品升级和客房服务的附加套餐。这些公司正努力引导培养消费者为非核心产品和服务付费，同时为消费者提供选择和灵活性。考虑到航空公司、邮轮公司和酒店之间的密切关系，酒店业也可以考虑采用端到端的属性模式。

11.3.3 基于 ABS 模式的酒店产品设计

根据 ABS 模式思路，酒店企业平台上的产品形态将会非常丰富，可售卖的 SKU 也会越来越多，包括居住空间、工作空间、服务、预订政策、体验、各类商品等。这种新的模式带给酒店的是更高的宾客满意度和留存率，同时突破收入上限，打造区别竞争对手的差异化优势。

在电子商务里，一般会提到这样几个词：商品、单品、SPU（standard product unit）、SKU。SPU 是标准化产品单元，区分品种；SKU 是库存量单位，区分单品；商品特指与商家有关的商品，可对应多个 SKU。

SPU 即标准化产品单元，SPU 是商品信息聚合的最小单位，是一组可复用、易检索的标准化信息的集合，该集合描述了一个产品的特性。通俗讲，属性值、特性相同的商品就可以称为一个 SPU。买家购买、商家进货、供应商备货、工厂生产都是依据 SKU 进行的。例如纺织品中一个 SKU 通常表示规格、颜色、款式。SKU 是物理上不可分割的最小存货单元，也就是说一款商品，可以根据 SKU 来确定具体的货物存量。在使用时根据不同业态、不同管理模式来处理。

如 iPhone 7 Plus 手机就是一个独立的 SPU，爱普生 6721 墨水也是一个 SPU。iPhone 7 Plus 各种颜色、各种配置，爱普生 6721 墨水的多种颜色，就是 SKU。统计销售数据，企业通常用到的是 SPU，如想知道销售了多少台 iPhone 7 Plus 手机，就通过 SPU 来查看。但分析客户和市场，通常用 SKU 更多，如想知道 iPhone 7 Plus 手机哪个颜色和配置更受欢迎，就通过 SKU 来看。

换言之，SPU 和 SKU 分别对应规格参数与销售属性。二者的关系如下：

（1）SKU（或称商品 SKU）指的是商品子实体。

（2）商品 SPU 和商品 SKU 是包含关系，一个商品 SPU 包含若干个商品 SKU 子实体，商品 SKU 从属于商品 SPU。

（3）SKU 不是编码，每个 SKU 包含一个唯一编码，即 SKU Code，用于管理。

（4）商品本身也有一个编码，即 Product Code，但不作为直接库存管理使用。

ABS 模式即便在很多行业获得了广泛应用，但在酒店业的应用与原有模式的转变并不容易。目前模式运行依然良好，要升级为 ABS 模式，意味着酒店企业要彻底改变自身的思考模式和运营方式，且整个行业所需的分销技术环境也需要发生极大变化。疫情在一定程度上已经推动酒店业向 ABS 模式转型。同时，越来越多的酒店也在思考如何创造新的收入增长点和提升非客房收入，这或许也可以助推酒店行业在零售化方面的思考以及进一步实践。

11.3.4 航空业的成功实践

1. 航空业产品的属性模式——新分销能力

NDC 的历史可以追溯到很多年前。航空业长期以来一直难以从投资中获得合理回报。20 世纪中期，航空业开始改变核心业务模式。"商品销售"成为当时普遍术语，航空公司开始对长期以来被纳入座位价格的项目——座位选择、行李费、食品和饮料等收费，即对这些服务单独收费。有些顾客会选择打包到产品和服务中，有些顾客则不选择这些项目，从而不需要为这些项目支付费用。为了应对这些变化并促使商业模式和技术框架现代化，航空业采取了一系列行动推动这一变化。

此时，出现了新的解决方案技术服务商，他们也正在推广新的连接形式，尤其是转向基于 XML（可扩展标记语言）的交易，这将有机会促进这些结构性变化的实现。同时航空业全球管理机构 IATA（国际航空运输协会）制定了计划，推动航空公司采用 NDC 模式。这需要航空公司对业务核心进行大规模变革，对技术以及服务的购买、销售和运营方式进行彻底变革。早期的实践是允许航空公司对除通过飞机舱门之外的几乎任何项目进行递增收费，如座位费、托运行李费、登机手续费、优先登机费、与呼叫中心代理或售票处人员通话的费用等。餐饮基本消失了，这也创造了对餐饮收费的机会。有人开玩笑说，送饮料，但使用飞机上卫生间要收费。基于属性的销售模式，帮助航空业取得了巨大成功，据测算，基于属性的非核心"商品"和航空公司的核心商品收入比达 1∶1。当然这一过程的实现也是面临了诸多挑战，如商业问题、技术限制、监管要求、航空公司及其客户与合作伙伴（旅行社和 GDS 公司）之间的信任等。

尽管进展缓慢，但仍然取得成果。早期一些成果和情况包括以下几方面。

（1）品牌票价（branded fares）。新西兰航空（Air New Zealand）、澳大利亚航空（Qantas）和加拿大航空（Air Canada）推出了品牌票价——一系列产品和服务组合，针对不同的服务组合提供不同的价格。这些新产品使得航空公司能够有效应对低成本航空公司（如瑞安航空、易捷航空、老虎航空、亚洲航空、Spirit 和 Frontier）的竞争。随着附加服务的增加，每个票价包的价格也逐渐上涨。虽然保底收益难以量化和验证，但这一趋势已被广泛采用。

（2）辅助服务。对于传统航空公司，如美国的达美航空、联合航空，英国航空，法国航空，欧洲的汉莎航空等收取的优先选座费和行李费，以及亚太地区的航空公司辅助服务收费获得了成功。但对于低成本航空公司而言，对任何产品或服务收取额外费用的模式却让顾客感到惊讶和不满。

（3）混合模式。既有品牌票价又有辅助服务，航空公司采用这种模式通常会利用这两种策略的要素，有时会提供票价捆绑，能够单独购买一些有限的辅助服务。

2. 收益影响

航空公司收入管理复杂程度不断发展，以往仅限于将 RM 应用于基本票价。近些年 NDC 的实践表明，行业盈利能力几乎完全由新实施的收费服务驱动。越来越多的航空公司将 RM 策略应用于基本票价和辅助服务，未来的收入管理将更加全面与深入，基于属性的模式与收入管理将进一步融合发展。与此同时，航空公司也注意与 GDS 等第三方渠道深入合作，如 Sabre 与联合航空公司（United Airlines）和西捷航空（WestJet）合作，在 GDS 渠道支持它们的付费座位选择产品，允许旅行社和企业预订工具向其客户提供更高利润率的产品，包括休闲和企业渠道。此外，美国航空公司与所有 3 家 GDS

公司合作，以便在 GDS 渠道销售他们的"首选"座位。

11.3.5 酒店业的应用

ABS 模式在航空业中的应用及取得的成效，为酒店企业应用该模式提供了借鉴。但首先，重要的是要注意推动变革的因素。毕竟，与航空业不同，酒店业并没有把基于属性的定价模式作为保持盈利的重要考量；相反，变革的呼声是由不断变化的消费者预期推动的。基于现有研究，ABS 模式不仅有机会创造并增加收入，而且能让消费者满意。

随着客房产品供应的增长和购买机会的增加，消费者比以往任何时候都更看重他们购买产品的价值。这为酒店业将基于属性的定价与销售模式纳入实践奠定了坚实基础。

当然基于属性的定价与销售模式到底能为酒店业带来何种增长，这是一项具有挑战性的研究。为此，有学者通过 NDC 模式为航空业带来的收入增长做了一个估算值，并将该增长率应用于酒店业。酒店业与航空业并不一样，涉及的面会更广泛，因此简单地应用航空公司的增长率并非完全准确。更好的方法应该是分析酒店内可采用基于属性定价的产品或类目，然后将增长率应用于这些方面，而不仅仅是酒店的整体产出。

根据 Monetate 公司研究报告发现，能够吸引顾客注意力的推荐订单，平均价格增加了近 33%。普华永道（PWC）的研究也显示，86% 的顾客愿意为良好客户体验支付更多费用。换句话说，价格越高，体验越好，顾客越愿意购买。谷歌、贝恩（Bain）、戴纳塔（Dynata）的研究也有类似结果。调查显示，在线未满足的需求使旅行者减少一半的预订量；相反，当顾客需求得到满足时，消费会增加 35%。

基于属性的销售模式是对顾客个性化需求的积极响应。顾客需要选择权、相关性和便利性，这些要素的平衡至关重要。对于酒店经营者来说，需要借助新的销售技术在直接渠道和间接渠道创造始终如一的宾客体验，这也为以更低成本开发新的酒店产品及销售提供了机会。顾客消费文化日益专注于个性化购买体验，个性化的好处在许多行业都已明确显现。研究表明，营销个性化的好处可以促使销售额增加 10%~20%，同时采购成本降低 50%。

1）管理变革与实现 ABS 模式

基于属性的销售模式的实现，需要企业统筹考虑、全面计划。酒店业销售渠道网络众多，需要从多方面审视 ABS 模式实现的软硬件要求。酒店企业管理人员需要评估基于 ABS 模式的酒店房务产品设计，主要包括以下方面。

（1）属性划分：针对顾客线上搜索，将酒店设备设施深度整合进搜索属性至关重要。房间类型是目前的销售单位，如单人房、豪华双床房等。但随着 ABS 的实施，营销需要更具精准性，所提供的选项与内容也需要精准匹配顾客需求，这就需要将酒店产品的每个可售卖属性进行清晰整理。随着销售项目和服务内容的增加，必须增加新的属性。这需要酒店企业投入资源，目前许多国际酒店集团正在深入探索与尝试中。

（2）价格匹配：引入属性和基于属性的销售模式与现行销售模式的价格设置不同。如果所有渠道不能统一属性和每个属性的价格，对于顾客来讲实现一致性体验是不可能的。正如业内人士所提到的，如果属性模式不被在线旅行社等间接渠道采用或接纳，价格和属性将始终不会匹配。从本质上讲，只有当客人在所有渠道看到一致的价格，然后在预订流程中或在入住前支付与属性相匹配的一致价格，ABS 模式才能被顾客接受。在目前的情况下，这可能无法解决，但对 ABS 模式的广泛采用至关重要。ABS 模式的实施需要在所有分销平台之间实现无缝连接，该模式更强调对于不同渠道基于属性的每次交易，使得酒店企业能够更清晰地理解顾客需求与自身产品优缺点。

（3）竞争策略：随着酒店企业重新定义如何销售客房与产品，企业还必须重新定义如何构建恰当的竞争策略。例如，实施 ABS 模式后，收益经理、销售经理对房价响应将更加敏捷，同时也增加了同类产品比较的难度，从而需要制定更加精准的竞争策略。

（4）价格洞察：为了全面了解本酒店产品价格与其他酒店的价格对比情况，管理者需要牢牢把握市场价格趋势及竞争动态。动态定价也对客房价格洞察提出了挑战，因为定价不仅根据市场和客房需求量波动，还需根据属性需求波动。测量已售产品的价格弹性，并应用于以后价格策略制定，至关重要。

（5）忠诚度：收入的增加是旅游业实施 ABS 模式的重要原因，与此同时顾客期望的满足，即影响顾客忠诚度的因素也会发生一些改变。正如 OTA Insights 的研究显示，ABS 模式会带来更多忠诚顾客，有利于吸引顾客加入顾客忠诚计划。Google 和 PhoCusWright 的联合研究也显示，如果旅企根据顾客个人喜好或过去行为定制其旅行产品及体验，76%的美国游客可能或极有可能加入该品牌的忠诚度计划。

（6）个性化定价：通过个性化定价，品牌酒店可以更好地建立忠诚顾客群体。这些忠诚顾客面向同类型、同品质、同等级的所有品牌酒店。因为通过属性定价，顾客可以更好地了解产品的每个属性及其标准，而不仅仅是某一种类型客房的整体概念。调查发现，顾客对评论的信任度比对品牌的信任度高出 24%，属性定价可能会挑战目前的评分体系，顾客可以根据每个属性进行评分，进而酒店企业需要将每个属性的特点传递给顾客。

（7）用户体验：ABS 模式下，顾客会更加关注属性的数量和可选择范围。必须将易用性与可选择性、个性化对比考虑。酒店企业应注意不要尽其所能地出售所有选项，即列出所有属性，而应该考虑什么最适合自己的品牌或酒店。易用性必须放在第一位，并与选项数量和个性化类型进行平衡、综合考虑。

（8）运营管理：需要注意的是，ABS 模式在运营管理方面存在的挑战。目前酒店为到店客人分配房间时，面临着某类房型可能超额预订的风险，ABS 模式可能进一步加剧这一风险。即酒店客房分配现在的做法里，基于顾客需求和客房可用性；在 ABS

模式下，酒店可能会根据顾客是否购买某些属性进行客房分配。

（9）连通性：连通性指的是酒店企业和各分销平台建立基于属性模式的客房销售无缝连接，需要建立共享的连通性标准。酒店企业等供应商需要确定共享哪些数据点。关于无缝连接后，价格的确定，是由酒店企业根据顾客需求作出，还是渠道销售商可以确定单个属性定价和可用性，这都需要确定新的商业逻辑。

（10）政策影响：ABS 模式是对顾客个性化需求的响应，但个性化的实施可能涉及顾客隐私行为等数据。目前国际上来看，诸如 GDPR《欧盟通用数据保护条例》和 CCPA《加州消费者隐私法案》等的政策要求可能会影响定制和个性化服务的实施与管理，比如企业需要捕捉顾客预订过程中对属性的搜索、预订或放弃等操作，企业需要在数据应用方面确保合法合规。

2）案例：Amadeus 与洲际酒店集团探索基于属性的酒店客房销售

如前所述，酒店业近几年正在尝试向基于属性的销售模式转变。目前 Amadeus 正在实施这一策略，主要面向洲际酒店集团（IHG）的新客户预订。

Amadeus 产品管理部门高级副总裁 Iain Saxton 指出，洲际酒店集团一直在为其使用单个属性（床位类型）的酒店测试这个系统，而且证明这个系统"很好且有助于提高转换率"。

在基于属性的模式中，客房类型的概念在逐渐消失，取而代之的是消费者从属性列表中进行选择，如高层豪华海景大床，从而选出一个能满足他们需要的客房。每个属性都会在基本房价的基础上加价。从根本上讲，酒店业主仍然希望从酒店经营上获得收入，其他行业的变化也促使酒店企业认真思考新技术如何深度整合进顾客体验，使酒店的产品与服务真正个性化，让顾客有权选择产品是个性化的一个重要领域。比如耐克努力尝试做到提供独一无二的运动鞋，酒店企业也正朝这个方向努力。

消费者对个性化的渴望和科技的进步，让基于属性的销售模式为酒店企业实现个性化预订与体验成为可能。尽管以往分销系统和计算机技术要求酒店以客房类型的方式出售，但现在情况正在发生转变，计算机技术可以理解不同属性组合关系。所以对于酒店的每个客房来说，如果酒店和顾客都愿意，就可以实现一个独特的可销售客房属性组合。

基于属性的销售可能会改变酒店与 OTA 的博弈关系。以往 OTA 具有优势，但随着 ABS 模式的实现，如果 OTA 不提供可以像从酒店官网上得到的灵活性，一些客人可能会转向直接预订。但更多的可能是当 ABS 成为趋势后，OTA 就会急速跟进，没有一方想失去竞争优势。

扩展阅读 11.3　酒店预订系统采用基于属性的销售模式

Amadeus 表示一直在与 IHG 构建该产品，新的预订系统中已经有 1 000 家酒店。随着 IHG 管理酒店和附加属性越来越多，Saxton 表示 Amadeus 将找出最佳配置：提供与住客相关的选择，但不是让预订程序变得越来越复杂。ABS 模式能够在行业内引起共鸣并且改变整个行业，但实现这一目标需要时间。

11.3.6　ABS 模式面临的挑战

综上所述，实现基于属性定价与销售模式的最大挑战是，预订路径中的所有系统都必须依赖顶层整体架构设计并与之保持一致性。换言之，酒店业实施 ABS 模式需要与渠道分销商和各种行业组织之间达成一致。可能有许多系统无法或不愿进行初始投资促成集成，如果预订路径中有任何一个系统未实现属性模式，则很难实施。为了真正实现属性模型，需要一种支持属性销售和传统销售方法融合的路径。这一过程需要时间，并因酒店、分销渠道和地区而异。短期内存在"向后兼容"的机会，但要向前推进，酒店等供应商和分销商需要努力推进、协同行动。

其他一些挑战包括以下几方面。

（1）合同与佣金：ABS 模式会打破目前的佣金或保证金协议约定。现行的合同没有考虑对属性进行单独说明，如果考虑了属性因素，合同可能会变得更加复杂，会以属性级别为约定单位。

（2）技术支持：当前的数据模型是面向房间类型的。为了实施 ABS 模式，需要将其分解为基本房间和属性，属性将有自己的分配和价格。这种新的数据模型需要整合参与价值链的所有系统。确保正确的信息及处理信息所需的速度至关重要，错误数据模型将直接影响分配库存和价格的能力。

（3）所有接触点（PMS、销售平台、酒店库存、OTA、搜索引擎）都需要进行技术调整，其中最重要的是采用一套标准化连接信息和属性。标准化的主要好处是，通过属性降低复杂性，这是确保酒店产品正确分配的必要步骤。例如，OpenTravel Alliance 提供的 XML 格式的属性标识具有一定行业认可度。OpenTravel 提供以下预订类别，可作为代码标准化的初始建议：床类型（Bed）、房间视图类型（RVT）、主要烹饪代码（CUI）、宠物政策代码（PET）、房间舒适性代码（RMA）、房间位置类型（RLT）。在代码分析中，需要区分两种类型的属性：基于房间的属性（room-based attributes），如景观、无烟、靠近电梯、高层、小厨房等；住宿期间活动相关属性（stay-based attributes），如游泳池、车库、健身房、建筑风格等。这种分类有助于简化 PMS、CRS 的属性配置，它明确区分了酒店的公共属性（由所有客人共享，相对而言属于静态定价）和基于房间的属性（注重收益管理，动态定价）。

（4）除了属性代码设置以外，还需要考虑信息传递的影响。保持信息大小合理且性能良好具有挑战性，因为 ABS 模式下酒店企业不再处理一组已知的房间类型，而是处理指数数量的属性组合。下面看一个例子（图 11.6），ABS 模式下，ARI（average rate index，平均房价指数）复杂性是如何增加的？一家拥有 150 间双人房的酒店，可以看到当前模式下（灰色）需要推送 4 种不同房间类型的 ARI 消息。但添加一些属性后，所需的消息会增加到 11 条，因为每个选项的价格不同，房间数量有限。

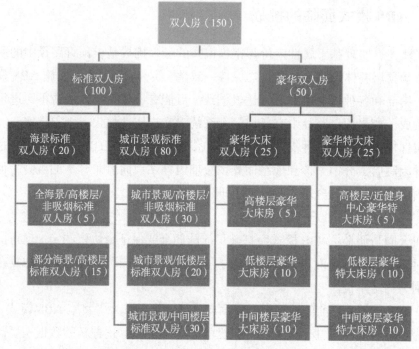

图 11.6　ABS 模式下 ARI 复杂性的增加

资料来源：HARASYMIW L, et al. The Attribute Model[R/OL]. (2020-04-01) [2022-03-06]. https://cdn.ymaws.com/members.hedna.org/resource/resmgr/publications/attribute-model-whitepaper-2.pdf#:~:text=Attribute%20Model%20%28AM%29%20Approach%20by%20which%20pricing%20configurations,consumer%20to%20search%20by%20selecting%20desired%20features%20%28attributes%29.

（5）向后兼容性：实施同步、向后兼容解决方案可能更符合每个系统提供商的最佳利益，有助于确保"传统"房间类型继续得到应用，并可转换为"属性"。我们不能假设所有独立的酒店、连锁店甚至其品牌在采用 AM 时有不同的路线图。在比较使用 ABS 模式的客房产品和不使用 ABS 模式的客房产品时，需要定义一个后备类别或通用属性。这个通用属性或后备类别的作用是，属性和房间类型之间可以相互转换。

（6）操作层面：如果渠道商仅在顾客到达前处理属性需求，那么酒店企业就应确保能满足这一属性请求。换句话说，如果属性要被定价，酒店必须有库存。需要考虑的有以下两点。

①避免过度销售"物理属性"。

②不同佣金模式下佣金支付的复杂性增加。

（7）监管与税收：伴随 ABS 模式的实施，税收政策也会有所变化。从国际范围来看，以适用于客房销售的非客房产品为例，如早餐或喷气式滑雪板。税务部门可能会对预订实施不同的征税模式,如酒店客房税与食品或娱乐税。

(8) PMS 整合:即使分销系统、CRS 和第三方渠道能够通过整合支持基于属性的销售,在最后一点上,这些属性与概念需要重新整合入 PMS 中。随着 PMS 市场的分散,酒店企业也需要意识到 PMS 整合的挑战性。

现代酒店企业应充分搭乘数字化转型快车,将酒店独有的人性化、时尚化与现代科技紧密融合,在顾客体验方面持续创新并保持竞争优势。基于属性的定价与销售模式的实现,需要时间。通过 ABS 模式,酒店企业能够为实现个性化顾客体验创造新的机会。随着基于属性定价与销售模式在酒店业的采用和实施,收入增长潜力巨大。多方可积极推动行业建立供多家酒店、酒店服务提供商、渠道商等统一认可的基于属性模式的行业标准。酒店业一直处于变化中,ABS 模式将改变酒店企业分配和销售客房的方式和定价,满足顾客个性化需求。

即测即练

第12章

酒店企业房务产品数字化营销策略

> **本章学习目标：**
> 1. 理解营销理论发展及各阶段侧重点。
> 2. 理解数字营销内涵与本质，及通过哪些方面改变了传统营销。
> 3. 理解互联网时代酒旅顾客行为的复杂性及体现方面。
> 4. 理解酒店企业数字化营销要素构成、内涵与应用。

旅游业体现了人们对美好生活的向往，也是市场经济发展的重要助推力。旅游业的数字技术应用，更多的是为了优化旅游体验服务，提升运营效率，无论是酒店、景区还是交通服务，因为数字技术的参与而焕发生机。伴随着酒店市场格局的重组、客群细分的加剧、营销生态的变革以及酒店产品的趋势变化等，传统的市场营销策略已经很难满足当下快速变化的市场需求，根据自身经营状态、制定切实可行的市场营销计划对于酒店新一年的收益增长而言变得至关重要。

12.1 数字化营销概述

12.1.1 营销的进化

1. 营销发展历程

"现代营销学之父"菲利普·科特勒博士将市场的演进分为以下几个阶段：第二次世界大战后时期（20世纪五六十年代），高速增长时期（20世纪六七十年代），市场动荡时期（20世纪七八十年代），一对一时期（20世纪90年代—21世纪），以及价值观与大数据时期（2010年至今）（图12.1）。对应不同阶段，科特勒提出了重要营销理念，如市场细分、目标市场选择、定位、营销组合4Ps、服务营销、营销ROI（投资回报率）、客户关系管理及社会化营销、大数据营销、营销3.0等。

从营销思想进化的路径来看，首先，营销所扮演的战略功能越来越明显，逐渐发展成为企业发展战略中最重要和核心的一环，即市场竞争战略，帮助建立持续的客户基础，建立差异化的竞争优势，并实现盈利。其次，50年来营销发展的过程也是客户价值逐渐前移的过程，客户从过往被作为价值捕捉、实现销售收入与利润的对象，逐渐变成最重要的资产，和企业共创价值、形成交互型的品牌，并进一步将资产数据化，企业与客户之间变成一个共生的整体。最后，营销与科技、数据连接越来越紧密，企业中营销技术官、数字营销官这些岗位的设置，使得相对应的人才炙手可热，这些高管既要懂营销，还必须懂得如何处理数据、应用数据、洞察数据，并了解如何应用新兴科技将传统营销升级。

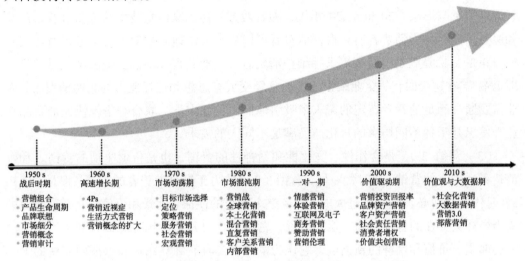

图 12.1　营销发展历程

资料来源：王赛. 营销的进化卷轴——从营销 1.0 到营销 4.0[J]. 新营销，2018(2): 71.

2. 战略营销导向的转变

营销理论把市场营销的导向分为生产阶段、产品阶段、推销阶段、销售阶段、营销阶段和社会营销阶段。科特勒将营销分为 1.0、2.0、3.0、4.0（图 12.2）。

图 12.2　科特勒的营销四阶段

资料来源：王赛. 营销的进化卷轴——从营销 1.0 到营销 4.0[J]. 新营销，2018(2): 72.

（1）营销 1.0，是工业化时代以产品为中心的营销，始于工业革命时期的生产技术开发。当时的营销就是把工厂生产的产品全部卖给有支付能力的人。这些产品通常都比较初级，其生产目的就是满足大众市场需求。在这种情况下，企业尽可能地扩大规模、推出标准化产品，不断降低成本以形成低价格来吸引顾客，最典型的例子莫过于当年只有一种颜色的福特 T 型车——"无论你需要什么颜色的汽车，福特只有黑色的"。

（2）营销 2.0，是以消费者为导向的营销，其核心技术是信息科技，企业向消费者诉求情感与形象。20 世纪 70 年代，随着西方发达国家信息技术的逐步普及，产品和服务信息更易为消费者所获得，消费者可以更加方便地对相似的产品进行对比。营销 2.0 的目标是满足消费者需求并维护消费者，企业获得成功的黄金法则就是"客户即上帝"。在这个时代，企业眼中的市场已经变成有思想和选择能力的聪明消费者，企业需要通过满足消费者特定的需求来吸引他们。正如宝洁、联合利华等快速消费品企业开发出几千种不同档次的日化产品满足不同人的需求。

（3）营销 3.0，是合作性、文化性和精神性的营销，也是价值驱动的营销。和以消费者为中心的营销 2.0 时代一样，营销 3.0 也致力于满足消费者的需求。但是，营销 3.0 时代的企业必须具备更远大的、服务整个世界的使命、远景和价值观，必须努力解决当今社会存在的各种问题。换句话说，营销 3.0 已经把营销理念提升到了一个关注人类期望、价值和精神的新高度，它认为消费者是具有独立意识和感情的完整的人，他们的任何需求和希望都不能忽视。营销 3.0 把情感营销和人类精神营销很好地结合到了一起。在全球化经济震荡发生时，营销 3.0 和消费者的生活更加密切相关，这是因为社会、经济和环境变化及其对消费者的影响正在加剧。营销 3.0 时代的企业努力为应对这些问题的人寻求答案并带来希望，因此它们也就更容易和消费者形成内心共鸣。在营销 3.0 时代，企业之间靠彼此不同的价值观来区分定位。在经济形势动荡的年代，这种差异化定位方式对企业来说是非常有效的。因此，科特勒也把营销 3.0 称之为"价值观驱动的营销"（values-driven marketing）。

（4）营销 4.0，是菲利普·科特勒于 2018 年提出的，是对其营销理论的进一步升级，实现自我价值的营销。马斯洛需求中生理、安全、归属、尊重的四层需求相对容易被满足，于是客户的自我实现变成了最重要诉求，营销 4.0 正是要解决这一问题。随着移动互联网及新传播技术的出现，客户能够更加容易地接触所需产品和服务，也更加容易和与自己有相同需求的人进行交流，于是出现了社交媒体，出现了客户社群。企业将营销的中心转移到如何与消费者积极互动、尊重消费者作为"主体"的价值观、让消费者更多地参与到营销价值的创造中来。而在客户与客户、客户与企业不断交流的过程中，由于移动互联网、物联网所造成的"连接红利"，大量的消费者行为、轨迹都留有痕迹，产生了大量的行为数据，我们将其称为"消费者比特化"。这些行为数据实际上代表着无数与客户接触的连接点。如何洞察与满足这些连接点所代表的需求，帮助客户实现自我价值，就是营销 4.0 所需要面对和解决的问题，它是以价值观、连接、大数据、社区、新一代分析技术为基础来造就的。

12.1.2 数字营销及发展

1. 数字营销概念与内涵

科学技术的有效应用促使社会各行各业发展水平得到快速提升，市场营销行业也开始大面积推广人工智能以及大数据技术。数字营销是以"技术+数据"双驱动，对传统营销进行在线化和智能化改造，进而帮助企业构建消费者全渠道触达、精准互动和交易服务的营销闭环。其本质是借助数据和技术，并利用营销资源，依靠实时数据跟踪，实现营销由粗放向集约发展。数字营销是一种借助网络技术、计算机技术、多媒体技术以及交互技术等数字化手段达到营销目的的营销手段。数字营销追求的是最大限度地利用计算机技术，高效地开拓市场和挖掘消费者需求。数字营销借助微博、短视频、微信、邮件等数字化多媒体方式，对数据库中明确的目标用户实现精准化营销。数字营销依靠大数据等数字技术应用，通过挖掘市场数据资料，整合客户信息，确立新的市场细分，精确定位企业客户群体，同时为客户提供精准营销服务，更好地满足客户需求，从而提高企业产品与服务竞争力。数字营销还具备一系列优势，如低营销成本、可定制化、高时效性、用户关联性高等，这种通过数字传播渠道来推广产品和服务的实践活动，使得商家和消费者更好地进行沟通（图 12.3）。

视频 12.1　数字营销

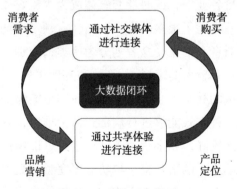

图 12.3　营销系统模型

资料来源：屈娟娟. 人工智能及大数据技术在数字营销中的应用[J]. 商业经济研究，2020(10): 78.

（1）了解消费者需求。彼得·德鲁克是著名的管理学大师，他提出营销的最终目标是深入洞察和知悉用户。人工智能技术和大数据技术的发展，使得企业能够更加充分地了解用户，提升对用户的服务质量，同时还可以不断完善企业自身在用户心中的形象。通过对每个用户的行为记录，利用智能化技术对每个用户进行"画像"。以用户的行为数据为基础，结合人工智能、大数据等技术，挖掘这些行为数据背后潜在的行为活动，让营销人员更加有的放矢。利用人工智能和大数据技术，分析预测用户的未来行为轨迹，不断丰富用户"画像"进而与用户产生共鸣，既可以加深用户对于企业的认知度，又可以达到提升营销效率的效果（图 12.4）。

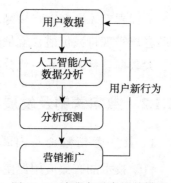

图 12.4 消费者需求培养模型
资料来源：屈娟娟. 人工智能及大数据技术在数字营销中的应用[J]. 商业经济研究, 2020(10): 78.

（2）网络流量助推数字营销。当前，短视频、网剧盛行，这些视频的一个重要特征就是娱乐化。这些视频首先通过娱乐的方式吸引眼球，再在更新视频的同时，慢慢加入营销。例如我们熟悉的"抖音""快手"等短视频应用中，经常可以看到各类商品的营销。通常平台通过对个人浏览记录以及全网用户的浏览数据进行分析，结合个人喜好以及视频流量的大小，进行推广和营销。在网剧数字营销方面，通过在网络连续更新剧目，培养大批粉丝，保护该剧目的大流量，同时不断培养粉丝对于网剧周边商品的需求。

2. 数字营销发展

数字营销起源于 2000 年，早期的数字营销比较简单，人们主要在网络论坛上对自己的个性化思想进行表述，消费者通过互联网能够搜索到评价较高的企业，企业通过网络渠道可对消费者的具体需求进行了解，从而有利于制定新的发展措施。此时用户作为网络信息主要受众和信息源，通过互联网能够将各用户进行联系。2005 年以后，互联网基本普及社会各行各业中，此时社交媒体成为主流媒体，许多企业开始意识到社交网站的重要意义，并建立了很多的社交网站，占领了市场。这一时期的数字营销将网络平台中的信息传播者和信息受众者划分为两类，分别为分享者和潜水者，影响力较大的信息分享者拥有着较大的市场，从而可和其他用户进行商品共享和商品售卖。此时的社交网络具有大量的社交中心节点，使用该网络能够加快商品在各受众用户之间的传播。营销者使用这种方式能够进行病毒式营销推广，并获得大量的利用。此阶段的数字营销发展情况比较好，数字营销额已经达到总市场营销额的 10% 左右。2010年以后，数字营销发展迅速，网络社交平台功能更完整，数字营销的营销额已经达到市场营销额的 50% 以上。此时几乎所有人都将社交媒体作为信息寻找、社交联系以及实现目标的工具。调查显示，此阶段有超过 66% 的高级管理人员对数字营销感兴趣，将近 70% 的营销人员使用网络社交平台进行数字化营销活动。未来数字营销在市场营销中的地位将持续上升，对市场营销的意义重大。

数字营销曾被看作一些特殊领域的独立营销方式，但是在2003年，由于数字营销能够提供和其他营销方式相同的受众沟通方式，因此被重新看作能够涉及社会大部分领域的营销形式。数字营销属于一种高层次的营销形式，通过使用电话、短信、微信以及电子传真等众多多媒体渠道，实现了精准化、可量化以及数据化的市场营销。数字营销具备明确的数据库对象，使用数字营销进行市场营销能够有效提升营销效率和质量。因此，要尽可能多地将大数据技术以及人工智能技术等先进信息技术应用到市场营销中，实现数字化营销，从而可以最节约成本、最有效和最高效的方式，进行市场开拓和消费者开拓。

3. 数字营销特性

（1）交互性。通常来讲，顾客对于其他顾客的信任远远大于对任何品牌的信任，且更愿意与其他和自己性情喜好相像的人建立关系、形成连接。社交媒体的平等、即时、多元沟通等特性促成了双向粉丝的出现，既亲身消费与体验产品，同时也是进行口碑传播的"营销者"，而它们正是连接消费者与品牌间的关键点，每一次双向粉丝的传播都可能影响潜在消费者的评价与判断。如今，成功的品牌营销就是促进关系的建立，找到拥有共同目标和激情的潜在消费者，让他们之间产生联结，生成相互交错的沟通网。

（2）价值共创性。数字营销引发的革命性变革，更突出地体现在品牌将不再拥有和控制内容，而是和用户一起创造和共享内容。数字化营销会逐渐完成以用户为中心的商业运作模式的转型，个性化体验将是决定企业成败的最关键因素之一。数字营销的核心竞争力已经从现在比拼创意的"外功"逐渐深入数据管理和内部转型的"内功"。数字营销部门将更多地开始和市场、销售部门跨部门合作，实现数字营销与企业内部销售、客户管理系统的流程优化和数据的对接。

（3）动态化。社交本地化与移动（SoLoMo）即社交（social）、本地（local）、移动（mobile）走出概念化成为营销风向，预示着营销场域从POS机刷卡到移动设备支付、从货架向屏幕的转变，实时、动态、移动的营销网络建立有助于快速、明确、针对性吸引顾客。传统的直销营销大多为一次性交易，因此具有静态、固定化的特征，数字营销则相反，多元化传播平台与丰富的传播方式使其具有动态化特性。现今，消费者是"媒体多面手"，他们同时使用两种以上的信息输入方式。消费者正蜂拥进入与使用动态性传播平台，并设法避开任何单向且静止的沟通渠道，双向且平等的交流才是顾客的真正需求。

（4）数据化。数字营销的精准定位与投放是基于大数据的开发与利用。数据驱动带来企业外部营销与内部转型。迪士尼智能系统My Magic+实时收集每个年度数以百万计的乐园游客的个人数据，追踪与记录他们的旅游路线，分析其消费方式与饮食习惯,使用远程传感器跟踪游客在乐园内的行走路径。迪士尼投资10亿美元升级主题公园数据系统,通过给游客佩戴RFID(射频识别)芯片的橡胶手环,以大数据分析推动品牌发展,成功占据了旅游市场的大份额消费。

12.1.3　数字化顾客价值

1. 数字化顾客趋势

企业创造与获取数字化顾客价值的核心在于数字化顾客以及其数字化消费方式。数字化顾客有着更多样的社交需求,更强调品牌及个性化的购买需求与更及时的服务需求,促使他们在数字化商业活动中,追求数字化消费方式带来的价值体验。为满足数字化顾客的新价值体验,企业与员工在数字化商业活动中的工作方式急需相应的数字化变革。围绕数字化顾客价值,利用人工智能、云计算等数字技术,协同业务、产业伙伴打造数字化商业活动和场景,承担数字化角色,作出相应的数字化调整。围绕数字化顾客价值创造与获取的多主体商业活动,企业的人力资源体系必须具备与其他主体协同共生的能力,企业的价值评估体系能对活动中的数字化顾客价值进行可持续的评估。为了数字化商业活动系统的高效运行,领先的企业已经在行动。

2. 数字化顾客价值空间与数字化商业活动

工业时代,商业活动均围绕企业开展,根据商业活动是否直接产生顾客价值,可将商业活动分为直接价值活动与间接价值活动,以此为基础制定各项边界分明的职能活动并进行管理。然而,数字技术赋能企业协同业务,产业伙伴突破传统商业活动中顾客价值空间的边界,构建与拓展全新的数字化顾客价值空间。在此空间中,以顾客价值为出发点,企业通过数字技术协同更多的主体,如消费意见领袖等业务伙伴、共享工作平台等产业伙伴,参与到顾客价值创造与获取的业务、运营数字化商业活动过程中,使以职能为主的管理认知难以全面理解新的商业活动,从而形成了一个新的商业活动认知框架。

站在企业视角,以数字化顾客为新商业活动的核心,依据主体间的互动关系与活动方式,对多主体参与的数字化商业活动进行分类(图12.5)。

(1)数字化业务活动:基于数字技术与顾客直接互动,并以此创造与获取顾客价值的多主体商业活动。

(2)数字化产业活动:基于数字技术与顾客间接互动,是创造与获取顾客价值必不可少的多主体商业活动。

(3)数字化运营活动:基于数字技术与顾客直接或间接交互,提升创造与获取顾客价值的效果与效率的多主体商业活动。

第 12 章 酒店企业房务产品数字化营销策略

图 12.5　数字化顾客价值空间内的主体与活动

资料来源：钟皓，陈春花."数字化"穿透顾客价值空间[J]. 企业管理，2020(6): 104.

12.1.4　数字化对营销的改变

数字化对营销的改变很大。初期，数字化是原有体系的工具；中期，将依托数字化形成新战术体系；后期，将形成营销数字化战略体系。

1. 数字化改变营销的触点

触点即接触点，即品牌商能够直接接触的客户。营销有两个触点，一是 B 端触点，即渠道、中间商；二是用户触点，即 C 端触点。传统营销，触点在 B 端。数字化，触点直达 C 端。营销触点的改变，是所有改变的前提（图 12.6）。

图 12.6　营销的两个触点

资料来源：刘春雄. 数字化改变营销[J]. 营销界，2021(14): 64.

传统营销通过建立销售队伍，重心下沉、深度分销，以人链方式抵达终端。终端是渠道的终点，这是渠道的最终触点。传统营销无法触达 C 端，只有通过间接渠道，如大众媒体的广告，即便在新媒体时代，也只有以内容形式，通过新媒体触达 C 端。无论哪种触达方式，都是间接触达。这是传统营销在互联网时代最大的问题，即无法直接触达 C 端。

营销数字化带来的最大变化，首先是用户在线，包括 B 端在线和 C 端在线。只要用户在线，就形成了直接触达。不仅能分别触达 B 端和 C 端，还能够关联触达，即 BC 一体化。营销数字化不仅弥补了过去的劣势，反而比平台电商多了一个优势。电商只能触达 C 端，营销数字化能够同时触达 B 端和 C 端。触达 C 端，有了营销的拉力；

触达B端，有了营销的推力。推拉结合，合理布局。

2. 数字化改变营销的触感

原来对B端的了解是灰色的，一半清楚，一半不清楚；客户的"好坏"，C端客户是否"忠诚"，是模糊感受。现在对B、C两端都能够清晰触碰。B端数字化带来的触感是"精准"，即以数字表示的精准。就像温度，没有温度计，只能感受温度高低。有了温度计，就能知道准确温度。数字化环境下，不仅终端进货量是清晰的，终端实时动销也是清晰的。只要有终端动销实时数据，就随时可以进行"状态判断"，即是否正常。终端数字化还有其他用途，如什么终端什么类型、价格的产品，哪些终端适合推新品，数据可以给出更为精确的答案。

对于C端用户，过去无触达，因而无感。现在不仅部分能够触达，而且可以更精确地了解用户状态。比如，过去的促销，没有针对性，是普惠制的促销。互联网建立了一个用户模型，这是一个用户终身价值的模型：一个新用户，怎么激活、复购、批量购买、裂变拉新，最终形成的是用户终身价值。

3. 数字化改变营销战术体系

营销数字化，打通了线下、社群和网络三度空间。同时，也实现了认知、交易、关系三位一体。营销数字化，同时触达B端和C端，而且是通过在线方式。在线方式本身的优势就是认知、交易和关系一体化，弥补了传统营销的缺陷。以B端和C端数字化为基础，可以更精确地转化客户。如果仅仅是"更精准"，那么营销数字化就缺少了扩张性。如果不能以数字化展开经营，数字化就无法可持续发展。数字化的营销战术正是源于BC关联数据。把特定的B端与C端数字化绑定，如可以知道B端产品卖给了哪个C端，也可以引导C端到特定的B端购买。

有效的战术要有杠杆效应。BC关联数字有双向杠杆。一是从B端到C端的增量杠杆；二是从C端到B端的存量杠杆。BC一体化路径可以是B→KOC→C（图12.7）。营销必须打通三度空间，实现BC一体化。BC一体化的核心不是简单地从B端到C端，而是要有一个中间放大器，如KOC等。相比于传统深度分销的针对B端的"客情+政策压货"，营销数字化有了更多的战术组合。

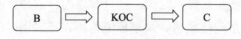

图12.7　BC一体化路径

资料来源：刘春雄. 数字化改变营销[J]. 营销界，2021(14): 66.

4. 数字化改变营销组织及职能

数字化产生新的营销职能，进而改变营销组织。营销数字化，原来的销售部职能不再局限于2B，而是要深入KOC，并且完成C端连接。中台的工作，除了在线运营外，还要给原销售部（前台）提供数据分析、数据支持，这是新职能。

12.1.5　营销的本质

没有变化的是营销的本质。数字技术是对营销手段和营销方法的升级，但是它没有替代营销的本质。营销的本质是什么？作为战略的营销应该是什么？下面是一些关于营销战略的定义。

营销战略是企业选择价值、定义价值、传递价值等一系列活动的组合（麦肯锡）。

把营销战略作为企业创造客户价值组合的战略性工作，所有的工作围绕价值创造展开，营销战略是公司围绕目标客户的细分、定位及在此基础上提供的营销组合 4P 工作，包括营销的市场细分、目标市场选择、市场定位（STP），以及相关的价格、渠道、促销和产品的工作组合（AMA，美国市场营销协会）。

营销战略包括机会识别、客户吸引与保留、品牌创造、营销管理，公司应该关注外部机会在哪儿、如何深挖客户价值、建立营销管理架构，并在此基础上创立品牌。从企业与咨询实践的角度来看，如果简化并直指核心，我们认为营销战略的本质有三点核心：需求管理、建立差异化价值、建立持续交易的基础。

12.2　旅游业顾客行为洞察

随着交易以外的多触点和多交互方式越来越多，顾客的购买周期变得越来越复杂，旅游业尤其如此。行业需要动态、灵活的营销方式与消费者进行沟通，追踪不断变化的顾客行为模式。理解顾客行为的关键是数据分析。酒店企业需要进行强有力的定量研究，以识别顾客期望。旅游业服务环节高度碎片化，服务体验线下化、多触点，利用专业数据分析和营销工具全面深度洞察消费者行为，进行个性化营销，提供个性化服务，已经变得前所未有的重要。旅游业的变革，已经不仅仅局限于技术和工具，而是数据驱动的深度洞察。

12.2.1　互联网时代顾客行为的复杂性

企业为什么要做数字化？最根本原因不是数字化本身，而是众多客户和消费者已经率先数字化。顾客这一端已经数字化，企业应该有能力接受这个挑战。如今的数字化时代，跨界、打破产业边界成为常态，在数字技术的加持下，商业要素流动性与连通性不断增强，各式各样的新型企业、意见领袖、兴趣社群、生态平台等商业活动主体，通过整合商业资源创造出智慧零售、社区电商、共享出行等各种新商业模式与业态。这些新的商业活动通过数字化技术极大地推动消费方式的多样化，并提供个性化消费体验，塑造了需求与消费均带有数字化特征的"数字化顾客"。面对数字化商业活动与数字化顾客，企业将面临更多新挑战。

1. 酒旅企业进行客户洞察和数据分析的三大主要挑战

（1）线上营销渗透率不断增强，83%的客户通过在线旅行社或品牌直订渠道进行预订。

（2）消费者数字化程度越来越高，数字化消费者线上行为变幻莫测，没有哪两个预订路径完全一致。

（3）酒旅企业面临空前复杂的营销环境和营销对象，消费者数据分析面临挑战。

2. 数字化消费者八大趋势

（1）消费者越来越热衷于旅行，尤其是千禧一代热衷于投资体验而非房产。

（2）信息过剩下的选择困难症，消费者被各式各样的旅游信息轰炸，无论是被动推送的还是他们主动去搜索的。

（3）消费者拥有更强的话语权。互联网赋予消费者大量选择，平均每个消费者要浏览大约38个网站，才会产生最终预订；消费者的购买行为更多是受个人欲望的驱动，而不是品牌忠诚度；如果他们的数字购买体验不能得到满足，那么就会切换到另一个网站。

（4）预订模式正在发生变化。虽然顾客认为在一个网站上预订所有旅行产品是很方便的，但并不意味着他们会在同一时间完成所有旅行产品的预订；虽然消费者会提前计划旅行，但冲动型决策，即说走就走的旅行决策占比在不断提高。

（5）预订渠道以移动优先。手机已经成为消费者获取旅行资讯最重要的工具，但消费者在整个购买过程中也会在不同的设备间进行切换。

（6）社交媒体更能激发旅行者出行意愿。旅行社者更易受到沉浸式原创内容的影响；Expedia研究表明，消费者的旅行计划很大程度上受到朋友经历的影响。

（7）越来越追求个性化体验，消费者期待个性化的旅游营销内容。

（8）随时可能产生的微时刻搜索。旅行者突然想到某个问题或需查询某个信息而进行搜索的时刻即"微时刻"。

3. 数字化客户旅程的四个阶段

（1）向往旅行阶段，顾客开始研究去哪里并寻找灵感。

（2）计划旅行阶段，顾客开始选择目的地并查看出发日期、航班和住宿。

（3）预订阶段，顾客执行旅行计划的阶段。

（4）体验阶段，顾客到达目的地，并与他人分享旅程。

4. 酒旅企业面临的机遇

（1）技术的进步，让企业能够与顾客产生持续性的线上交互。

（2）客户旅行意愿越来越强烈。普通消费者平均每年度假 3.5 次，而千禧一代平均每年旅行 4.2 次。

（3）信息轰炸，消费者在制定旅行决策时备受困扰，酒旅企业若能提供具有相关性的内容就能更好地影响用户决策。

（4）酒旅企业需要提供快速、无缝且吸引人的数字购买体验，增强转化。大部分顾客会通过手机搜索航班和住宿信息，但只有大概 1/5 的顾客会进行预订，因此企业需要确保他们的全渠道预订体验已完全被集成。同时，酒旅企业需提供灵活的线上产品和营销方式，满足多变的消费者预订模式。

（5）重新定义Segmentation，满足越来越个性化的消费者期望。通过多渠道用户数据收集和分析，展开更具针对性的营销活动。

（6）善用社交媒体，传播原创内容，做好口碑营销。

（7）把握微时刻搜索，促进转化率。微时刻体现的需求非常明确，酒店企业旅企在此时介入转化率会更高。

12.2.2 透过数据洞察顾客行为

对用户数据的深入洞察是全球酒店业的共识。Gallup 研究表明，使用客户数据分析的企业在销售额和毛利率增长方面比竞争对手高出 85%。当提及科技巨头公司提供的客户体验时，消费者通常会想到数据驱动的个性化推荐。Netflix75%的活跃用户得益于算法推荐；亚马逊 35%的销售额来源算法推荐；Netflix 的算法推荐系统通过减少取消订阅的用户数云，每年为公司节省约 10 亿美元。Choice Hotels 已经开始使用机器学习技术来获取更为深入的用户洞察，从而将服务和产品更精准地推送给合适的客群，并向忠诚客户提供更加符合其偏好的激励，帮助酒店集团在激烈的竞争客户争夺战中赢得优势。

凯悦酒店管理集团在疫情期间也不断通过数据挖掘，通过为某一特定群体的客户提供个性化服务，获取潜在的增收机会。疫情期间，凯悦酒店集团发起了"Stay like a local"活动，并综合了诸如 Google 等多个数据源，形成完善的用户画像和标签，以便找到这一活动更为精准的目标受众。活动首先定位的是已经出现良好复苏趋势的区域，之后再以酒店为核心，定位 5 小时开车即可达到的区域。一旦潜在用户点击活动详情，活动页上就会详细展示周围每一家酒店的具体情况。

1. 创建统一的客户视图

随着客户数据管理平台的逐渐落地，用户数据将得以发挥更大价值，成为企业直销增长新的驱动力。更重要的是，客户数据平台将为企业带来"真正的客户全景画像"，"更打动人心的客户旅程"，以及"客户数据的单一真实来源"。建立宾客统一身份识别体系是酒店实现数字化转型的关键点。与此同时，客户资料的统一性和一致性一直以来都是行业痛点。因为场景分散，用户数据的入口不同，数据分散存储在不同系统，很难建立统一的身份 ID。这一点对于跨业态、跨国界的数据整合尤其困难。全球酒店业迫切需要新一代创新平台级解决方案实现数据更好流转。

数字化营销的必要驱动力在于酒店企业是否将消费者剖析得足够透彻，并高情商处理对客关系。企业需要把客户需求（行为特征、偏好）具象化，具象成人群特质和场景进行反馈（个性化内容，选择合适触点平台）。客户 360 度画像是基于全链数据打通而建立的核心驱动（图 12.8）。

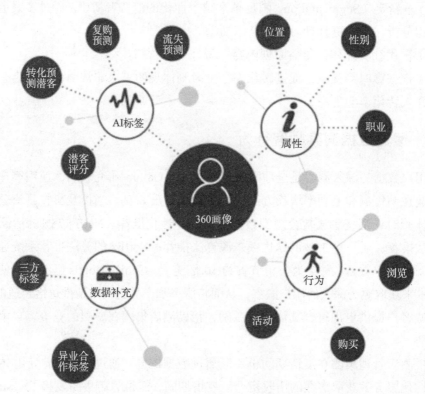

图 12.8　统一的客户视图

资料来源：创略科技. 下一代数据和 AI 驱动的营销自由[R]. 2020: 9.

目前数据跨平台分散，如交易平台、搜索行为、购买行为、邮件平台、客户服务相关记录等。传统模式下进行数据整合需要付出巨大的人工成本。因此，酒店企业需要打破"数据孤岛"，建立统一的客户视图和完善的标签系统。酒店企业需打造更灵活的数据治理系统和模式，在数据整合方面拥有更强的自主性。通过数据产生大量分析模型和用户画像，找到匹配的消费者，进而驱动产品研发、精准推送、千人千面，形成一个从前端业务到数据，再从数据来反哺前端业务运营的闭环。做个形象的比喻，大数据能帮我们作出一张图，一个人从头到脚，206 块骨头的状态，面部神经的状态，一笑一皱眉代表喜欢什么、厌恶什么……总之，当我们提到某位顾客时，立刻就能通过大数据形象展示出这位顾客的三维立体图形，以及这位顾客的典型"标签"。相比以往群体、细分市场营销概念，大数据真正做到了个体、个性化服务与营销。以往不能做的，现在通过大数据都能实现。

关于个性化还有一个不得不提的话题——顾客隐私。个性化服务和顾客隐私，从某种层面来讲，确实存在一定冲突。当顾客在你面前是"透明"的时候，也会引起顾客深深的焦虑与不安。尤其是以住宿业、旅游业等为代表的服务行业的顾客隐私问题，更容易引起顾客的不满与投诉。这里面有两个点：一是个性化服务必须要做且要做好，大数据必须要收集与分析；二是要分步骤、分阶段进行，从酒店（目前发展阶段及痛难点）和顾客（他们不认为涉及隐私的）可以接受的方面切入，如内部信息化管理，客房的灯光、温度，菜式的口味等，进而随着人工智能技术的发展，以及社会整体对个人隐私和大数据关系认识的深入，与时俱进提供顾客更喜欢、更有效的高质量产品与服务。

传统服务业也可以变身高科技，酒店本身的目标就是成为顾客的"家外之家"。突然闪现电影中的一幕，主人公回家后，一声语音、一个眼神、一个动作……整个房间的功能、厨房的果汁、运动间的健身器……都已准备好。这不是什么遥不可及的未来，人工智能的进一步发展，使与智能相关的软硬件成本降速高于人工成本升速，必将倒逼所有行业进行适应性变革。但在此之前，必须有数据作为智能的基础。酒店的产品和服务，就应该成为这样的"家外之家"。

2. 保持运营和管理高度灵活性

IT部门需要将数据结果与其他相关业务部门进行高效共享。企业领导层不仅要依据数据制定决策，更要对市场变化作出快速反应，形成数据管理闭环。围绕数据价值链的关键步骤包括全渠道采集数据、赋予营销人员强大智能工具、精益数据分析、触达效率提升，以及实时营销效果分析（图12.9）。

图12.9　营销数据价值链关键步骤

资料来源：创略科技. 下一代数据和AI驱动的营销自由[R]. 2020: 11.

3. 重视被忽视的"暗数据"

所谓暗数据，就是泛指没有被发掘和理解的数据，形式可以是文本、图像、音视频等，既可以是结构或非结构化数据，也可以是暗含在暗网中的数据。如今，全球企业的"暗数据"不断累积，并已成为大部分企业的主要安全盲点。Gartner 曾指出，暗数据应该提醒企业改变未被利用的数据现状。企业实践表明，忽略暗数据可能会耗费极高的成本，如联合航空，由于数据不准确、非结构化，每年会使其损失 10 亿美元，约占年销售额的 3%。因此，酒店企业可与合适的技术伙伴合作，将暗数据转化为丰富的、细粒度的客户洞察。

4. 增强获客能力

Salesforce 报告显示，52%的客户会因品牌未采取个性化沟通而更换品牌。消费者正在通过多触点、多渠道与品牌产生密切沟通。酒店企业应通过多触点数据分析用户行为表现，通过 A/B Test 对结果进行测试和优化。确认关键转化环节，并进行个性化内容推送。识别现有客户收入贡献最高的群体有哪些特征，并面向拥有类似特征的群体进行更广泛的营销推广。将营销预算投放给具备更强消费能力的高价值潜客，实现可持续增长。提升营销 ROI，降低获客成本，将预算向高利润渠道倾斜。

5. 提升客户留存率

ThinkJar 研究表明，67%的客户会因糟糕的体验而更换品牌；91%不满意的客户不会向品牌投诉，而会直接转向消费其他品牌。因此酒店企业不能仅仅依靠客户反馈来衡量客户体验，其结果可能是不准确的。顾客很多时候就是不愿意来了也不会告诉企业，企业须将顾客行为数据纳入客户满意度衡量指标。

6. 不断扩大满意度客群

满意的客户能够产生更多的购买行为，但很多酒店企业往往无法真正识别哪些是满意的客户，也不知应该提供何种产品才能更好地促进转化。酒店企业可以通过数据分析，将客户按照满意度高低进行分类。针对满意度较低的客户，可采用内容营销的方法，其目的是消除顾客对品牌的不友好，化解此前的不满。顾客满意度的提升是循序渐进的过程，不能一蹴而就。只有满意度较高的客户，才更有可能在交叉营销、升级销售过程中产生转化，进行重复购买。

12.3 酒店企业数字化营销策略

12.3.1 酒店企业营销环境的变化

艾媒数据中心发布的数据显示，31.4%的酒店企业收入来自线上，预计未来这一数字可能达到 70%~80%。后疫情时代的酒店业，也迎来三大机遇：数字化产品的极大丰富、营销渠道分散程度进一步加剧、行业全面迎来内容营销时代。有机遇就有挑战，在激烈的竞争环境下，想要持续吸引用户的关注，并不是一件容易的事。如何不断优化分销策略、产品策略，建立内容体系和生态，实现营销升级，依然是酒店企业需要长期面临的重大课题。营销越来越多地成为一门科学而不是艺术。它不再是依靠直觉、预感、激情和经验，分析技术在提高营销活动的绩效中所起的作用已经越来越显著（凯文·克兰斯）。

1. 线上化程度加剧，酒店市场的三大变化

酒店正在面临一个剧变中的市场。飞猪数据显示，近几年，整个旅游业的线上化速度明显加快，线上渗透率从以前的 10%一跃上升至现在的 30%。在此趋势下，酒店市场也呈现出三个显著变化。

1）消费群体的变化

一方面，消费人群的结构更加年轻化。如今，年轻的旅行者成为当下消费的主流群体，其中 90 后在旅行消费市场中的占比达到了 63%，尤其在新生代周边游市场中，这部分年轻人撑起了很大的市场。另一方面，过去的消费者是在有旅行需求的情况下才会去做预订出行，但是如今他们囤货心智明显上升，比往年上涨约 68%。

2）供给端的变化

随着人们消费水平和消费心智的变化，整个大旅行行业亿万级的市场逐渐浮出水面。

然而，如果将淘宝、天猫、携程等客户端的数据进行横向对比，你会发现互联网的人口红利正在消退，但是消费人群需求与产品供给之间仍然存在错配的情况，并未达到平衡点。也就是说，面对更为细分的消费者市场，酒店企业需要采取更加丰富和细致的产品策略，来匹配不同人的不同需求，甚至同一人的多样化需求。

3）流量介质的变化

抖音、直播等新媒体商业模式的逐渐上线，使得酒店行业在营销方面的表达能力有了质的提升。通过直播、互动+带货模式，酒店业的商品可以更加真实和立体地呈现在消费者面前。

在旅游行业的 1.0 时代，旅游类商品主要还是通过线下/电话/传真售卖。进入 2.0 时代后，传统的线下售卖模式上翻到了线上。而进入 3.0 时代以后，数字化的升级将以更快的速度推进线上化的发展。对于酒店企业来说，线上化向数字化升级将是一条必经之路。

相较于其他行业，旅游业数字化转型的进程还是相对落后的，大部分旅游细分领域的数字化转型还处在起步阶段，距离全面数字化依然是任重道远。尽管各类数字技

术的投入应用不仅为企业提高了营销与运营效率,也提升了消费者的体验满意度,但是高昂的人力、物力、财力的投入及较长的回报周期,始终也是旅企、酒店企业在数字化转型路上不得不面对的痛。

2. 分销及渠道变化

随着私域流量、直播带货等概念和模式的兴起,酒店分销的内涵发生了显著变化,也对酒店业渠道运营提出了更高的要求。

1)酒店社交媒体营销的五个趋势

(1)与消费者距离更近。从最初的传统电视、广播媒介到今天的社交媒体和社群,品牌与人之间的距离在大幅度地缩减。且"品牌与人"的模式在向"人与人"沟通的模式转变,品牌"人性化"程度会越来越高。

(2)私域流量风口依旧。私域流量的本质就是用户运营。红利不在的今天,深入运营、深入用户、将用户运营做到极致才是终极的撒手锏和核心竞争优势。

(3)触点越来越多。酒店与宾客之间的接触点只会更多,不会更少。原来触点只局限于店内,今天这些触点已经延伸到线上线下的各个层面。酒店要一直保持"在线模式",打造从激发需求到口碑传播的闭环。

(4)KOC作用日益显著。在社群营销模式下,每一个人都可以是KOC,因为社群是一个带有鲜明共性标签的群体,任何一个在群内发表使用体验的人都可以影响他人决策。

(5)口碑营销更加重要。社交媒体是口碑营销的土壤,消费者也更容易因为独立第三方消费者的评价而影响自身的预订决策。酒店营销活动也需要更加具有可传播性。营销要更加有料和有趣。

2)社群营销与私域流量

私域流量和直播是过去一年行业里两个最重要的关键词,并将变为新常态。但目前很多酒店在私域流量的运营上,很大程度上仍然处于试水阶段,并没有形成自有的体系化运营策略。社群营销目前依然是私域流量运营最具代表性也是出现最多成功案例的做法。搭建了完善社群营销体系和运营体系的酒店或酒店集团,在社群里发起"秒杀""预售"等产品,依然能够收获不错的效果。

微信社群营销崛起的背景:移动互联网的发展,在改变了酒店营销方式的同时,也改变了酒店企业与用户沟通的方式。原来品牌高高在上,现在需走入"群众",这并不意味着品牌的落寞,而是意味着品牌更加贴近生活与消费者。哪些品牌离消费者越近、互动越频繁,就越能够抓住消费者心声,产生更多购买机会和销售转化。疫情本身加速了酒店企业下沉到本地市场,这也是酒店微信社群营销一夜之间迅速发展起来的重要原因。酒店面临着迫切拓展新销售渠道的需求,并利用这些新渠道,售卖新产品、增收和带动现金流增长。

3）内容化和互动化是直播成功的关键要素

在直播渠道的运营上，酒店要尽可能运营自己的直播平台。直播内容需要持续地输出，与其邀请业内头部或者腰部的达人、机构来做，酒店员工其实更能从精髓上把握酒店更值得推广的信息。成功的直播需要具备内容化和互动化两个特点。也就是说，酒店应该站在消费者的角度去设身体会和分解产品的优势劣势，将变得更为重要。把互动过程做到极致，才是一场真正成功的直播。

4）B 端企业直连

除了 C 端产品线上化加剧，B 端也就是企业端预订的线上化程度也在加剧。酒店企业需要 C 端和 B 端的双客源支持，这将进一步拉升线上收入渗透率。也就是说，对于酒店集团，除了实现与各大 OTA 平台直连之外，还可以直接实现与企业客户差旅平台的联通，企业客户可以直接通过平台预订集团酒店，完全实现线上化。这将为酒店集团直销发展和增收带来新机会，一方面，企业客户能够实现更为高效的成本管控、报销审批等 OA 流程；另一方面，酒店集团能够更好地进行企业客户管理、数据分析等，实现企业客户的集中化线上管理。

5）全面分销

随着酒店业的发展，分销已经不仅仅是简单地分发酒店的可用房型、价格和库存，还包括设施、附加产品和配套产品，从而为现代化和有经验的旅行者打造定制化的体验。如今，酒店品牌应该专注于"全面分销"的概念，也就是说，将讨论范围从仅针对客房分销扩展到为旅行者定制其完整宾客旅程的整个平台。

后疫情时代，酒店企业会越来越多地涉及餐饮和更多地面向本地市场的产品。餐饮重要性的上升，要求酒店针对餐饮板块制定专门的分销策略，并平衡和运营好美团、大众点评、口碑等面向本地的流量渠道。酒店甚至需要针对餐饮等非客房产品，专门制定专属渠道组合并持续运营优化。酒店的渠道运营工作将进一步变重，面向本地市场的渠道管理将越来越重要。

12.3.2　酒店企业数字化营销策略要素分析

1. 产品策略

酒店产品，从趋势层面上来讲，全面迎来了"积木化"时代。酒店将越来越重视非客房收入的提升和价值创造，这包括 SPA、健身房、游泳池、酒吧、宴会、餐饮、外卖、共享空间、儿童乐园、主题活动，以及和其他第三方合作的各种产品，如旅拍、一日游、景点门票、演出娱乐、展览等。

1）基于现有客群创造新的产品

基于现有客群开发新的产品，可以实现两个目标：打造产品差异化优势，提升性价比和客户购买的价值感;提升宾客客单价和二次消费能力。比如度假酒店和旅拍产品合作,组合套餐模式销售,或者商务酒店与旁边景区合作,满足 Bleisure 客群周末度假的需求,都是基于现有客群创造新的产品,来实现产品组合,达到"1+1>2"的效果,同时满足既有目标客户群多面性的需求。

尤其是对于酒店市场产品同质化程度严重的现状,是否具有丰富的产品线和产品组合就将为酒店打造独特的优势,赋能直销渠道的进一步增长,同时也要求酒店拥有强大的资源整合和跨界合作的能力。

2)拓展新市场,开发新产品线

本地市场、宅酒店、原地过年、酒店外卖等,是疫情后新常态下衍生出的关键词。毫无疑问,疫情带来的出行限制以及人们日渐形成的线上办公习惯,都将极大程度地影响未来人们的差旅习惯和差旅频次,疫情后差旅市场会出现下滑。本地市场或将成为酒店最需关注的也是机会最大的新细分市场,这意味着酒店需要能够打造面向新市场的新产品。可能是一款具有营销属性的网红下午茶,也可能对餐饮进行重新定位,使其更符合本地人口味需求,还可能对酒店空间进行改造吸引周围写字楼的小型会议需求,都是专属本地市场的产品与服务。

酒店企业在进行产品策略制定时,需要进一步考虑哪些产品是引流品、哪些产品是高利润单品、哪些产品是高价值产品。酒店在营销层面上的压力会进一步加大,需要为不同的产品线制定差异化的营销策略。

总的来说,无论是基于现有客群推出新的产品,提升客人二次消费能力,还是拓展新市场开发新产品线实现增收目的,都是酒店"产品差异化策略"的重要组成部分。酒店企业需要对自身定位进行重新思考,通过个性化产品来满足不同群体的不同需求,千篇一律的产品形态已经过去了,行业也将迎来"产品积木化"的新时代。

2. 市场细分

大众消费态度和行为习惯发生了变化,从而衍生出很多新兴消费群体。除了传统的商务、休闲、家庭等类别,新型细分人群如闺蜜、游戏一族、Stay-vacation 等都是未来酒店在细分市场时不可忽略的客源。如何在抓好传统客户的同时,又不错失新兴客源呢?酒店企业需要了解不同客群的消费动机、关注点以及酒店在服务的全流程中可以抓住哪些机会。

(1)从新兴消费模式方面来分析,酒店消费者客群可以划分为以下三类。

①Bleisure,休闲商务旅行者。千禧一代的消费者尤其热衷于利用差旅机会了解新的目的地,他们更希望劳逸结合,寓工作于娱乐。

②Stay-vacation,酒店度假人群。疫情影响下,"酒店即目的地"这一度假概念备受人们青睐,他们更加关注防疫安全举措,希望在安全省心的同时放松度假。酒店可推出类似旅行社的"度假套餐"产品,将丰富的活动贯穿于度假旅程中。

③游戏族。更为年轻的消费群体，注重游戏体验感，对于自由属性、社交属性、私密属性、高性价比的酒店接受度比较高。

（2）从文化背景上来分析，未来旅行者可以划分为以下六大族群。

①极简主义者。通常来说，这一族群属于高净值人群，崇尚简单，酒店可以在旅程开始的早期环节，如激发需求、寻找产品和预订环节对其进行影响，同时制定具有相对个性化的方案。

②奢旅追求者。奢旅追求者希望获得具有鼓舞性的产品信息，且是具有高度关联性的信息，他们希望拥有奢华体验，同时注重养生和健康。

③文化纯粹主义者。他们更期待融入本地，感受本地化的生活，倾向于寻找带有鲜明本地文化的物品，更喜欢单独购买某项服务而不是套餐。酒店可以考虑通过打造具有本地特色的活动来吸引消费。

④道德旅者。道德旅者比较考虑环境因素，会比较关注公益、环境保护等，因此在社交媒体上可以多发一些与慈善活动相关的内容来吸引关注。

⑤目的/义务导向者。基于特定的目的进行旅行的消费人群，他们更期待便捷性和相关性。因此，酒店在寻找产品和预订环节对目的导向人群进行干预是最有效的，包价式的旅行套餐产品对他们来说也会比较有吸引力。

⑥社交资本追求者。这个族群期待从旅行中获得最大化社交资本，经常使用社交媒体并愿意分享。酒店在制定社交媒体运营策略的时候，可以考虑在从计划到结束的全周期中与他们保持社交互动，进而影响其决策。

（3）从传统消费模式上来分析，消费者可以划分为以下四类。

①情侣游。情侣出游的人群主要分布在"90后"中，他们出行更想要放松，花更多时间在有趣的活动上，酒店可考虑打造浪漫套餐，包括餐饮、SPA等。

②亲子游。亲子游的家庭聚焦于中产家庭，他们倾向于有趣、寓教于乐的旅行，更加注重度假氛围，家长们对住宿的品质要求较高，因此在制定规划时，可从亲子游产品设计出发，从父母便捷性、孩子喜好度、内容适应性、教育体验性等多维度进行考虑。

③商务旅行者。目前中国的商旅人士主要集中在 25 岁至 39 岁，有着高学历、高收入、高消费能力的特征，作为成熟的酒店消费群体，他们对产品的鉴别能力强，对服务质量的要求较高，较注重品质，因此他们在选择住宿时最关注服务质量，其次是性价比与便捷程度。

④本地客群。受疫情影响，客房收入锐减是酒店行业普遍遇到的难题，拓展业务场景变得非常重要，需要转变市场运营和销售理念。酒店可以考虑提供符合当地口味和市场的餐饮服务，此外制定的消费者运营策略也需要更加本地化，如社群营销策略、本地 KOL 广告投放等。

总的来说，酒店必须从当前消费者细分中，理解其出行的深层次原因及行为目的，思考如何结合这些细分市场人群的需求，针对性地推出合适他们的旅行产品和服务。

3. 渠道组合

1）常见渠道

渠道并不是越多越好，盲目地在各式各样的渠道上广撒网，会耗费大量人力、财力和物力。正确的做法是找准细分市场，评估渠道价值，集中力量开发或者有机组合一些能提供流量且高转化的渠道。此外，酒店企业还需要分析流量都从哪里来、是否要做投放、投放效果如何，从而进一步优化渠道质量。

（1）微信社群。对比传统的渠道，微信社群在主动性、精准性和成本方面综合性能更强，也是酒店需要去尝试的一种新渠道。尤其在销售本地产品比如餐饮、酒吧、健身房等这样在地域属性比较强的产品的时候。另外，制定社群运营策略也是很重要的，如何构建社群，建立以后如何激发群成员活跃性，从而促进转化也是值得思考的问题。

（2）付费渠道。为了最大限度地提高投资回报率，酒店企业可以和成熟且经验丰富的专业机构合作，这些机构了解整个行业，它们知道如何在整个预订过程中吸引流量到酒店网站上。另外，酒店也可以和点击付费广告的营销人员合作，他们可以提供前瞻性和透明性的数据与归因模型。

（3）酒店官网。需要确保网站及预订引擎界面友好，易于使用，不会错失任何展示机会并积极促成订单转化。

（4）社交媒体渠道。越来越多的酒店开始重视社交媒体渠道，希望通过精细化的运营，增加宣传渠道与销售通路。但是需要注意的是，社交媒体渠道与传统的OTA渠道不同，本质上是靠内容驱动，酒店需要根据品牌"调性"和消费者属性，有选择性地挑选社交媒体，通过长期的优质内容输出，助力品牌沉淀内容，为品牌带来深远的影响力，进而带动订单增长。

（5）全球分销系统。旅行社是一个有很大预订潜力的忠实用户群体，因为它们只在有计划旅行的客户的情况下才搜索酒店。

（6）OTAs。随着拼多多等新的OTA渠道的崛起，当下OTA市场形成一超多强的格局，酒店如何进行渠道组合才能获得收益最大化？总体来说，酒店需要根据渠道属性，如品牌排序规则、流量大小、渠道用户黏性和佣金成本以及自身客源的情况，去优化渠道比重。此外，渠道消费者属性与酒店品牌定位是否匹配亦是选择渠道的关键性考量因素，如尤其看重流量的经济型酒店或许可以考虑拼多多等渠道，而注重格调和品牌效应的高星级酒店则可以先持观望态度。

（7）邮件营销。一直以来，邮件营销都是酒店获取订单和预订的重要渠道，但效果差异也是不容忽视的。进行有效的邮件营销需要掌握一些普遍适用的关键点，对于酒店行业来说，更加需要能够结合场景和用户旅程，来进行切合用户需求的邮件营销。

（8）元搜索。先搜索后消费已然成为互联网时代大多顾客的首选，通过元搜索引擎把分散的顾客统一到一个渠道能够帮助酒店在营销过程中掌握更多客源。

总的来说，合适的渠道，合适的人群，合适的产品，合适的价格，对于提升渠道组合整体利润来说，这几个因素缺一不可。当然，不同的品牌需要考虑的因素也不尽相同，酒店需要结合这些因素有针对性地进行渠道组合。

2）渠道管理

石基信息研究报告《全球酒店业技术分销格局分布图》，清晰归纳、总结了目前行业技术的最新分布（图12.10）。酒店技术行业的发展是一个广泛、复杂且不断变化的过程。试图理解整个行业的技术发展全貌，并不是一件容易的事情。从技术应用到技术供应商的战略和运营方案，再到用户需求，都发生了翻天覆地的变化，有些变化甚至是永久性的。《全球酒店业技术分销格局分布图》作为一种工具，帮助酒店企业管理者可视化当前的酒店和酒店技术格局，更好地理解各种供应商的类别划分，更加清楚技术供应商与酒店、宾客以及其他供应商是如何共存的。

《全球酒店业技术分销格局分布图》以酒店为中心向外辐射，最终落点到宾客层面。按照从酒店到客人的数据流形式，分布图分为三大板块：在线管理、旅行社和旅游运营商、会议和活动。以酒店为中心，每向外一环都代表着一种技术形式，并最终以优化宾客体验层面的技术收尾。比如说，从酒店前台管理系统开始，首先会连接到渠道分销工具，通过渠道管理工具连接到OTA平台，接下来连接到搜索引擎进行广告发布，并在最后将信息传达到消费者层面。

（1）酒店前台管理系统。作为酒店数据传输的重要枢纽，酒店前台管理系统是存储酒店房间数、宾客信息等数据的系统。

（2）渠道分销工具。分销工具是帮助酒店进行跨渠道销售的重要通道。借助渠道分销工具，酒店能够将价格、客房可用性、库存、图片、文本等信息传送到OTA、GDS等分销平台上。

（3）聚合平台。聚合平台包括收入管理、渠道管理、中央预订系统等常用软件，其主要作用是将市场上的相关信息汇总到一起，供酒店参考用于销售。例如，GDS汇总了酒店品牌及价格等内容，以便旅行社获取信息并将其用于销售。

图12.10　全球酒店业技术分销格局分布图

（4）销售/预订平台。销售/预订平台一般指市场相关机构或者自助服务平台，例如OTA、酒店官网/小程序等，消费者和最终买家可以直接通过这样的平台进行酒店产品的购买。这也是酒店最重要的销售渠道之一。在对这些平台的管理过程中，必须注意对其结构和费率进行统一和优化管理。

（5）营销平台。营销平台主要是指激发用户预订需求的平台。借助这些渠道，酒店可以向潜在客户推送广告信息或者进行沟通，并最终达成销售目的。

（6）优化工具。优化工具指通过分析收入、市场、酒店和宾客体验所需的工具，这能够帮助酒店从营销一开始就做好流程的优化，从而进一步优化预订并提升宾客体验。

4. 沟通渠道与触点管理

与顾客的沟通，其实在客人有出行需求时就已经发生了。在入住前—抵店入住—离店的全生命周期中，伴随着线上化程度的加剧，顾客对定制化的沟通与服务提出了新的要求。对于酒店企业而言，在设立营销计划时，需要同步关注到酒店是否已经建立起了全链路的沟通机制，确保在各个触点能够通过合适的渠道来传递酒店信息，精准触达目标受众，并快速实现营销目标。

（1）建立全链路个性化沟通渠道，实现有效互动与信息传递。与顾客建立完整的沟通渠道，其主要目的有三个。

①在到店之前，为客人提供更加完善的信息，从而提升宾客体验。

②提升到店后宾客二次消费的能力，从而最大化收益。

③在离店后充分了解宾客入住体验，鼓励口碑传播。

（2 酒店企业需要梳理目前已有的或暂未投入使用的沟通渠道及具体呈现的信息，以确保在顾客整个入住期间的"实时上线"。

①网站。

建立常见问题页面并保持定期更新，如展示在疫情期间酒店在防疫方面的具体举措，从而提升顾客信心。

提供增值服务选项，引导宾客添加早餐、SPA 等不同服务以最大化提升收益。

在网站弹窗或显著位置页面显示灵活的退改订政策并链接至常见问题或详细登录页面。

②社交媒体。

定期更新店内活动，确保实时曝光。

增加链接跳转至常见问题页面，如分享酒店采取的不同防疫措施。

③短信。

短信的力量也不容忽视，研究显示，90%的短信依然会在收到后的 3 分钟内被打开阅读。酒店企业可以适时关注顾客预订后的及时短信触达，并增加酒店常见信息的跳转链接，或将成为客人了解酒店进一步信息的一种途径。

④店内 Wi-Fi。

Wi-Fi 连接是顾客在抵店后必不可少的一环，也是酒店与客人产生互动的重要触点。酒店或可考虑在 Wi-Fi 连接成功后跳转至住中满意度调查，用简单的几个问题了解在办理入住的过程中宾客的体验如何，或直接跳转至店内热销产品，如餐饮套餐、水疗服务来增加二次销售的机会。对于不喜欢这一环节的顾客,要快速退出并直达顾客需求链接。

⑤电子邮件。

在预订完成的确认邮件中添加酒店最新产品与服务资讯,如餐饮、水疗等服务信息,引导客人到店后的二次消费。

住中发送满意度调查问卷,及时解决问题,最大化减少负面评论的产生。

离店后发送问卷调查了解客人反馈,鼓励口碑传播。

视频12.2 石基ReviewPro数字化宾客服务与管理

让服务超越期望已经成为酒店企业在产品同质化严重的当下脱颖而出的关键。数字化的今天,酒店企业可以充分利用数字技术,获得顾客反馈并及时改进与完善。通过技术服务提供商,如石基公司 ReviewPro 提供的满意度问卷调查,洞察到顾客更为直接的意见与反馈,从而提供快速的补救服务,提升运营服务质量。同时自动创建案例,将问题反馈给相关部门并确保及时跟进解决。

⑥微信。

微信作为核心流量池,一直是酒店进行用户运营及营销获客的主要阵地。在制定沟通渠道及未来策略的过程中,酒店仍需要继续关注在微信上的进一步投入。

设置关键字回复或常见问题回答,可以满足客人在抵店前及入住期间对于酒店配套设施及周边服务的了解需求。

通过微信社群、公众号等作为广告平台进行相关产品及服务的宣传推广,提升宾客二次消费能力。

处理客人的店内需求及反馈,酒店或可创建专属顾客服务微信,定制化回复客人在住店期间的个性需求,或通过数字化工具,将客人需求及时反馈至值班经理或对应部门,并有完善的机制确保在规定时间内解决跟进或上报至总经理处理。

(3)梳理顾客全生命周期触点。从规划出行方案到产品搜索,预订入住到离店后的满意度调查及分享传播,酒店企业应关注顾客整个出行过程中的每一个触点,并将其作为营销计划的重要部分,适时通过合适渠道传递有效酒店信息,从而提升顾客体验并最大化收益(图12.11)。

5. 媒体策略

酒店行业在媒体投放方面采取的策略一直都比较保守。互联网时代下,消费者行为模式发生巨变,也迫使酒店重新审视自身的媒体策略,一方面与消费者建立更紧密的联系;另一方面媒体需要扮演为酒店打开新市场、带入新流量的角色。从属性上来说,媒体可以分为三类。

1）自有媒体

自有媒体（owned media），顾名思义，就是酒店自己持有的媒体和渠道。比如酒店前台、房间内的电视、Wi-Fi 开启屏幕、客房内的广告牌、电梯内的广告牌等，都是酒店自有的线下媒体渠道。当然，酒店的官方微信、微博、小红书、抖音等账号也是必不可少的标配。而且，很多酒店已经开始尝试全员营销、社群营销等新模式。

自媒体对于酒店来说，是可以掌控的，一定程度上，可以说是免费的，但每一种渠道的策略差异化比较大，酒店需要投入比较多的时间和精力进行运营与维护。

图 12.11　顾客全生命周期触点

资料来源：石基信息，STR. 新常态下酒店制定市场营销计划需要重新考虑的八大要素和策略指南[R]. 2021: 45.

因此，严格意义上来说，酒店需要采用全渠道营销，搭建自媒体矩阵，但另外，酒店也需要去评估媒体价值，并根据自身的情况进行资源的合理安排和最大化使用。

2）付费媒体

从原来的电视广播、楼宇广告，到现在的网红带货、直播带货、KOL 种草等，付费媒体（paid media）在形式上发生了很多变化。但酒店企业需要思考的本质问题没有变：媒体人群是否是酒店的目标人群，最终能带来怎样的效果？线上渠道因其可衡量和可追踪性比较强，这些年的投放增势明显。酒店企业可考虑针对本地产品、引流品尝试进行社交媒体投放，入店后再进行转化。

3）赢得媒体

赢得媒体（earned media）已经成为当下互动营销领域的流行语。所谓"赢得媒体"，实际上就是让消费者成为渠道,成为媒体的一种方式。通过口碑、社交媒体或者裂变的方式,营造出一个强透明、可信赖的营销氛围。赢得媒体,归根结底是一种品牌行为的结果。酒店企业不仅需要考虑何时通过口碑营销来尝试和促进赢得媒体的发展,同时也要学习如何倾听和回应好评和差评。

综上,酒店在制定媒体策略时需要注意以下几点。

(1)针对不同产品、不同市场制定不同的媒体策略。

(2)有效评估各自有媒体的效果,优化内容策略和资源投入。

(3)社交媒体投放形式多样,酒店须根据产品选择与 KOL 和社媒合作模式。

(4)用自带传播力的产品带来更多赢得媒体。

12.3.3 酒店企业数字化营销策略制定

酒店企业需要清晰掌握市场目标,基于翔实分析,结合企业战略制定切实可行的落地方案,并明确各项 KPI 指标和关键指标增长。

1. 市场目标

1)提升品牌知名度

品牌溢价将给予酒店更灵活的定价空间,尤其是针对新产品,需要能够让酒店品牌快速占领消费者心智并获得认同感。

2)提升整体收入和利润

这一指标相当具有业务导向。这里或许是我们此前提到过的开辟新市场、新客群,或是打造新的产品提升市场份额,或是通过技术应用有效提升效率,都是这一大目标下酒店可拆解的小目标。随着线上渠道越来越丰富,酒店需要关注的关键指标也越来越多(图 12.12)。

```
关注哪些营销数据?
Revenue  PV  Campaigns  UV  Membership
Room Nights  ADR  CPM  Bounce rate  Activation rate
CPC  Open rate  NPS  Occ  Conversion rate
```

图 12.12　酒店企业关键指标

资料来源:石基信息,STR. 新常态下酒店制定市场营销计划需要重新考虑的八大要素和策略指南[R]. 2021: 55.

视频 12.3　7 分钟重新认识 SMART 原则

3)加强客户关系维护和体验

这一目标与宾客关系密切相关,包括酒店活跃会员数量、购买转化、会员客单价提升、宾客需求相应速度等,都可作为这一目标的考量要素。在制定相关目标时,可参考 SMART 原则,确保目标是具体的、可衡量的、可达的、相关的,并为目标设定时间要求（图 12.13）。

图 12.13　SMART 原则

资料来源：石基信息，STR. 新常态下酒店制定市场营销计划需要重新考虑的八大要素和策略指南[R]. 2021: 56.

2. 具体策略

（1）结合市场新常态，重新思考酒店整体定位。从市场需求层面看，境外市场萎靡，出行限制和线上办公形成习惯，差旅出行市场势必下滑。酒店需要寻找增量市场，也需要重新思考自身在城市中的定位，在增量市场中创造鲜明的品牌个性和特点。

（2）酒店需要展开全渠道营销，但同样需要优化资源利用，对高利润渠道进行优先投放。酒店需要采取更为开放的营销渠道策略，意味着酒店需要在各种情况发生时，都能及时有效地更新所有渠道的相关信息。

（3）加强内容营销，打造从"种草"到"拔草"的闭环体系。无论是微信图文、抖音视频、小红书分享，甚至是社群营销里面对产品的描述文字，都是内容营销的一部分。对于旅游业来说，内容类电商依然是红利所在。

（4）面向本地市场，打造符合本地市场需要的产品。由于出行限制引发的宅酒店、本地过年的需求，酒店需要思考自己是否具备条件以及怎么抓住这部分新增市场需求。当然酒店餐饮本地化和社会化恐怕也是未来酒店市场计划中需要重点讨论的内容。

（5）客群加剧细分，传统客群划分方式已无法满足现代消费者的需求。传统方式下，我们一般将客群划分为商务、休闲、家庭等不同的类别，但这已经无法满足新型细分人群的需求，如闺蜜、游戏族、Stay-vacation 等。

（6）产品多样化、积木化。酒店希望通过创造产品来打造护城河，通过多样化的产品组合提升差异化竞争优势，前提是酒店透彻了解目标客群的实际需求，根据需求设计产品，投入资源。

（7）媒体投放向社交媒体倾斜。不变的是酒店需要判断媒体受众是否等同于自己的目标群体，不同的是线上广告更易追踪。酒店需建立良好的数据分析体系，通过数据结果判断媒介价值。

即测即练

自学自测　扫描此码

参 考 文 献

[1] 陈劲，杨文池，于飞. 数字化转型中的生态协同创新战略——基于华为企业业务集团（EBG）中国区的战略研讨[J]. 清华管理评论，2019(6): 22-26.

[2] 鲍舟波. 未来已来：数字化时代的商业模式创新[M]. 北京：中信出版社，2018.

[3] 池毛毛，叶丁菱，王俊晶. 我国中小制造企业如何提升新产品开发绩效——基于数字化赋能的视角[J]. 南开管理评论，2020, 23(3): 63-75.

[4] 胡青. 企业数字化转型的机制与绩效[J]. 浙江学刊，2020(2): 148-156.

[5] 安筱鹏. 数字化转型的 10 个关键词！[DB/OL]. (2021-12-29) [2022-03-06] https://www.sohu.com/a/512871870_99915829.

[6] 王子阳，魏炜，朱武祥. 商业模式视角下的天虹数字化转型路径探索[J]. 管理学报，2020, 17(12): 1739-1750.

[7] 肖静华. 企业跨体系数字化转型与管理适应性变革[J]. 改革，2020(4): 37-49.

[8] 刘政，姚雨秀，张国胜. 企业数字化、专用知识与组织授权[J]. 中国工业经济，2020(9): 156-174.

[9] 刘海建，李纪琛. 基于组织重塑的中小企业数字化转型之路探究[J]. 扬州大学学报（人文社会科学版），2021, 25(5): 59-75, 91.

[10] 林海芬，苏敬勤. 管理创新效力提升机制：组织双元性视角[J]. 科研管理，2012(2): 1-10.

[11] 张成刚. 数字化转型中的组织形态变革：理论与现状[J]. 上海商学院学报，2020, 21(2): 72-83.

[12] IBM 商业价值研究院. 构建认知型企业：九大行动领域[R]. 2020.

[13] 戚聿东，肖旭. 数字经济时代的企业管理变革[J]. 管理世界，2020(6): 135-152, 250.

[14] 环球旅讯. 消费者对旅游业数字技术应用的认知和态度[R]. Travel Daily, 2021.

[15] 周剑，等. 数字化转型：架构与方法[M]. 北京：清华大学出版社，2020.

[16] MATARAZZO M, PENCO L, PROFUMO G, et al. Digital transformation and customer value creation in Made in Italy SMEs: a dynamic capabilities perspective[J]. Journal of business research, 2021, 123: 642-656.

[17] BHARADWAJ A, EL SAWY O A, PAVLOU P A, et al. Digital business strategy: toward a next generation of insights[J]. MIS quarterly, 2013, 37(2): 471-482.

[18] TEECE D J. The foundations of enterprise performance: dynamic and ordinary capabilities in an (economic) theory of firms[J]. Academy of management perspectives, 2014, 28(4): 328-352.

[19] YEOW A, SOH C, HANSEN R. Aligning with new digital strategy: a dynamic capabilities approach[J]. Journal of strategic information systems, 2018, 27(1): 43-58.

[20] LI L, SU F, ZHANG W, et al. Digital transformation by SME entrepreneurs: a capability perspective[J]. Information systems journal, 2018, 28(6): 1129-1157.

[21] WARNER K S R, WAGER M. Building dynamic capabilities for digital transformation: an ongoing process of strategic renewal[J]. Long range planning, 2019, 52(3): 326-349.

[22] BANBURY J, NYSTROM P C, STARBUCK W H. Prescriptive models of organizations[J]. Journal of the operational research society, 1978, 29(10): 1035.

[23] 楚天骄，宋韬. 中国独角兽企业的空间分布及其影响因素研究[J]. 世界地理研究，2017, 26(6):

101-109.

[24] 陈靖，徐建国，唐涯，等. 独角兽企业的兴起：典型事实和驱动因素[J]. 上海金融，2019(2): 12-20, 49.

[25] 曹方. 独角兽企业如何引领颠覆性创新?[J]. 高科技与产业化，2017(1): 18-21.

[26] 刘程. 如何成为"独角兽"企业?[J]. 企业管理，2017(6): 38-39.

[27] 郑健壮. 独角兽企业：现状、特征及发展对策[J]. 企业经济，2019, 38(12): 29-36.

[28] 史璇，江春霞. 互联网"独角兽"企业社会责任的履行及治理[J]. 理论探讨，2019(4): 115-119.

[29] 覃芳. 爱彼迎（Airbnb）中国商业模式分析[D]. 广州：暨南大学，2020.

[30] 田志龙，盘远华，高海涛. 商业模式创新途径探讨[J]. 经济与管理，2006(1): 42-45.

[31] 李文莲，夏健明. 基于"大数据"的商业模式创新[J]. 中国工业经济，2013(5): 83-95.

[32] 孟凡生，赵艳. 智能化发展与颠覆性创新[J/OL]. 科学学研究，https://dio.org/10.16192/j.cnki.1003-2053.20220118.001.

[33] 李光斗. 走新路与抄后路：颠覆式创新的魅力[N]. 每日经济新闻，2021-11-30.

[34] 郭倩君. 组织颠覆式创新与领导者的习得之道[J]. 领导科学，2021(17): 27-29.

[35] 王新刚. 大历史观下如何看待颠覆式创新[J]. 清华管理评论，2020(Z2): 106-111.

[36] 郑健壮. 独角兽企业：现状、特征及发展对策[J]. 企业经济，2019(12): 29-36.

[37] 奥洛夫斯基，克罗夫金. 从犀牛到独角兽：传统企业如何实现数字化转型[M]. 彭相珍，周雁洁，译. 北京：中译出版社，2021.

[38] 钱雨，孙新波. 数字商业模式设计：企业数字化转型与商业模式创新案例研究[J]. 管理评论，2021, 33(11): 67-83.

[39] 乔晗，胡杰，张硕兰，等. 商业模式创新研究前沿分析与评述——平台生态系统与价值共创[J]. 科技促进发展，2020, 16(1): 40-49.

[40] 库泽斯. 领导力：如何在组织中成就卓越[M]. 徐中，沈小滨，译. 北京：电子工业出版社，2018.

[41] 邱晓昀. 数字敏感与数字化领导力[J]. 清华管理评论，2021(3): 63-69.

[42] 温晗秋子. 数字经济时代亟需数字化领导力[J]. 中国领导科学，2021(1): 106-111.

[43] SINGH A, KLARNER P, HESS T. How do chief digital officers pursue digital transformation activities? The role of organization design parameters[J]. Long range planning, 2020, 53(3): 1-14.

[44] WARNER K S, WAGER M. Building dynamic capabilities for digital transformation: an ongoing process of strategic renewal[J]. Long range planning, 2019, 52(3): 326-349.

[45] KOHTAMAKI M, PARIDA V, OGHAZI P, et al. Digital servitization business models in ecosystems: a theory of the firm[J]. Journal of business research, 2019, 104(11): 380-392.

[46] SCHALLMO D R, WILLIAMS C A, BOARDMAN L, et al. Digital transformation of business models-best practice, enablers, and roadmap[J]. International journal of innovation management, 2017, 21(8): 1-17.

[47] 王核成，王思惟，刘人怀. 企业数字化成熟度模型研究[J]. 管理评论，2021, 33（12）：152-162.

[48] 田军，邹沁，汪应洛. 政府应急管理能力成熟度评估研究[J]. 管理科学学报，2014, 17(11): 97-108.

[49] 祖长生. 酒店数字化转型，就从这4步开始![DB/OL]. (2021-06-22) [2022-03-06]. https://new.qq.

com/rain/a/ 20210622A00R3R00?ivk_sa=1024320u.

[50] LENKA S, PARIDA V, WINCENT J. Digitalization capabilities as enablers of value co-creation in servitizing firms[J]. Psychology & marketing, 2017, 34(1): 92-100.

[51] PAULK M. Comparing ISO9001 and the capability maturity model for software[J]. Software quality journal, 1993, 2(4): 245-256.

[52] KANE G C, PALMER D, PHILLIPS A N, et al. Achieving digital maturity[EB/OL]. (2017-7-13) [2022-03-06]. http://sloanreview. mit. edu/projects/achieving-digital-maturity.

[53] CHANIAS S, HESS T. How digital are we? Maturity models for the assessment of a company's status in the digital transformation[EB/OL]. (2016-01-01) [2022-03-06]. https://www.dmm.bwl. uni-muenchen.de/ download/epub/mreport_2016_2.pdf.

[54] REMANE G, HANELT A, WIESBOECK F, et al. Digital maturity in traditional industries-an exploratory analysis[C]//The 25th European Conference on Information System (ECIS), 2017.

[55] BERGHAUS S, BACK A. Stages in digital business transformation: results of an empirical maturity study[C]//Proceedings of the Tenth Mediterranean Conference on Information Systems, 2016.

[56] 耿立超. 大数据平台架构与原型实现：数据中台建设实战[M]. 北京：电子工业出版社，2020.

[57] Pursue. 浅析 DDD（领域驱动设计）[EB/OL]. (2017-03-15). https://www.jianshu.com/p/b6ec06d6b594.

[58] 陈新宇, 罗家鹰, 邓通, 等. 中台战略：中台建设与数字商业[M]. 北京：机械工业出版社，2019.

[59] Alan. 数据中台（一）什么是数据中台[EB/OL]. (2020-12-23). https://zhuanlan.zhihu.com/p/99591075.

[60] nhzxcyh. 数据中台和业务中台的边界到底在哪里？[EB/OL]. (2021-11-12). https://zhuanlan. zhihu.com/p/432599648.

[61] 石基信息. 2021 年中国酒店业数字化转型趋势报告[R]. 2020.

[62] 石基信息. PMS 进化论：回顾过去才能更好地看向未来！[EB/OL]. (2021-01-01) [2022-03-06]. https://www.shijigroup.cn/blog/ 69.html.

[63] Oracle Hospitality. The 2021 Smart Decision Guide to Hotel Property Management Systems: How leading hotels are utilizing next-generation technologies to adapt to the "new normal"—and prepare for a brighter future[R]. Starfleet research, 2021.

[64] 石基 PMS 研发总监 Max Wu：云 PMS 需要能满足用户业务可持续增长[EB/OL]. (2020-01-01) [2020-03-06]. https://www.shijigroup.cn/blog/ 14.html.

[65] 智研咨询. 2022—2028 年中国酒店 PMS 行业市场行情动态及发展趋向分析报告[R]. 2021.

[66] 李建中，王宏志，高宏. 大数据可用性的研究进展[J]. 软件学报, 2016, 27(7): 1605-1625.

[67] 周雪云. 大数据的一个重要方面：数据可用性[J]. 科学技术创新, 2019(34): 79-80.

[68] 刘同录. 企业数据共享存在的问题及其解决措施[J]. 现代电子技术，2009, 32(20): 88-90, 102.

[69] 胡海霞，李钢，苏贞. 影响数据准确性的因素研究[J]. 宜春学院学报，2005(6): 51-52, 69.

[70] 程学旗,刘盛华,张儒清. 大数据分析处理技术新体系的思考[J]. 中国科学院院刊,2022, 37(1): 60-67.

[71] 石基信息. 旅游业数据驱动业务面临的 5 大挑战[R]. 2021.

[72] 曹犟. 数据处理中的准确性问题[EB/OL]. (2017-07-28). https://www.sensorsdata.cn/blog/data_accuracy/.

[73] 企业怎样用"五步法"提高数据准确性？[EB/OL]. (2018-04-14). https://cloud.tencent.com/developer/news/180655.

[74] PPV课大数据. 天下武功唯快不破：从敏捷数据到敏捷数据分析[EB/OL]. (2018-04-12). https://www.sohu.com/a/228115083_163476.

[75] 杨序国. 企业文化引领数字转型[J]. 企业管理，2020(12): 44-46.

[76] 数字化转型怎能少了企业文化数字化[EB/OL]. (2022-01-11). https://www.sohu.com/a/515897586_121221156.

[77] 陈春花. 企业文化的改造与创新[J]. 北京大学学报（哲学社会科学版），1999(3): 51-56.

[78] 王学秀. 自由+责任：数字化时代的企业文化[J]. 中外企业文化，2020(9): 13-16.

[79] SCHEIN E H. Organizational culture and leadership[M]. New York: Jossey-Bass, 2010.

[80] DEAL T E, KENNEDY A. Corporate cultures: the rites and rituals of organizational life[M]. Boston, MA: Addison-Wesley, 1982.

[81] 皮萨诺. 企业文化创新有五大要素[N/OL]. 新华日报，2019-11-08/2022-03-06. http://xhv5.xhby.net/mp3/pc/c/201911/08/c707361.html.

[82] 李载驰，吕铁. 数字化转型：文献述评与研究展望[J]. 学习与探索，2021(12): 130-138.

[83] 徐蒙. 数字化转型与企业创新[J]. 企业经济，2020, 39(12): 54-60.

[84] 孙杰，高志国，曲文涛. 数字化转型推动企业组织创新[J]. 中国经贸导刊，2020(1): 72-74.

[85] 郑斌斌. 基于数字化转型的实体零售企业组织结构创新[J]. 科技和产业，2020, 20(9): 35-40.

[86] 邱新平. 数据赋能制造业组织结构创新——基于服装与家具制造企业的双案例研究[J]. 企业经济，2022(1): 84-93.

[87] 谢康，吴瑶，肖静华. 数据驱动的组织结构适应性创新——数字经济的创新逻辑（三）[J]. 北京交通大学学报(社会科学版)，2020, 19(3): 6-17.

[88] 李海舰，原磊. 论无边界企业[J]. 中国工业经济，2005(4): 94-102.

[89] 栾贞增，杨东涛. 无边界价值观管理——基于A.O.史密斯公司的案例研究[J]. 中国工业经济，2015(2): 148-160.

[90] 齐旭高，齐二石，周斌. 组织结构特征对产品创新团队绩效的跨层次影响——基于中国制造企业的实证研究[J]. 科学学与科学技术管理，2013, 34(3): 162-169.

[91] 宋晨. 中国情境下非正式组织的形成与本质——自组织理论的视角[J]. 财经问题研究，2019(12): 12-20.

[92] 孙新波，苏钟海. 数据赋能驱动制造业企业实现敏捷制造案例研究[J]. 管理科学，2018(5): 117-130.

[93] 周文辉，邓伟，陈凌子. 基于滴滴出行的平台企业数据赋能促进价值共创过程研究[J]. 管理学报，2018(8): 1110-1119.

[94] 胡海波，卢海涛. 企业商业生态系统演化中价值共创研究——数字化赋能视角[J]. 经济管理，2018(8): 55-71.

[95] 曾德麟，欧阳桃花，周宁. 基于信息处理的复杂产品制造敏捷性研究：以沈飞公司为案例[J]. 管理科学学报，2017(6): 1-17.

[96] 孙新波，苏钟海，钱雨，等. 数据赋能研究现状及未来展望[J]. 研究与发展管理，2020(2): 155-166.

[97] 张昕蔚. 数字经济条件下的创新模式演化研究[J]. 经济学家，2019(7): 32-39.

[98] 韦伯. 经济行动与社会团体[M]. 康乐，简惠美，译. 桂林：广西师范大学出版社，2004.

[99] 王春娟. 科层制的涵义及结构特征分析——兼评韦伯的科层制理论[J]. 学术交流. 2006(5): 56-60.

[100] 樊晓军，李从质. 科层制组织向平台化组织转型比较研究[J]. 商业经济，2018(9): 103-106.

[101] 王旭辉. 从抽象到具体：对科层组织运作动态的分析——以《工业组织的科层制类型》、《科层组织的动态》为线索[J]. 社会学研究，2008(3): 215-229.

[102] 张光军，吕紫瑜，刘人境. 大科学工程组织结构评价与选择——基于弱矩阵、平衡矩阵和强矩阵组织结构的对比[J]. 科技进步与对策，2019, 36(13): 11-20.

[103] 徐宏玲. 模块化组织价值创新：原理、机制及理论挑战[J]. 中国工业经济，2006(3): 83-91.

[104] 王凤彬，王骁鹏，张驰. 超模块平台组织结构与客制化创业支持——基于海尔向平台组织转型的嵌入式案例研究[J]. 管理世界，2019, 35(2): 121-150, 199-200.

[105] 刘刚，马犇. 数据驱动型经济发展的组织和机制研究[J]. 经济纵横，2016(12): 39-45.

[106] 刘业政，孙见山，姜元春. 大数据的价值发现：4C模型[J]. 管理世界，2020, 36(2): 129-138.

[107] 李文莲，夏健明. 基于"大数据"的商业模式创新[J]. 中国工业经济，2013(5): 83-95.

[108] 依绍华. "新零售"面临的挑战及对策建议[J]. 中国发展观察，2018(16): 32-34.

[109] 罗仲伟，李先军，宋翔，等. 从"赋权"到"赋能"的企业组织结构演进——基于韩都衣舍案例的研究[J]. 中国工业经济，2017(9): 174-192.

[110] 孟方琳，汪遵瑛，赵袁军，等. 数字经济生态系统的运行机理与演化[J]. 宏观经济管理，2020(2): 50-58.

[111] PORTER M E, HEPPELMANN J E. How smart, connected products are transforming companies[J]. Harvard business review, 2015, 93(10): 96-114.

[112] MARKIDES C C. Business model innovation: what can the ambidexterity literature teach us?[J]. Academy of management perspectives, 2013, 27(4): 313-323.

[113] PEPPARD J, WARD J. The strategic management of information systems: building a digital strategy[M]. Chichester: John Wiley& Sons, 2016.

[114] CHERBAKOV L, BRAVERY A, GOODMAN B D, et al. Changing the corporate it development model: tapping the power of grassroots computing[J]. IBM systems journal, 2007, 46(4): 1-20.

[115] PEPPARD J, EDWARDS C, LAMBERT R. Clarifying the ambiguous role of the CIO[J]. MIS quarterly executive, 2011, 10(1): 31-44.

[116] BUGHIN J, CHUI M, MANYIKA J. Clouds, big data, and smart assets: ten tech-enabled business trends to watch[DB/OL]. (2010-09-22) [2022-03-06]. https://www.mckinsey.com/mgi/overview/in-the-news/clouds-big-data-and-smart-assets.

[117] CHESBROUGH H. Business model innovation: opportunities and barriers[J]. Long range planning, 2010, 43(2-3): 354-363.

[118] KUSIAK A. Smart manufacturing must embrace big data[J]. Nature, 2017, 544(7648): 23-25.

[119] IANSITI M, LAKHANI K R. Digital ubiquity: how connections, sensors, and data are

revolutionizing business[J]. Harvard business review, 2014, 92(11): 91-99.

[120] DU S M. Effect of digital enablement of business-to-business exchange on customer outcomes: the role of information systems quality and relationship characteristics[D]. Atlanta: Georgia State University, 2010.

[121] BAACK S. Datafication and empowerment: how the open data movement re-articulates notions of democracy, participation, and journalism[J]. Big data & society, 2015, 2(2): 20-34.

[122] TIM Y, PAN S L, BAHRI S, et al. Digitally enabled affordances for community-driven environmental movement in rural Malaysia[J]. Information systems journal, 2017, 28(1): 48-75.

[123] JOHNSEN A T, ESKILDSEN N B, THOMSEN T G, et al. Conceptualizing patient empowerment in cancer follow-up by combining theory and qualitative data[J]. Acta Oncologica, 2017, 56(2): 232-238.

[124] HECKERT J, FABIC M S. Improving data concerning women's empowerment in Sub-Saharan Africa[J]. Studies in family planning, 2013, 44(3): 319-344.

[125] LEONG C M L, PAN S L, RACTHAM P, et al. ICT-enabled community empowerment in crisis response: social media in Thailand flooding 2011[J]. Journal of the Association for Information Systems, 2015, 16(3): 174-212.

[126] MURRAY A, KUBAN S, JOSEFY M, et al. Contracting in the smart era: the implications of blockchain and decentralized autonomous organizations for contracting and corporate governance[J]. Academy of management perspectives, 2019, 35(4): 622-641.

[127] ROBEY D, BOUDREAU M C. Accounting for the contradictory organizational consequences of information technology: theoretical directions and methodological implications[J]. Information systems research, 1999, 10(2): 167-185.

[128] DAVIDOW W H, MALONE M S. The virtual corporation[M]. New York: Harper Business, 1992.

[129] GHOSHAL S, BARTLETT C A. The multinational corporation as an interorganizational network[J]. Academy of management review, 1990, 15(4): 603-626.

[130] WHITLEY R. Project-based firms: new organizational form or variations on a theme?[J]. Industrial and corporate change, 2006, 15(1): 77-99.

[131] CIBORRA C U. The platform organization: recombining strategies, structures and surprises[J]. Origination science, 1996, 7(2): 103-118.

[132] IANSITI M, LAKHANI K R. Competing in the age of AI: strategy and leadership when algorithms and networks run the world[M]. Boston: Harvard Business Review Press, 2020.

[133] CHENG J H, HUANG J K, ZHAO J, et al, Open innovation: the role of organizational learning capability, collaboration and knowledge sharing[J]. International journal of organizational innovation (online), 2019, 11(3): 260-272.

[134] GROVER V, CHIANG R H, LIANG T, et al. Creating strategic business value from big data analytics: a research framework[J]. Journal of management information systems, 2018, 35(2): 388-423.

[135] SCHEER L K, MIAO C F, PALMATIER R W. Dependence and interdependence in marketing relationships: meta-analytic insights[J]. Journal of the academy of marketing science, 2015, 43(6):

694-712.

[136] SALDANHA T. Why digital transformations fail[M]. Oxford: Barrett-Koehler Publishers, 2019.

[137] 谢仁杰，邓斌. 数字化路径——从蓝图到实施图[M]. 北京：人民邮电出版社，2021.

[138] 徐锋. 有效需求分析[M]. 北京：电子工业出版社，2017.

[139] 肖吉良. 传统企业数据化运营转型[J]. 企业管理，2016(7): 97-100.

[140] 张志强. 传统经营模式企业下的数据化运营[J]. 软件和信息服务，2013(10): 74.

[141] 焦豪，杨季枫，王培暖，等. 数据驱动的企业动态能力作用机制研究——基于数据全生命周期管理的数字化转型过程分析[J]. 中国工业经济，2021(11): 174-192.

[142] 芦金宇. 为什么要做业务全场景的梳理？[EB/OL]. (2021-02-09) [2022-03-06]. https://blog.csdn.net/ch1209498273/article/details/113770136.

[143] 李宗花，叶正伟. 业务目标模型与业务场景模型的语义一致性分析[J]. 计算机工程，2019, 45(12): 308-313.

[144] bluishglc. 企业数据能力测评：认清现状，布局未来——建设数据中台系列（一）[EB/OL] (2020-07-10). https:// blog.csdn.net/bluishglc/article/details/107245209.

[145] 傅哲祥. 企业数字化转型需要"业务架构"的顶层设计支撑[J/OL]. 交通财会，2021(8): 42-46, 58 (2021-10-27). https://baijiahao.baidu.com/s?id=1714738603449814062&wfr=spider&for=pc.

[146] 鲍跃忠. 两方面准确理解数字化：数字化工具、数字化体系[EB/OL]. (2020-11-24). http://www.woshipm.com/it/4271081.html.

[147] 颜卉，敦帅，尹学锋. 分享经济：开启服务场景与用户体验新时代——以 Airbnb、途家、小猪短租为例[J]. 清华管理评论，2018(9): 14-20.

[148] 李书昊，魏敏. 酒店服务场景对顾客公民行为的影响：一个链式中介模型[J]. 经济管理，2020, 42(11): 177-192.

[149] 兰建平. 场景革命是数字化改革突破口[J]. 信息化建设，2021(8): 29.

[150] 董波. 如何打造数字化应用场景[J]. 浙江经济，2021(7): 12-13.

[151] 高洪福. "场景论"的背后逻辑——"IT 生存法则"之数字化场景[J]. 网络安全和信息化，2020(9): 19-20.

[152] 蔡春花，刘伟，江积海. 商业模式场景化对价值创造的影响——天虹股份 2007—2018 年数字化转型纵向案例研究[J]. 南开管理评论，2020, 23(3): 98-108.

[153] 罗欢. 基于场景理论的博物馆数字化体验设计研究——以苏州博物馆为例[J]. 美术教育研究，2021(24): 51-53.

[154] 赵祖斌. 从静态到动态：场景理论下的个人信息保护[J]. 科学与社会，2021, 11(4): 98-116.

[155] 李会景. 新零售时代全渠道发展路径探析[J]. 当代经济，2017(36): 79-81.

[156] 赵树梅，徐晓红. "新零售"的含义、模式及发展路径[J]. 中国流通经济，2017, 31(5): 12-20.

[157] 佘碧蓉. 体验经济下基于用户体验和大数据的新零售商业模式探究[J]. 电子商务，2018(2): 11-12.

[158] 梁琨. 超越的空间：梅洛维茨媒介场景理论的空间观[J]. 卫星电视与宽带多媒体，2020(2): 209-210.

[159] 江积海. 商业模式创新中"逢场作戏"能创造价值吗——场景价值的理论渊源及创造机理[J]. 研究与发展管理，2019, 31(6): 139-154.

[160] 赵振. "互联网+"跨界经营：创造性破坏视角[J]. 中国工业经济, 2015, 32(10): 146-160.

[161] 李高勇, 刘露. 场景数字化：构建场景驱动的发展模式[J]. 清华管理评论, 2021(6): 87-91.

[162] 邢郁川. 基于场景理论的新零售服务设计策略研究[D]. 无锡：江南大学, 2020.

[163] 彭兰. 场景：移动时代媒体的新要素[J]. 新闻记者, 2015(3): 20-27.

[164] 孙华明, 郑如春, 傅哲祥. 业务场景颗粒度、数字标签、标准化与规则是企业数字化建设的基石[J]. 交通财会, 2021(4): 41-46.

[165] 李慢, 马钦海, 赵晓煜. 网络服务场景对在线体验及行为意向的作用研究[J]. 管理科学, 2014, 27(4):86-96.

[166] 赖红波. 数字技术赋能与"新零售"的创新机理——以阿里犀牛和拼多多为例[J]. 中国流通经济, 2020, 34(12): 11-19.

[167] BITNER M J. Servicescapes: the impact of physical surroundings on customers and employees[J]. Journal of marketing, 1992, 56(2): 57-71.

[168] BAKER J, GREWAL D, PARASURAMAN A. The influence of store environment on quality inferences and store image[J]. Journal of the academy of marketing science, 1994, 22(4): 328-339.

[169] TURLEY L W, MILLIMAN R E. Atmospheric effects on shopping behavior: a review of the experimental evidence[J]. Journal of business research, 2000, 49(2): 193-211.

[170] TAN R G, LIU J Y. Empirical research on new retail servicescape based on experience perspective [EB/OL]. (2019-07-06). https://link.springer.com/chapter/10.1007/978-3-030-23525-3_18.

[171] ZEITHAML V. Customer perceptions of price, quality and value: a means-end model and synthesis of evidence[J]. Journal of marketing, 1988, 52(3): 2-22.

[172] 司光耀, 王凯, 李文强, 等. 基于大数据和粗糙集的产品需求分析方法研究[J]. 工程设计学报, 2016, 23(6): 521-529.

[173] 李玉博. 基于文本数据挖掘技术的用户需求分析研究[D]. 哈尔滨：哈尔滨工程大学, 2017.

[174] SPU&SKU&规格参数&销售属性[EB/OL]. (2020-09-13). https://blog.csdn.net/weixin_43766278/article/details/108569047?spm=1001.2101.3001.6650.3&utm_medium=distribute.pc_relevant.none-task-blog-2%7Edefault%7ECTRLIST%7ERate-3.pc_relevant_default&depth_1-utm_source=distribute.pc_relevant.none-task-blog-2%7Edefault%7ECTRLIST%7ERate-3.pc_relevant_default&utm_relevant_index=6.

[175] 品橙旅游. Amadeus与洲际：探索基于属性的酒店客房销售[EB/OL]. (2018-07-12). https://baijiahao.baidu.com/s?id=1605769721207749882&wfr=spider&for=pc.

[176] HARASYMIW L, et al. The Attribute Model[R/OL]. (2020-04-01) [2022-03-06]. https://cdn.ymaws.com/members.hedna.org/resource/resmgr/publications/attribute-model-whitepaper-2.pdf, Hedna, 2020.

[177] 屈娟娟. 人工智能及大数据技术在数字营销中的应用[J]. 商业经济研究, 2020(10): 78-80.

[178] 王赛. 营销的进化卷轴——从营销1.0到营销4.0[J]. 新营销, 2018(2): 70-73.

[179] 刘春雄. 数字化改变营销[J]. 营销界, 2021(14): 63-66.

[180] 王佳. 人工智能及大数据技术在数字营销中的应用研究[J]. 营销界, 2021(2): 173-174.

[181] 钟皓, 陈春花. "数字化"穿透顾客价值空间[J]. 企业管理, 2020(6): 102-104.

[182] 环球旅讯. 消费者对旅游业数字技术应用的认知和态度[R]. 2021.

[183] 李姝. 智能营销：数字营销新趋势[J]. 现代营销（下旬刊）, 2017(7): 64-65.

[184] 石基信息，STR. 新常态下酒店制定市场营销计划需要重新考虑的八大要素和策略指南[R]. 2021.

[185] 石基信息. 2021年：全球酒店业技术分销格局分布图[R]. 2021.

[186] 创略科技. 下一代数据和AI驱动的营销自由[R]. 2020.

[187] 陈新宇，等. 中台战略：中台建设与数字商业[M]. 北京：机械工业出版社，2019.

教师服务

感谢您选用清华大学出版社的教材！为了更好地服务教学，我们为授课教师提供本书的教学辅助资源，以及本学科重点教材信息。请您扫码获取。

》 教辅获取

本书教辅资源，授课教师扫码获取

》 样书赠送

旅游管理类重点教材，教师扫码获取样书

 清华大学出版社

E-mail: tupfuwu@163.com
电话: 010-83470332 / 83470142
地址: 北京市海淀区双清路学研大厦 B 座 509

网址: http://www.tup.com.cn/
传真: 8610-83470107
邮编: 100084